LIMBI

Werner Tiki Küstenmacher ist mehr als vielseitig: evangelischer Pfarrer, freiberuflicher Autor, Karikaturist, TV-Moderator, Redner. Er hat über 100 Bücher veröffentlicht, darunter den Welterfolg »simplify your life«. In seinem neuen Wurf geht Küstenmacher noch tiefer und kombiniert den simplify-Ansatz mit Erkenntnissen der Hirnforschung. Kein anderer Autor versprüht dabei mehr Charme als er.

Werner Tiki
Küstenmacher

Der Weg zum Glück führt
durchs Gehirn

Campus Verlag
Frankfurt / New York

ISBN 978-3-593-39223-3

Das Werk einschließlich aller seiner Teile ist urheberrechtlich
geschützt. Jede Verwertung ist ohne Zustimmung des Verlags
unzulässig. Das gilt insbesondere für Vervielfältigungen,
Übersetzungen, Mikroverfilmungen und die Einspeicherung
und Verarbeitung in elektronischen Systemen.

© 2014 Campus Verlag GmbH, Frankfurt am Main.

Gestaltung: ANY. Konzept & Design, Mainz
Illustrationen: © Werner Tiki Küstenmacher
Satz: Fotosatz L. Huhn, Linsengericht
Gesetzt aus Chaparral Pro, Indesign
Druck und Bindung: CPI – Ebner & Spiegel, Ulm
Printed in Germany

Dieses Buch ist auch als E-Book erschienen.
www.campus.de

6. Limbi und die Liebe

7. Limbi und das Glück

Willkommen zum Glück!

Den Weg zum Glück – glauben Sie im Ernst, Sie könnten den finden, indem Sie ein Buch lesen? Also, wenn Sie mich fragen: Ja! Ich habe grandiose, ergreifende, umwerfende Bücher gelesen, die mich wirklich vorangebracht haben auf meinem Weg zu einem einfacheren, glücklicheren Leben. Deswegen habe ich mich 2001 auch getraut, selbst eins zu diesem Thema zu schreiben.

Seitdem halte ich Vorträge, zeichne Bilder und produziere Radiosendungen über die Vereinfachung des Lebens. Ich suche und sammle Ratschläge von Menschen, die mit Erfolg irgendwelche der vielen alltäglichen Probleme auf pfiffige Weise bekämpft haben. Immer wieder habe ich mich dabei gefragt: Gibt es vielleicht einen Generaltipp, eine Art Masterplan zur Vereinfachung des Lebens? Einen Schlüssel zum Glücklichsein?

Nach vielen Jahren glaube ich, endlich der Lösung nahe zu sein. Das verdanke ich den immer populärer werdenden Entdeckungen der Neurowissenschaften, der sogenannten Gehirnforschung. Es kristallisiert sich immer deutlicher heraus, dass der Schlüssel zu einem einfacheren, glücklicheren Leben in unserem Kopf verborgen ist, mitten im Gehirn.

In den 1970er und 1980er Jahren wurde viel zu den verblüffenden Unterschieden zwischen beiden Gehirnhälften veröffentlicht: der linken, quasi »digitalen« analytischen Hälfte und der rechten, eher »analog« arbeitenden, ganzheitlichen. Inzwischen ist klar, dass es ganz so einfach nicht ist. Es gibt zwar Unterschiede zwischen beiden Gehirnhemisphären, aber sie lassen sich längst nicht so deutlich lokalisieren wie anfangs gedacht.

Inzwischen ist eine andere, schon länger bekannte Erkenntnis über das Gehirn in zahllosen Publikationen und Vorträgen in den Vordergrund getreten: der Unterschied zwischen dem Großhirn (das in dieser hochentwickelten Form nur wir Menschen haben) und den früher entstandenen Steuerungsorganen, die sich weiter innen in unserem Schädel befinden. Dort habe ich eine sensationelle Entdeckung gemacht: Ich habe allerdings nicht etwas gefunden, sondern jemanden.

Freuen Sie sich auf eine fröhliche Expedition, eine Reise zum Mittelpunkt Ihres Gehirns!

Was haben Sie eigentlich im Kopf?

Bevor Sie diesen geheimnisvollen Jemand kennen lernen, muss ich ein bisschen ausholen und etwa ein Vierteljahrhundert zurückgehen.

Das Gehirnzeitalter

Die »Dekade des Gehirns« hatte US-Präsident George W. Bush im Juli 1990 ausgerufen. In Deutschland startete man eine vergleichbare Initiative für das Jahrzehnt von 2001 bis 2010. Seit gut zwei Jahrzehnten sind die Neurowissenschaftler weltweit nun ausgesprochen aufgekratzt und euphorisch. Die Hirnforschung ist eine angesagte Disziplin.

Zu den wichtigsten Antreibern dieser Begeisterung gehören die sogenannten bildgebenden Verfahren. Damit war es möglich geworden, »dem Gehirn beim Denken zuzusehen«. So zumindest formulierten es im Überschwang viele Journalisten, aber auch mancher Forscher. Bei diesen bilderzeugenden Methoden dient eine Reihe verschiedener Erfindungen dazu, in den Körper hineinzuschauen – ähnlich Röntgengeräten, aber ohne Röntgenstrahlen. Eine besonders gern verwendete Methode ist die funktionelle Magnetresonanztomografie (fMRT oder englisch fMRI, das »I« steht für Imaging). Vielleicht lagen Sie selbst schon einmal in so einer Röhre, in der es höllisch laut klopft wie in einer Disco der Außerirdischen. Ein paar Millionen Euro kostet so ein Gerät, und es verbraucht so viel Strom wie ein mittelgroßes Dorf. Anfang der 1990er Jahre kamen die ersten praxistauglichen Geräte auf den Markt, und seitdem sind sie stark auf dem Vormarsch.

Sie können sichtbar machen, in welchen Regionen des Kopfes bei bestimmten Gedanken oder Handlungen eine Aktivitätsveränderung stattfindet. Man misst hierfür, in welchem Gehirnareal momentan mehr Blut und damit Sauerstoff gebraucht

wird. Das ist zwar eine vage Information, aber selbst diese ersten ungefähren Hinweise haben in mehreren Sektoren der Wissenschaft erhebliche Erschütterungen ausgelöst. Kaum eine Grundlagenforschung dürfte in den letzten 20 Jahren so spektakuläre Fortschritte gemacht haben wie die Neurowissenschaften. Das mag nicht nur an der Technik liegen, sondern auch an der cleveren Selbstvermarktung der Forscher.

Anders als in den meisten anderen Fachrichtungen der trockenen Universitätswissenschaft gibt es bei den Neurobiologen und -psychologen mehrere Spitzenleute, die ihre Erkenntnisse nicht nur der Fachwelt, sondern auch der interessierten Öffentlichkeit zugänglich machen. Es gelingt ihnen, mit ihrer Begeisterung über die eigenen Entdeckungen andere anzustecken. Sie kümmern sich erstaunlich früh darum, die Ergebnisse ihrer Versuche in populärwissenschaftlichen Werken allen Interessierten zur Verfügung zu stellen. Das ist einerseits prima, auf der anderen Seite gelangen dadurch Erkenntnisse an die Öffentlichkeit, die sich nach einiger Zeit als Irrtum herausstellen. Wir sind also mittendrin in einem dynamischen Forschungsfeld. Es ist gut möglich, dass die eine oder andere in diesem Buch vorgestellte Entdeckung schon wieder überholt ist, während Sie sie lesen. Ich hoffe, dass das nicht bei allzu vielen der Fall ist und dass die große Linie stimmt.

Wie in jeder Popkultur haben sich auch in der Gehirnforschung ein paar Themen herauskristallisiert, die ganz besonders »wow« sind. Dazu gehört – wie bei der Erforschung eines unbekannten Planeten – die Topografie: Woraus besteht unser Gehirn? Was passiert wo? Gibt es überhaupt klar unterscheidbare Gebiete?

Me, myself and I

Lange Zeit gab es unter Medizinern die Vorstellung vom »holistischen Gehirn«, vom ganzheitlichen Gehirn. Patienten, denen durch einen Unfall, eine Krankheit oder eine Operation ein Teil des Gehirns fehlte, hatten oft erstaunlich geringe Ausfallerscheinungen. Offensichtlich hat unser Denkorgan die Fähigkeit zur Selbstheilung. Andererseits zeigten sich, wenn man das geheimnisvolle Organ auseinandernahm, klar unterscheidbare Bereiche, die sich bei allen Lebewesen ähnelten.

Eine der großen Gestalten bei der Kartierung dieser einzelnen Regionen ist der US-amerikanische Hirnforscher Paul MacLean. Ihm wird die Formulierung »dreieiniges Gehirn« zugeschrieben, denn er war überzeugt davon, dass die drei verschiedenen Strukturen im menschlichen Gehirn die viele Millionen Jahre alte Entstehungsgeschichte der Arten nachbilden. Diese These lässt sich inzwischen nicht mehr halten. Heute nimmt man eher an, dass sich die drei Strukturen bei den Säugetieren mehr oder weniger gleichzeitig entwickelt haben, allerdings mit sehr unterschiedlichen Ausprägungen. Außerdem lassen sich bei näherem Hinsehen die Funktionen der drei Hauptregionen nicht so klar unterscheiden wie von MacLean gedacht. Die einzelnen Bereiche arbeiten auf hochkomplexe Weise ineinander.

Aber als grundsätzliches Denkmodell ist die Dreiteilung nach wie vor hilfreich, zumal sich einzelne Aspekte einer cleveren Arbeitsteilung zwischen diesen Hauptregionen des Gehirns in Versuchen immer wieder bestätigen.

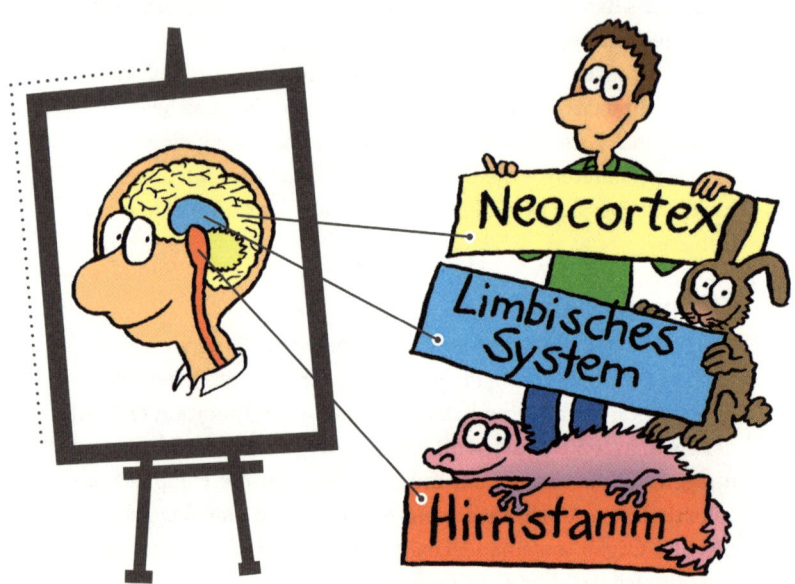

Ganz nah am Ende der Wirbelsäule, bestens geschützt in der unteren Mitte des Schädels, sitzt der älteste Teil unseres Gehirns, der Hirnstamm. Dieser kompakte Knubbel regelt die fundamentalen Funktionen Ihres Körpers, von der Atmung über den Herzschlag bis hin zu spontanen Muskelreaktionen in Notfällen: flüchten, angreifen, sich tot stellen. Auch die ganz früh entstandenen Tiergattungen wie Eidechsen, Frösche oder Schlangen haben einen Hirnstamm, der unserem menschlichen ähnlich ist. Deshalb kann man diese Funktionseinheit in unserem Kopf durchaus als Reptilienhirn bezeichnen.

Der Popstar schlechthin bei der Erforschung des Gehirns ist das limbische System. Es bildet die mittlere Hirnschicht. Seine Bestandteile gruppieren sich um den Hirnstamm herum. Es wird auch Säugetiergehirn genannt, weil wir es gemeinsam haben mit Mäusen, Katzen, Hunden, Affen und praktisch allen anderen näheren Verwandten.

Vor mindestens 150 Millionen Jahren hat es sich entwickelt, genauer lässt sich das nicht datieren. Eine konkrete Zahl aber haben wir aufgrund geologischer Funde. Vor 65 Millionen Jahren gab es auf der Erde eine gigantische Naturkatastrophe. Es war das letzte der fünf großen Artensterben, am Übergang von der Kreidezeit zum Tertiär, weshalb es die Geowissenschaftler als »KT-Desaster« bezeichnen. Es bedeutet vor allem das Ende der Dinosaurier, die 135 Millionen Jahre lang die Erde beherrscht hatten. Vieles spricht dafür, dass ein Riesenmeteorit mit schätzungsweise 10 Kilometern Durchmesser unseren Planeten traf, in der Nähe der Halbinsel Yucatan im heutigen Mexico. Staub verdunkelte weltweit den Himmel, es regnete Schwefelsäure und Salpeter. Ein globaler Winter ließ das Gleichgewicht der Natur zusammenbrechen. Auch die großen Säugetiere kamen mit den veränderten Bedingungen nicht zurecht. Alle, die größer waren als etwa 15 Zentimeter, starben aus.

Überlebt haben nur ein paar extrem robuste Arten, die wohl ein Mittelding aus Ratte, Maus und Hamster waren. Es waren äußerst clevere und anpassungsfähige Nagetiere, die sich die Forscher ungefähr so vorstellen:

Das sind unsere eigentlichen Vorfahren. Aus diesen Urnagern entwickelte sich alles, was wir heute auf der Erde an Säugetieren vorfinden: Eichhörnchen, Marder, Löwen, Leoparden, Elefanten, Nilpferde, Wölfe, Hunde, Katzen, Affen und schließlich Menschen. Mit dem limbischen System tragen wir alle ein wichtiges Organ dieses archaischen Säugetiers in uns.

Als ich meine kuschelige Version unseres kleinen Vorfahren auf ein Blatt Papier gekritzelt hatte, zeigte ich es meiner Frau. Ich erzählte ihr von dem wichtigen limbischen System, das dieses Tier in seinem Köpfchen trug, und ihr war sofort klar, wie dieser kleine Kerl heißen musste: »Das ist der Limbi!«

Limbi repräsentiert die wichtigste Errungenschaft jener Ursäugetiere: Emotionen. Das hatte die Hirnstammfraktion der Reptilien rund um Saurier, Echse, Krokodil & Co. noch nicht. Das limbische System ist das emotionale Gehirn, in dem weit komplexere Muster wirken als in der Reiz-Reaktions-Matrix des Hirnstamms.

Die äußere Schicht unseres Gehirns ist die Großhirnrinde, auf Lateinisch Cortex. 90 Prozent davon sind entwicklungsgeschichtlich vergleichsweise jung und werden als Neocortex bezeichnet. In diesem Teil spielen die wesentlichen der in diesem Buch besprochenen Vorgänge. Deshalb spreche ich hier mal vom Neocortex, dort mal von der Großhirnrinde und meine dasselbe. Das ist fast immer korrekt und wird in den meisten Büchern so gemacht. Alle Fachleute bitte ich hiermit pauschal um Verständnis, falls das manchmal nicht exakt passen sollte.

So eine Großhirnrinde haben zwar auch die meisten Säugetiere – Delfine, Elefanten, Wale und Schimpansen sogar ganz schön große. Bei uns Menschen aber ist sie von einzigartiger Komplexität. Vor allem der präfrontale Cortex (PFC, »im vorderen Stirnlappen«) hat es in sich. Dort hat das menschliche Gehirn eine einzigartige Fähigkeit entwickelt: Es kann sich selbst beim Denken beobachten. Dadurch entstand das Bewusstsein. Wir wissen also, dass wir etwas wissen. Wir fühlen nicht nur, sondern wir wissen, dass wir etwas fühlen. Wir können unsere Gedanken, Gefühle und die sich daraus ergebenden Reaktionen beobachten und beurteilen.

Das menschliche Gehirn hat Ausmaße, die sich jeder Vorstellungskraft entziehen. Die Anatomin Suzana Herculano-Houzel von der Universität Rio de Janeiro hat die bisher genaueste Zählung durchgeführt: 86 Milliarden Nervenzellen (oder Neurone) gibt es im gesamten menschlichen Gehirn. Dazu kommen noch einmal ähnlich viele andere Zellen, vor allem Gliazellen, die das Ganze wie ein Kleber zusammenhalten und bei der Beschleunigung des Informationsaustauschs helfen. Das eigentlich Erstaunliche aber ist die Zahl der Verbindungen, die jedes Neuron zu anderen Zellen bilden kann: Es sind bis zu 200 000 pro Zelle. Man nennt diese winzigen Fädchen Dendriten. Der Begriff leitet sich vom griechischen Wort für »Baum« ab, aber kein Baum könnte so viele Äste bilden. Die Verbindungspunkte zur nächsten Zelle heißen Synapsen, und davon gibt es in unserem Kopf geschätzte 100 Billionen (das ist eine 1 mit 14 Nullen).

Dass diese riesige Zellansammlung einen heftigen Energiehunger hat, ist kein Wunder. Obwohl unser Gehirn nur 2 Prozent des Körpergewichts ausmacht, verbraucht es rund 20 Prozent der gesamten Energie und wird stets vorrangig versorgt.

Limbis Einzelteile

Als sich die ersten Mediziner an eine genauere Kartierung des Gehirns wagten, bezeichneten sie die einzelnen Teile nach deren Lage und Gestalt. »Limbus« heißt eigentlich nur »Rand«. Die Idee, die verschiedenen Strukturen am Rand unter dem Namen »limbisches System« zusammenzufassen, stammt vom schon erwähnten Paul MacLean. Er erkannte, dass auch einige etwas weiter entfernte Strukturen, wie etwa die Schläfenlappen (knapp vor und über den Ohren), eng mit dieser mittleren Schicht des Gehirns zusammenarbeiten.

Es gibt immer wieder Unklarheiten, was genau zum limbischen System gehört und was nicht. Ich halte es in diesem Buch mit den Wissenschaftlern, die sich für eine funktionale Beschreibung entscheiden. Ob eine Region zum limbischen System gehört, ist für sie weniger eine Frage der anatomischen Lage innerhalb des Gehirns. Entscheidend ist, ob sie sich primär mit der Verarbeitung von Emotionen beschäftigt. Damit gehören zu Limbi vor allem die folgenden Bestandteile, die alle paarweise vorhanden sind – einmal links und einmal rechts:

- Der Hippocampus (»Seepferdchen«) gilt als Tor zum Gehirn. Er (genauer gesagt: sie, die beiden Hippocampi) ist stark bei der räumlichen Orientierung beteiligt und scheint so etwas wie die Zentrale von Limbi zu sein.

- Die Amygdala (»Mandelkern«) ist Limbis Alarmanlage. Sie bekommt von den Sinnesorganen eine komprimierte Auswahl der wichtigsten Informationen geliefert, analysiert sie und leitet notfalls die lebenswichtigen Reaktionen dazu ein. Die beiden Mandelkerne sind sehr aktiv, wenn es um Angst und starke Affekte geht. Auch für den Sexualtrieb sind sie enorm wichtig.

- Der olfaktorische Cortex (»Riechhirn«) sitzt über der Nase und sendet die Informationen des Geruchssinns auf so kurzem Weg wie kein anderer Sinn zu Limbi.

- *Der ziemlich große* Gyrus cinguli *(»Gürtelwindung«) gehört von der Lage her schon zum Großhirn und spielt eine wichtige Rolle bei der Aufmerksamkeit und der Konzentration.*

- *Ganz klein sieht dagegen das* Corpus mamillare *(»Brustwarzen-körper«) aus, dessen beide Kerngebiete aber beim Abspeichern von Gedächtnisinhalten entscheidend sein dürften.*

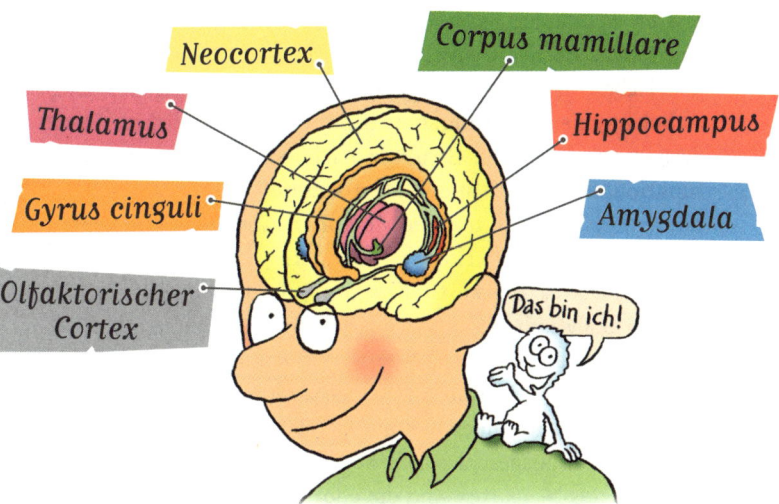

- *Zwischen Limbi und Großhirn sitzt der* Thalamus *(»Schlafzimmer«), der deswegen nur teilweise zum limbischen System gezählt wird.*

- *Der* orbitofrontale Cortex *(»an der Stirn, zur Augenhöhle hin«) gehört von der Lage eindeutig zum Großhirn, enthält aber viele limbische Funktionen, ebenso der* ventromediale Cortex *(»in der Mitte, zum Bauch hin«).*

Jeder Teil des Gehirns ist über ein bis zwei Nervenbahnen direkt mit dem limbischen System verbunden, sodass der Neurobiologe Gerhard Roth das gesamte Gehirn »als mehr oder weniger limbisch« bezeichnet.

Wissenschaftler des Max-Planck-Instituts für Neurobiologie in Martinsried versuchen seit Jahren, ein Computermodell der einzelnen Gehirnzellen und ihrer Verbindungen zu erstellen. Bisher ist ihnen das mit einem kleinen, etwa stecknadelkopfgroßen Abschnitt eines Fliegenhirns gelungen. Allein für dieses Miniorgan werden 400 Terabyte Speicherplatz benötigt. Würde eine vergleichbare Simulation für das gesamte Gehirn eines Menschen gelingen, wäre dafür etwa die Hälfte aller auf der Erde verfügbaren Speicherplatten erforderlich – wohlgemerkt für die Simulation eines einzigen menschlichen Gehirns. Und von diesem Organ sind derzeit über sieben Milliarden Exemplare auf unserem Planeten in Betrieb!

Solch eine Computersimulation des menschlichen Denkorgans würde dessen Struktur nachbilden. Ob es aber auch funktionieren würde und denken könnte? Wohl kaum. Ich vermute, dass man sich mit der Metapher »Gehirn = Supercomputer« ohnehin auf dem Holzweg befindet.

Jedenfalls ist unsere Großhirnrinde hochentwickelt und hat enorme analytische Fähigkeiten. Sie kann Entscheidungen detailliert vorbereiten, Fakten abwägen und sie kommunizieren. Alle Sinnesorgane sind mit der Großhirnrinde verbunden und senden ständig und gleichzeitig einen breiten Datenstrom an Informationen.

Die evolutionsgeschichtlich besonders beeindruckende Leistung unseres Neocortex sind die enormen Fortschritte, die er in den letzten 100 000 Jahren auf dem Gebiet der Kommunikation gemacht hat. Er hat die Sprache entwickelt und dabei sogar die Hardware unseres Körpers dramatisch verändert: den Kehlkopf, die Stimmbänder, die Gestaltung von Zunge, Gaumen und Mundraum. Im weiteren Verlauf dieser Entwicklung entstanden die Schrift, die Mathematik, die Philosophie und alle Naturwissenschaften. In Kombination von Gehirn und Sinnesorganen entwickelten sich unsere handwerklichen Fähigkeiten weiter: vom Gebrauch einfacher Werkzeuge über immer feinere Bearbeitungsmöglichkeiten von Werkstoffen bis hin zur maschinellen Produktion. Wir brachten Kunst, Musik, Transportmittel und Kommunikationstechnik hervor, wir besiegten mit dem elektrischen Licht die Dunkelheit und mit der Luftfahrt die Schwerkraft.

Wir können andere Menschen fragen, Bücher lesen, im Internet recherchieren und vieles mehr, um auf der Grundlage all dieser Erkenntnisse hochdifferenzierte Entscheidungen zu treffen. Dabei kann unser Gehirn nicht nur erkennen, welche Maßnahme in einer bestimmten Situation angebracht ist, sondern auch viele Zwischentöne aufspüren und Kompromisse eingehen.

Das Problem in unserem Kopf

Mindestens einen gravierenden Nachteil aber hat die Großhirnrinde: Sie ist wegen der unglaublichen Menge der zu verarbeitenden Informationen zu langsam für Entscheidungen, die aus Überlebensgründen blitzschnell getroffen werden müssen. Nicht dass es in den Nervenbahnen der Großhirnrinde gemächlich zuginge – aber bis alle Aspekte eines Entscheidungsvorgangs schön gegeneinander abgewogen wurden, können schon ein paar Sekunden oder Minuten vergehen. Das ist in bestimmten Situationen zu lang. In entsprechenden Szenarios aus unserer fernen Vergangenheit taucht gern der Säbelzahntiger auf.

Streng genommen gehörte dieses Tier nicht zur Familie der Tiger, weswegen die Bezeichnung Säbelzahnkatze zutreffender ist. Nichtsdestotrotz war diese Katze für uns Menschen aber (vor Ihrem Aussterben vor etwa 15 000 Jahren) ein ernstzunehmender Feind.

Die Situation könnte so ausgesehen haben: Eine Säbelzahnkatze springt unerwartet aus einem Gebüsch und rast auf unseren Vorfahren aus der Jungsteinzeit zu. Hätte er nur eine Großhirnrinde zur Entscheidungsfindung gehabt, wäre ihm gerade noch ein erstauntes »Oh!« über die Lippen gekommen, bevor ihn die Katze niedergestreckt hätte.

Sein Neocortex hätte versucht, unter Abwägung aller möglichen Chancen und Risiken eine hochdifferenzierte Antwort zu finden. Vielleicht hätte es angesichts der unerwartet aufgetretenen Herausforderung vorgeschlagen, zur Klärung der Säbelzahnkatzenfrage eine Arbeitsgruppe im Stamm zu bilden. Schwierig, denn das Raubtier mit den Säbelzähnen hätte während dieser Großhirngedanken natürlich längst seinen Sprung vollendet und dem Großhirnbesitzer die Kehle durchgebissen.

Das wäre ausgesprochen schlecht für unseren Urahn gewesen. Mit der Großhirnrinde allein hätte die Spezies Mensch, trotz der überragenden Fähigkeiten dieser evolutionären Superleistung, demnach nicht überlebt.

Dass Sie sich einer lückenlosen Reihe von Vorfahren erfreuen und heute hier dieses Buch lesen können, verdanken Sie den rasanten Reaktionszeiten von Limbi. Er arbeitet fantastisch flink. Dafür aber – man kann eben nicht alles haben – urteilt er längst nicht so differenziert wie die Großhirnrinde. Limbi kann gerade einmal ungefähr ausdrücken, was ihm gefällt und was nicht. Es äußert sich als ein Urgefühl von Behagen oder Unbehagen, das allerdings enorm intensiv daherkommen kann.

Limbi kommuniziert mit Ihnen also über Ihren Körper, und nicht über Ihren Geist. Wenn Limbi etwas gefällt, fühlen Sie sich wohl. Missfällt Limbi etwas, verursacht Ihnen das Schmerz, Müdigkeit, Unlust oder Schlimmeres. Mit dieser Art »Körpersprache« teilt sich Limbi Ihnen mit.

Der aus Portugal stammende und jetzt in Kalifornien lehrende Neurowissenschaftler Antonio Damasio ist der wohl wichtigste Erforscher von Limbi. Er legt großen Wert auf die Unterscheidung von Emotionen und Gefühlen: Emotionen sind das, was Limbi erlebt. Gefühle sind die von der Großhirnrinde beurteilten Emotionen. Der Bote zwischen den beiden ist Ihr Körper. Wenn Limbi sich freut, fürchtet oder ärgert, spüren Sie das unmittelbar körperlich. Damasio nennt Limbis Ausdrucksweise daher »somatische Marker« (von griechisch »soma« für »Körper«).

Erleben Sie Limbis Schnelligkeit

Wie schnell Limbi reagiert, können Sie im Selbstversuch testen. Stellen Sie sich vor, Sie fahren in einem öffentlichen Verkehrsmittel und hören plötzlich dicht neben sich das Wort: »Fahrscheinkontrolle!« Wenn ich dieses Szenario bei Vorträgen schildere, lachen die Zuhörer, weil sie blitzschnell spüren, wie sie sich in der Originalsituation verhalten hätten. Versuchsanordnungen zeigen, dass dieses »blitzschnell« rund 0,2 Sekunden entspricht. Das ist Limbis typische Reaktionszeit, und seine typische Reaktion bei der Fahrscheinkontrolle sieht so aus:

Und dann merken Sie, wie allmählich Ihre Großhirnrinde hinterherkommt. Sie fragt, kühl und überlegt, wie es ihre Art ist: »Ja hey, vielleicht haben wir ja einen Fahrschein?« Das ist eine typische Situation, die in ähnlicher Weise x-mal am Tag vorkommt und bei der Sie die verschiedenen Geschwindigkeiten der beiden Hauptabteilungen in Ihrem Gehirn selbst erleben können.

Analysieren wir einmal diesen bemerkenswerten Vorgang: Da kam über die Sinnesorgane eine Botschaft herein – eben diese Geschichte mit der Fahrscheinkontrolle. Blitzschnell hat Limbi diesen Begriff als potenzielle Gefahr eingestuft und aus seinem Vorrat an Emotionen eine mittelschwere Angst herausgesucht.

Spüren Sie, wie diffus diese Befürchtung ist? In Ihrem Inneren laufen noch keinerlei Szenarien ab, was genau passiert, falls der Kontrolleur Sie ohne Fahrschein erwischt. Was da im Bruchteil einer Sekunde in Ihnen aufsteigt, sind schemenhafte Vorstellungen von Bloßgestelltwerden, Scham oder Strafe. Limbi denkt nicht rational. Seine Emotionen kommen aus dem riesigen Speicher des Unbewussten. Das kann die Erinnerung an eine konkrete Begebenheit aus Ihrer eigenen Vergangenheit sein oder irgendetwas aus dem kollektiven Gedächtnis der Menschheit, gesammelt in vielen Jahrhunderten.

Noch deutlicher spüren Sie Limbi, wenn Ihre Großhirnrinde einen Beschluss fasst, der Limbi nicht gerade spontan erfreut: die Steuererklärung ausfüllen, das langweilige Protokoll schreiben, einen unangenehmen Menschen anrufen oder das Badezimmer putzen. Der Alltag besteht aus Hunderten großer und kleiner Aufgaben, gegen die sich etwas in Ihnen sperrt. Das kennen Sie bestimmt, und jetzt haben Sie auch einen Namen dafür: Das ist Limbi. Und in diesem Fall ist Limbi bockig.

Was tun Sie dann? Oft versuchen Sie es mit einer gewaltsamen Lösung. Sie wollen Limbi zwingen. Wenn man Versuchspersonen in einen funktionellen Magnetresonanztomografen legt und sie bittet, eine Willensentscheidung zu treffen, lassen sich vor allem Aktivitäten im präfrontalen Cortex, also in der Großhirnregion direkt hinter Ihrer Stirn, messen. Dort scheint der Wille zu sitzen, und er lässt es auf einen Zweikampf ankommen mit den Impulsen des limbischen Systems. Kurz gesagt: Limbi wird gewürgt.

Die Idee vom inneren Viech – das ist ein Bild, das jeder sofort versteht. Ich glaube, diese Situation ist die Keimzelle für die Vorstellung, dass in uns ein wie auch immer geartetes Tier wohnt.

»Den inneren Schweinehund überwinden« nennt man das im deutschen Sprachraum. In vielen archaischen Stammesgesellschaften gibt es die Idee des Totemtiers. Jeder Mensch hat ein bestimmtes Tier als Schutzgeist, weil ein Teil dieses Tiers auch in ihm selbst enthalten ist.

Einige Autoren, am erfolgreichsten der Mediziner Stefan Frädrich, knüpfen an der Schweinehund-Metapher an, um das Zusammenwirken der verschiedenen Regionen in unserem Gehirn verständlich zu machen. Die Psychotherapeutin Maja Storch hingegen versinnbildlicht die typischen Reaktionen des limbischen Systems mit einem Strudelwurm – einem sehr simpel gestrickten »Würmli«.

Das Autorenteam Chip und Dan Heath beschreibt das limbische System als Elefanten, auf dem die Großhirnrinde als Reiter sitzt (und seine liebe Not hat, den Koloss zu steuern).

All diese Metaphern haben ihre Schwächen. Bei der Vorstellung vom inneren Schweinehund stört mich die unselige Vorgeschichte. Die Redensart entstand im Dritten Reich. Indem Soldaten der deutschen Wehrmacht ihren inneren Schweinehund überwanden, zwangen sie sich nicht nur zu extremen körperlichen Strapazen, sondern auch zu schrecklichen Gräueltaten. Frädrich versucht, den Schweinehund freundlicher darzustellen und gibt ihm den Namen Günter. Ich plädiere jedoch dafür, dieses Tier ab sofort und für immer zu beerdigen.

Limbi ist kein Schweinehund! Nennen Sie ihn nicht so und sehen Sie ihn nicht so! Limbi ist eine großartige Struktur in Ihrem Gehirn. Limbi hat Ihnen schon oft das Leben gerettet. Ihr Limbi ist intelligenter als der intelligenteste Hund. Er steht nicht für irgendein limbisches System, sondern das der Spezies Mensch. Unser Limbi ist etwas Besonderes, so besonders wie wir Menschen. Deshalb stelle ich ihn mir als ein Lebewesen eigener Art vor, das möglichst keinem bekannten Säugetier ähnlich sehen soll.

Der Strudelwurm, den Maja Storch mit Erfolg und in sehr sympathischer Form bei ihren Vorträgen einsetzt, leidet ebenfalls ein wenig unter seiner eigenen Geschichte. In der Frühzeit der Hirnforschung entwickelte sich die Theorie, dass sich bei Lernvorgängen eine Art neuer Gedächtnismoleküle bilden. Die Idee schien sich bei Experimenten mit Strudelwürmern zu bestätigen. Der Psychologe James McConnell von der Universität Michigan brachte einzelnen Exemplaren sehr einfache Aufgaben bei. Danach tötete, zerkleinerte und verfütterte er diese Kandidaten an andere Artgenossen. Und siehe da: Sie lernten die Aufgaben der von ihnen verspeisten Vorgänger doppelt so schnell wie andere, die untrainierte Artgenossen gefuttert hatten. Daraus schloss der Psychologe messerscharf: Wissen ist essbar!

Allerdings erwies sich der Effekt später als Zufall, und so steht der Strudelwurm für eine Sackgasse der Wissenschaft. Nein, unser Limbi ist weit komplexer, intelligenter und auch reizvoller als solche simplen Plattwürmer.

Das Bild des limbischen Systems als Elefant, der von der auf ihm reitenden Großhirnrinde bezwungen wird, erscheint mir eine Übertreibung in die andere Richtung zu sein und erinnert an die antiautoritäre Pädagogik der 1970er Jahre. Da erschien der spontan agierende Mensch, der »seine Gefühle rauslässt«, als erstrebenswertes Ideal. Was ist schon die dünne Kruste aus Kultur und Erziehung, die über der Urgewalt unserer animalischen Natur liegt! Nein, so ein kulturpessimistischer Ansatz (obwohl immer noch weit verbreitet) scheint mir den enormen sozialen und wirtschaftlichen Leistungen nicht gerecht zu werden, die wir in den vergangenen Jahrzehnten erreicht haben.

Wie auch immer Sie es nennen: den inneren Schweinehund überwinden, das Würmli strangulieren, den Elefanten dressieren, sich zusammenreißen, mit Selbstdisziplin arbeiten, die Komfortzone verlassen – allen Lösungen ist eines gemeinsam: Sie funktionieren fast nie. Wir können der neuropsychologischen Forschung dankbar sein. Da sie eine exakte Naturwissenschaft ist, wird nach strengen Maßstäben experimentiert, gemessen und analysiert. Das Ergebnis ist durch die Bank ernüchternd: Der Wirkungsgrad der Limbiwürgung liegt im einstelligen Prozentbereich, je nach Versuchsanordnung zwischen drei und acht Prozent, also sagen wir mal im Schnitt bei fünf Prozent.

Vor allem aber funktioniert eine Willensentscheidung gegen den enorm starken emotionalen Widerstand von Limbi nur unter günstigsten Bedingungen. Sie können etwas tun, was Limbi nicht will, wenn Sie ausgeschlafen, gesund und eine starke Persönlichkeit sind. Außerdem dürfen Sie nicht gestört werden, und Ihr Umfeld muss optimal sein. Und selbst dann klappt die Limbiwürgung nicht auf Dauer.

Join the Limbi-Revolution!

Am besten, Sie versuchen gar nicht mehr, Ihren Limbi zu bezwingen. Schließlich handelt es sich um eine Technik mit einem Wirkungsgrad von läppischen fünf Prozent! Trotzdem schwören viele Menschen nach wie vor auf diese Methode – beim Selbstmanagement, bei der Mitarbeitermotivation oder in der Pädagogik.

Das muss sich ändern! Wir stehen vor einer echten Revolution, und sie ist an vielen Stellen schon zu beobachten: Anstatt Ihren Limbi zu zwingen oder umzuerziehen, sollten Sie mit ihm kooperieren! Auf dem Weg zum Glück ist Limbi Ihr bester Verbündeter, nicht Ihr Feind. Limbis enorme Kräfte zu nutzen – das ist die zentrale Idee dieses Buchs.

Rund um Limbi wurde bereits mindestens ein Nobelpreis vergeben. Der US-amerikanische Psychologe Daniel Kahneman erhielt (zusammen mit Vernon Smith) 2002 den Wirtschafts-nobelpreis für seine »Prospect Theory«, die im Deutschen »Neue Erwartungstheorie« genannt wird. In zahllosen, oft recht originellen Experimenten hat er nachgewiesen, wie Menschen Entscheidungen treffen. Offensichtlich wirken dabei zwei Systeme, die er »schnelles Denken« und »langsames Denken« nennt. Als Psychologe hält er sich ganz heraus aus der Frage, wo diese beiden Denksysteme jeweils ihren Ort in unserem Kopf haben, aber mir war bei der Beschreibung des schnellen Denkens sofort klar: Das ist Limbi.

Die Neue Erwartungstheorie gilt für jede Entscheidung, und damit auch für jede wirtschaftliche: Es kommt uns furchtbar überlegt vor, warum wir ein bestimmtes Produkt wählen, eine Aktie kaufen, uns für ein Haus oder ein Auto entscheiden. Wir haben uns schließlich informiert, Vor- und Nachteile abgewogen, Testberichte gelesen und mit Fachleuten gesprochen.

Die primäre Entscheidung aber wird von Limbi getroffen. Immer und überall. Das limbische System ist das Entscheidungsorgan schlechthin. Denn ohne Emotionen wären komplexere Entscheidungen gar nicht möglich.

Das bedeutet nicht, dass Limbi immer Recht hat. Doch auch das Gegenteil ist falsch. Die großartige Idee der Evolution besteht nämlich darin, dass wir beide haben: Limbi und die Großhirnrinde. Zusammen bilden sie ein Dreamteam.

Doch was geschieht, wenn die Verbindung zwischen Neocortex und Limbi getrennt wird, etwa durch eine Operation? Von 1936 bis zum Beginn der 1970er-Jahre wurde an Patienten, die an chronischen Schmerzen, Schizophrenie oder Depressionen litten, die Lobotomie durchgeführt. Dabei wurde durch einen chirurgischen Eingriff oberhalb der Augenhöhle die Verbindung zwischen den Frontallappen (die zum funktionalen limbischen System gehören) und dem restlichen Gehirn getrennt. Die Patienten hatten danach eine völlig veränderte Persönlichkeit. Sie spürten die Schmerzen noch, aber sie machten ihnen nichts mehr aus. Manche, wie Rosemary Kennedy, die jüngere Schwes-

SIE DENKEN, ES SEI SO ...

ter des ehemaligen Präsidenten John F. Kennedy, blieben ihr Leben lang auf dem Entwicklungsstand eines Kleinkinds. Diese grausame Methode gilt als einer der schrecklichsten Irrwege der Gehirnchirurgie.

Ohne sein Gefühlszentrum ist der Mensch kein Mensch mehr. Die Trennung von Denken und Fühlen, in Medizin und Philosophie oft als sinnvolle Erkenntnis gefeiert, lässt sich nicht länger aufrechterhalten. Antonio Damasio verkündete angesichts dieser Entdeckung das Ende der berühmten Definition des menschlichen Geistes: »Ich denke, also bin ich«. Der Philosoph René Descartes, der sie 1641 formulierte, hielt diesen Satz für »notwendig wahr, so oft ich ihn ausspreche oder denke«.

Damasio nannte daher sein wichtigstes Buch ganz bescheiden *Descartes' Irrtum*. Die Philosophie, so sein Vorwurf, habe Geist und Körper zu stark getrennt. Dabei kann einer ohne den anderen gar nicht sein. Wer über sein Woher und sein Wohin nachdenkt, über den Sinn des Lebens und so weiter, der darf das in Zukunft nicht mehr ohne seinen Limbi tun.

...ABER ES IST SO!

Während wir im Computerzeitalter von den grandiosen denkerischen und technischen Hervorbringungen unseres Gehirns fasziniert sind, übersehen wir oft seine allergenialste Leistung. Das Gehirn hat sich ursprünglich nicht entwickelt, um damit in höheren Sphären zu philosophieren und zu träumen, sondern um einen realen Körper durch eine reale Welt zu bewegen, das betont der britische Neuromediziner Daniel Wolpert. Die Koordination der Bewegungen ist der Hauptjob unseres Gehirns, und den erledigt es mit herausragender Bravour.

Das lässt sich an einer simplen Beobachtung zeigen: Beim Schachspiel wird inzwischen sogar der Weltmeister von einem Computerprogramm geschlagen. Aber kein noch so ausgefeilter, von modernster Computertechnik gesteuerter Roboter kann bisher, was schon ein Kind mit ein bisschen Übung schafft: die 32 Schachfiguren aus der Schachtel zu kippen und innerhalb einer Minute richtig auf dem Spielbrett aufzubauen.

Selbst wenn es gelänge, einen entsprechenden Roboter zu konstruieren: Könnte der dann auch mit derselben Hard- und Software einen Tisch decken, Schnürsenkel zubinden und aus einer Flasche ein Getränk in ein Glas gießen? Entsprechende Maschinen sind nicht einmal andeutungsweise in Sicht. Und wenn, dann wären sie vermutlich ziemlich große Ungetüme. Alle Roboter, die zum Teil Erstaunliches leisten, sind im Vergleich zu den Bewegungskünsten von Menschen und Tieren lächerlich einseitige Fachidioten.

Limbis Chemiebaukasten:
DEO = Emotionen

Da Emotionen Limbis große Stärke sind, sollten wir uns mit ihnen eingehender beschäftigen. Die Grundbedeutung des lateinischen Wortes »emotio« ist »Hinausbewegung«. Das ist der primäre Impuls, der durch die Bewertung eines Sinneseindrucks ausgelöst wird: eine Bewegung des Körpers einzuleiten – entweder zum schnellen Abhauen oder zum kraftvollen Angreifen.

Emotionen haben zwei Hauptjobs: Der erste besteht darin, Sinneseindrücke zu bewerten, und diese Bewertung findet – bei aller Diskussion der Fachleute um die genaue Lokalisierung der einzelnen Prozesse im Gehirn – eindeutig im limbischen System statt. Gerhard Roth bezeichnet das limbische System als die zentrale Bewertungsinstanz im Gehirn.

Jede Sinneswahrnehmung läuft durchs limbische System, die sogenannte limbische Schleife. Limbi ist der nimmermüde Türsteher zu allen weiteren Eingängen in Ihr Gehirn. Zu jedem Sinneseindruck gibt Limbi seinen Kommentar ab, blitzschnell und nach einem klar strukturierten Muster – es muss ja schließlich schnell gehen.

Der zweite Job von Emotionen ist es, Sie anzutreiben. Angst, Wut, Freude, Trauer und all die anderen starken emotionalen Regungen können (auch ohne äußeren Reiz) in Ihrem Inneren entstehen und veranlassen Sie zu allen erdenklichen Aktionen.

Die Entdeckung all dieser Automatismen ist die Leistung der letzten Forschungsjahrzehnte in den Neurowissenschaften. Emotionen sind noch unbewusste Körperprozesse, Vorläufer zum Gefühl. Wenn Sie eine Schlange sehen, eine Mücke oder eine Raubkatze, wird das blitzschnell von Limbi kommentiert und bewertet, und die Ergebnisse werden direkt an den Körper weitergeleitet: Die Muskeln des Bewegungsapparates ziehen sich zusammen, um Flucht oder Angriff vorzubereiten. Puls und Atem beschleunigen sich, um mehr Energie dafür zur Verfügung zu stellen. Die Pupillen weiten sich, um die Wahrnehmung zu verbessern, und vieles mehr.

Der Neocortex überwacht seinerseits ständig den Körper, und im Gefahrenfall fallen ihm die Veränderungen des Körpers auf. Ein junger Mann erzählte mir, wie er Freunde in einer Forschungsstation im asiatischen Urwald besuchte. Bei einem kleinen Ausflug merkte er zuerst nur, wie sich plötzlich die Haare auf seinen Unterarmen aufrichteten. Dann erst sah er aus dem Augenwinkel heraus einen Leoparden, der ihn seitlich aus dem Dunkel des Dschungels anblickte und offensichtlich genauso überrascht war wie er. Daraufhin zogen sich beide sehr langsam und vorsichtig zurück.

Für den jungen Mann war es ein doppelt eindrucksvolles Erlebnis, denn er hatte gerade mit dem Medizinstudium begonnen und schon von diesen über den Körper vermittelten Informationen des limbischen Systems gehört, sie aber noch nicht selbst erlebt.

Emotionen sind ein weites Feld. Es gibt verschiedene Modelle, all die menschlichen Regungen zu katalogisieren. Fangen wir einmal mit denen an, die das menschliche Gesicht ausdrücken kann.

Der US-amerikanische Psychologe Paul Ekman hat sein Leben der Erforschung dieses Gebiets gewidmet. Er fand 44 Muskeleinheiten, mit denen sich Tausende verschiedener Gesichtsausdrücke erzeugen lassen: Augenbrauen außen und innen, obere Augenlider, Ringmuskel ums Auge, Oberlippe, Unterlippe, Mundwinkel, Blinzeln, Kopfbewegungen und vieles mehr. All das hat er in einem »Facial Action Coding System« (FACS) zusammengefasst, und er unterrichtet Menschen darin, anhand dieser Muskelbewegungen Gesichtsausdrücke zu dechiffrieren.

Ekman definiert sechs Basisemotionen: Furcht, Ärger, Ekel, Trauer, Freude und Überraschung. Kritiker vermissen in dieser Aufzählung Erwartung (und Neugier), Verachtung, Vertrauen, Liebe (etwa die der Mutter zu ihrem Kind) und sexuelle Erregung. Dazu kommen Emotionen wie Neid oder Stolz, die sich nicht unmittelbar auf dem Gesicht ausdrücken müssen. Die Fachleute sind schließlich zu der salomonischen Lösung gelangt,

dass es keinen einheitlichen Katalog von Emotionen geben kann. Wenn wir uns mit den sechs von Ekman begnügen, fällt jedenfalls eines auf: die Überzahl der negativen Ausdrucksmöglichkeiten. Limbi ist spezialisiert auf Negatives, denn sein Hauptjob ist es, Gefahren zu vermeiden.

Wenn es aber darum geht, sich und andere zu motivieren, müssen wir bei der einen wundervollen Emotion – der Freude – ansetzen. Neuropsychologisch lässt sich Freude aufteilen in drei Unterarten. Jede ist verbunden mit einem bestimmten Botenstoff, einem sogenannten Neurotransmitter. Limbi kommuniziert mit der Großhirnrinde und dem Rest von uns über Chemikalien und elektrische Reize. Wie das en détail in den Zellen vor sich geht, war übrigens Gegenstand des Nobelpreises für Medizin 2013, der an Randy Schekman, James Rothman und

Thomas Südhof verliehen wurde für ihre Erkenntnisse über das Kommunikationssystem der Zellen.

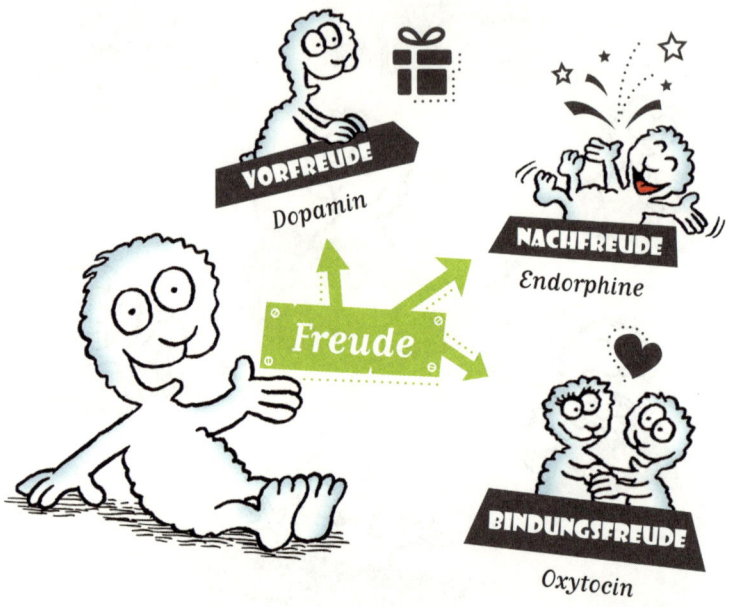

Ein ganz wichtiger Stoff in Sachen Motivation ist Dopamin. Er ist streng genommen kein Neurotransmitter, sondern ein Neuromoderator, weil er in übergeordneter Weise auf viele andere Botenstoffe Einfluss ausübt. Wie das genau abläuft, ist sehr kompliziert und Gegenstand unzähliger Forschungsprojekte. Was man bisher aber sicher weiß: Dopamin wirkt wie eine Karotte, die man einem Pferd vor die Nase hält, um es zum Laufen zu bewegen.

Dopamin spielt auch eine entscheidende Rolle bei der Parkinsonschen Krankheit: Ist in bestimmten Bereichen des Gehirns zu wenig Dopamin vorhanden, stört das die Signalübertragung zwischen den Nervenzellen, wodurch Menschen die Kontrolle über ihre Muskeln verlieren.

Dopamin ist der Treibstoff Ihres Handelns, wenn Sie eine feste Anstellung haben und sich morgens nicht überwinden können, aufzustehen. Dann folgt ein kurzer Gedanke an die Überweisung am Ende des Monats auf Ihr Gehaltskonto und der müde Apparat aus Geist und Körper setzt sich schließlich doch in Bewegung.

Wenn Sie sich auf etwas freuen, produzieren die Nervenzellen Ihres Limbis Dopamin, das am Ende einer Kette weiterer chemischer Prozesse im Gesamtgehirn für ein Glücksgefühl sorgt. Einer dieser Vorgänge findet im Nucleus accumbens statt (wohl besser bekannt unter seinem Spitznamen »Belohnungszentrum«). Dort erhöht Dopamin die Aufmerksamkeit und führt zur Ausschüttung von Endorphinen – körpereigene Drogen, die wie Morphium oder Opium Schmerz lindern und ein allgemeines Wohlgefühl verbreiten.

Berauschende Momente, in denen Limbis Chemiebaukasten die Wunderdroge Endorphin produziert, sind beispielsweise ein erhebendes Erlebnis in der Natur, verrückt zu sein vor Liebe oder die Verzückung während eines Konzerts.

Wenn Sie frühmorgens nicht nur wegen der Belohnung am Monatsende aufstehen, sondern Ihr Beruf Ihnen unmittelbar Freude bereitet, dann verwöhnt Ihr Limbi Sie zusätzlich mit Endorphin.

Ein weiterer Botenstoff, der immer stärker in den Blick der Forschung gerät, ist das Oxytocin. Limbi produziert es, wenn er mit anderen Limbis zusammen ist – am besten mit solchen, die ihm sympathisch sind. Bei einer gemeinsamen Mahlzeit steigt der Oxytocin-Spiegel im Gehirn messbar an. Das ist eine Gelegenheit, um Limbis gute Gaben zu nutzen, die Sie nie ungenutzt verstreichen lassen sollten!

Einen Höchstwert erreicht die Oxytocin-Konzentration, wenn eine Frau ein Kind zur Welt bringt. Daher hat es auch seinen griechischen Namen, der »leicht gebärend« bedeutet.

Michael Kosfeld von der Universität Zürich ließ, vielleicht angeregt durch die Banken in der Stadt, seine Probanden in Spielsituationen Geld investieren. Es zeigte sich, dass Testpersonen mit künstlich erhöhtem Oxytocinspiegel mehr Vertrauen gegenüber ihren Mitspielern an den Tag legten.

Auch beim Orgasmus wird Oxytocin freigesetzt. Es sorgt für ein Gefühl der sozialen Verbundenheit, das die Bindung der beteiligten Partner verstärkt. Danach bewirkt es Entspannung und

Müdigkeit. Daher gilt Oxytocin als Kuschel- und Treuehormon, als Stoff für Bindung, Frieden und Ruhe.

Wobei auch hier wieder gilt: Nichts übertreiben! Ein Team um Carsten De Dreu an der Uni Amsterdam wies in mehreren Experimenten nach, dass Oxytocin zwar das Gemeinschaftsgefühl innerhalb einer Gruppe stärkt. Gegenüber Außenstehenden reagierten die Versuchspersonen aber umso abweisender, je höher die Oxytocin-Konzentration in ihrem Gehirn war.

Sie sehen also, welche Schätze Limbi für Ihren Alltag bereithält. Doch wie kommen Sie nur an diese wunderbaren Stoffe heran? Das Wissen über all die Glücksstoffe im Gehirn verleitet Menschen immer wieder, sich diese Ingredienzien direkt einzuflößen. Jede Art von Rauschgift beruht auf der künstlichen Auslösung des einen oder anderen Neurotransmitters. Das funktioniert zwar eine Zeitlang ganz gut, ist aber immer mit schrecklichen Nebenwirkungen verbunden. Viel gesünder, billiger und nachhaltiger ist es, Limbis körpereigene Möglichkeiten zu nutzen. Und das geht mit verblüffend einfachen Dingen, zum Beispiel mit den Klamotten in Ihrem Kleiderschrank oder den Stapeln auf Ihrem Arbeitstisch.

Wegweiser

Wie teilt man das Leben in sinnvolle Kapitel ein? Ich habe mich von den physischen Dingen bis zur Metaphysik emporgehangelt. Dadurch gibt es ganz bewusst keine Aufteilung zwischen »Limbi privat« und »Limbi im Beruf«. Sie sind Ihr ganzes Leben lang, Tag und Nacht, mit Großhirnrinde und Limbi gemeinsam zu Gange, bei der Arbeit und in der Freizeit, im Urlaub und zu Hause.

Besonders plakative neurowissenschaftliche Studien habe ich für Sie hervorgehoben. Auch sonst sind die Ergebnisse vieler spannender Studien in den gesamten Text eingeflossen – stets im Bewusstsein, dass sich die Konsequenzen daraus längst nicht immer so eindeutig bestimmen lassen, wie wir das gerne hätten. Aber wichtige Ansatzpunkte bietet die experimentelle Neuropsychologie allemal!

Hier berichte ich oft aus meinem eigenen Alltag. Damit will ich Sie vor allem dazu anregen, in Ihrem Leben auf Entdeckungsreise zu gehen: Sie haben schon eine Menge mit Ihrem Limbi erlebt!

Es ist mir wichtig, aus den wissenschaftlichen Ergebnissen Nektar für den Alltag zu saugen. Wenn Sie diese Einleitung gelesen haben, können Sie es halten wie an einem Buffet: Beginnen Sie mit den Themen, die Ihnen zurzeit am meisten am Herzen liegen. Lassen Sie sich von den praktischen Hinweisen anlocken. Probieren Sie selbst, welche fantastischen Möglichkeiten in Ihnen und Ihrem Limbi stecken!

Limbi und die Sachen

Warum der ätzende Stapel vor Ihnen manchmal nur an einem klemmenden Ordner liegt. Wie fröhlich Limbi durch einen Abfalleimer oder eine schön beschriftete Kiste werden kann. Und was der Heilige Antonius mit Limbi zu tun hat.

Limbi und die Zeit

Warum Limbi Ihr Guru werden kann und Sie Hamsterräder mit ganz anderen Augen sehen werden. Wie wichtig Tageslicht und Schlaf für Limbi ist, und wie Sie mit ganz einfachen Gedanken im Straßenverkehr Ihr Leben retten können.

Limbi und das Geld

Warum Limbi sich immer wieder verrechnet und er in jedem Supermarkt nach Strich und Faden ausgetrickst wird. Wie Sie bei Verhandlungen Summen durchsetzen, von denen Sie nie zu träumen wagten. Wodurch sich der Kaufpreis für dieses Buch im Nullkommanichts amortisiert hätte.

Limbi und der Körper

Wie Sie mit lächerlich kleinen Änderungen Ihres Verhaltens leichter zum Idealgewicht kommen, Ihren erstaunlichen Geruchssinn wiederentdecken und eine kleine Revolution beim Thema Schmerzen erleben. Zugabe: Schutz vor der Alkoholfalle und ein verblüffender Weg, das Rauchen aufzuhören.

Limbi und die anderen

Warum Limbis erstaunliche Fähigkeiten an modernste Funktechnologie erinnern. Wie Sie brenzlige Situationen meistern, nervige Teenager besser verstehen, wunderbar leicht lernen, Schüchternheit überwinden, ineffiziente Meetings aufmöbeln und begeisternde Reden halten.

Limbi und die Liebe

Warum Liebe viel weniger mit dem Überschwang der Gefühle zu tun hat, als Sie bisher dachten. Wie Sie Limbis Erwartungsregler einsetzen, um zu dauerhaftem Partnerglück zu gelangen, Streitphasen durchstehen und (im äußersten Notfall) eine Beziehung gut zu Ende bringen.

Limbi und das Glück

Warum Glück viel mit Geduld zu tun hat und wie leicht diese Tugend mit Limbis Hilfe zu erlernen ist. Warum Sie viel spielen, Ihre Marotten pflegen und vorsichtig mit dem Wort »Glück« sein sollten. Vor allem aber: Warum sie sich nicht alles von Limbi gefallen lassen dürfen!

Limbis letzte Fragen

Wo Sie spätestens merken, dass Sie kein Buch, sondern einen Zauberspiegel vor sich haben: eine neue Sicht auf sich selbst. Wie Sie mit Limbi die letzte Reise gestalten und Sterbende begleiten. Dazu ein beeindruckender Blick auf Limbis letzte Jahrhundertausende.

LIMBI
und die Sachen

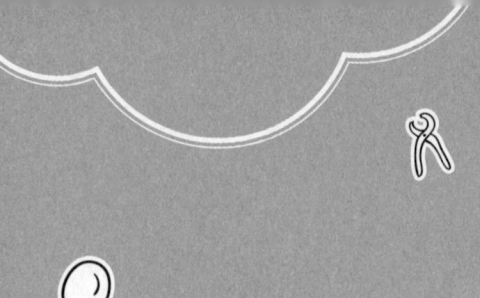

2001 erschien mein Buch simplify your life – ein Bestseller, von dem viele nur das erste Kapitel gelesen haben, in dem es um das Aufräumen von Sachen ging. Sie waren offenbar so begeistert davon, ihren Schreibtisch oder Keller zu entrümpeln, dass sie das Buch nach ein paar Seiten Lektüre beiseitegelegt und gleich in die Praxis umgesetzt haben. Ganz egal, ob sie später doch noch weitergelesen haben oder nicht – es ist das Schönste, was einem Buch passieren kann: dass es zum Handeln anregt.

Deswegen fängt auch dieses Buch mit den Sachen an, weil der alltägliche Umgang mit den Gegenständen ein prachtvolles Übungsfeld ist. Hier können Sie Ihren Limbi nicht nur kennen lernen, sondern auch gleich etwas Praktisches mit ihm tun.

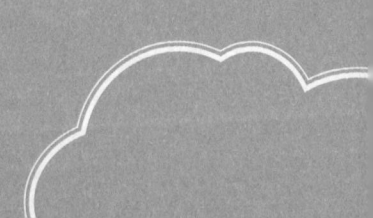

Jemand müsste hier mal aufräumen ...

Ich hatte nicht damit gerechnet, dass etwas so Einfaches wie Wegwerfen und Saubermachen einen so enormen Erfolg haben würde. Immer wieder frage ich mich seitdem: Warum ist es so schön, das Regalfach voller Nippes oder die Kiste mit den Socken in Ordnung zu bringen? Warum fühlt man sich beschwingt, wenn man an einem aufgeräumten, vielleicht sogar ganz leeren Schreibtisch sitzt? Bisher dachte ich, es hätte etwas mit Macht zu tun – dem coolen Gefühl, an diesem ganzen Krimskrams Autonomie und Herrschaft zu demonstrieren. Nach dem Motto: Bisher haben die Sachen etwas mit mir gemacht, jetzt aber mache ich etwas mit den Sachen!

Inzwischen weiß ich, warum Aufräumen so gut tut: Weil es eine Wonne für Limbi ist! Genauer gesagt: Wenn es Ihnen gelingt, auf die richtige Weise Ordnung zu schaffen, dann fühlt sich Ihr Limbi wohl. Am verhältnismäßig einfachen Sachverhalt des Sortierens von Materie lässt sich das reizvolle Zusammenspiel von Großhirnrinde und Limbi recht gut aufdröseln.

Für einen klar organisierten Arbeitsplatz oder eine tipptopp sortierte Schublade sprechen viele vernünftige Gründe: Sie finden Ihre Sachen schneller; es macht einen besseren Eindruck, wenn Besuch kommt; Sie arbeiten an einem gut strukturierten Tisch selbst strukturierter; ein aufgeräumtes Zimmer lässt sich leichter sauber halten und dient letztlich der Gesundheit; Sie bekommen einen besseren Überblick über Ihren Besitz und werden weniger Fehlkäufe tätigen; Sie sehen schnell, was unnötig ist und können solche Sachen verkaufen oder verschenken; Sie übersehen keine Zahlungsfristen und andere Verpflichtungen, deren Nichtbeachtung Ihnen womöglich finanziellen Schaden zufügen würde und so weiter.

Das sind viele, aber noch längst nicht alle denkbaren rationalen Argumente fürs Aufräumen. Doch spüren Sie, dass Ihr Limbi

trotz all dieser klugen Gründe gelangweilt liegen bleibt? Deswegen haben so viele Menschen den Eindruck »Eigentlich müsste ich hier mal Ordnung schaffen« – aber sie tun es nicht! Das ist der heimliche Refrain in diesem Buch: Zum Handeln aufraffen werden Sie sich nur, wenn Ihr Limbi aufwacht. Wenn er fröhlich um Sie herumläuft und Sie bei Ihrer Arbeit unterstützt. Also, klare Ansage: Emotionen müssen her!

Der dreifache Code

Hier hilft eine Entdeckung der US-amerikanischen Psychoanalytikerin Wilma Bucci. Sie unterscheidet drei wesentliche Codes der Kommunikation.

- Code 1 ist der bekannteste: die Sprache. Eng damit verbunden ist die Buchstabenschrift. Auf dieser Ebene kommunizieren wir gerade miteinander, denn Sie lesen ja die von mir zusammengestellten Schriftzeichen. Das ist eine großartige Erfindung, die ein paar Jahrtausende Entwicklungszeit und Sie Ihr erstes Lebensjahrzehnt an Lernaufwand gekostet hat. Mithilfe der gesprochenen Sprache kommunizieren Sie im Wesentlichen mit Ihren Mitmenschen. Sogar ein Teil Ihrer Selbstmotivation funktioniert verbal: Sie sprechen mit sich selbst, »denken laut« und machen sich Gedanken, die Sie auch jederzeit aufschreiben könnten.

- Ein anderer, weitaus wichtigerer Weg der Verständigung sind Ihre Sinneswahrnehmungen und körperlichen Empfindungen. Sie fühlen sich wohl oder unwohl, es juckt Sie etwas, Sie empfinden tonnenschwere Müdigkeit oder glühende Begeisterung, etwas brennt in Ihnen oder zieht Sie runter. Diese Körpergefühle lassen sich zwar mit Worten beschreiben, aber Worte allein genügen nicht, um diese Gefühle hervorzurufen.

Ein einfaches Beispiel: Probieren Sie einmal, beim Lesen des Wortes »Schmerz« Schmerz zu empfinden. Das funktioniert in der Regel nicht. Wenn ich Sie aber bitte, sich eine große grüne Schultafel vorzustellen, und Sie sollen nun in Gedanken Ihre Hand zu einer Kralle formen und mit den Fingernägeln, so fest es geht, auf dieser Tafel kratzen und damit ein lautes Geräusch erzeugen. – Ja, jetzt läuft manchen Menschen schon ein leiser Schauer den Rücken herunter.

Sie empfinden auch Schmerzen oder zumindest ein unangenehmes Gefühl, wenn Ihnen ein Bekannter erzählt, wie er neulich beim Zwiebelschneiden mit seinem neuen, superscharfen und riesengroßen japanischen Küchenmesser abgerutscht ist und sich die Kuppe des Zeigefingers glatt abgeschnitten hat.

Was ist da passiert? Während Sie die Worte gelesen oder gehört haben, entstand dazu in Ihrem Vorstellungsvermögen ein Bild – und diese bildliche Vorstellung war es, die bei Ihnen Gefühle ausgelöst hat. Die Welt der Bilder ist Code Nummer 2, das wunderbare Bindeglied zwischen Code 1, den Worten, und Code 3, den Gefühlen.

Vereinfacht gesagt: An einer mit Worten beschriebenen Situation hängt ein Bild.

Und an diesem Bild hängt ein Gefühl. Erst damit kann Limbi etwas anfangen. Vernünftige Argumente, exakte Zahlen, gute Gründe – lauter Sachen, die Limbi nicht viel sagen.

Allerdings produziert nicht jede aus Worten bestehende Beschreibung automatisch ein Bild. Stellen Sie sich probeweise beim Reden einmal vor, wie in Ihrem Gegenüber dieser Decodierungsvorgang abläuft und sich in seinem Kopf das Bild formt. Das geht zwar schnell, aber ein klein wenig Zeit braucht es schon. Bei den beiden Beispielen habe ich daher absichtlich ein bisschen ausführlicher formuliert. »Schultafel« oder »Messer« hätten vielleicht genügt, aber eine »große grüne Schultafel« oder das »neue, superscharfe und riesengroße japanische Küchenmesser« haben dazu beigetragen, dass die bildliche Vorstellung in Ihrem Gehirn konkreter und wirkungsvoller geworden ist.

Nur in Ausnahmefällen wird Ihr Limbi sofort begeistert beim Aufräumen mithelfen. In allen anderen Fällen braucht er ein gutes, ihn emotional anspornendes Bild. Die einfachste Methode ist, direkt an den Ort des Geschehens zu gehen. Stellen Sie sich also vor den überfüllten Schreibtisch, die zugeparkte Arbeitsplatte oder den überquellenden Kleiderschrank. Steigen Sie hinunter in den verkruschelten Kellerraum oder begeben Sie sich in die verwahrloste Garage. Dann lassen Sie vor Ihrem inneren Auge den Idealzustand entstehen: Vor Ihnen breitet sich eine glänzende, einladende Arbeitsfläche aus, mit lauter exquisiten Gegenständen darauf. Sie blicken auf wohlsortierte, nicht überfüllte Fächer mit perfekt gebügelter Wäsche, dazu Hemden und Jacken, die locker auf schönen Bügeln hängen. Sie blicken in eine Garage, in die man auch ohne Zusatzausbildung ein Kraftfahrzeug einparken kann. Vor Ihnen erscheint ein herrlich zugängliches Kellerabteil, gut ausgeleuchtet. Mit ein bisschen Übung wird es Ihnen gelingen, dabei die entsprechenden Details zu treffen, auf die Ihr Limbi abfährt.

Seien Sie nicht zu sparsam mit Ihrer Fantasie, gehen Sie in die Vollen! Sehen Sie nicht nur einfach einen halbwegs ordentlichen Tisch vor sich, sondern einen wirklich picobello aufgeräumten Arbeitsplatz. Einen, der so schick ist, dass ein vorbeikommender Kollege anerkennend durch die Zähne pfeift, wenn er ihn

sieht. Oder einen noblen Kleiderschrank mit Pfiff, bei dem wie in teuren Hotels beim Öffnen innen das Licht angeht. Einen Keller zum Verlieben. Eine Garage, mit der Sie sich beim Fotowettbewerb »Garage des Jahres« der örtlichen Sparkasse bewerben könnten.

Das gelingt einigen Menschen leichter, andere tun sich damit echt schwer. Aber es lohnt sich, an diesem inneren Bild zu arbeiten. Denn meine Erfahrung hat immer wieder bestätigt: Solange Limbi von Ihnen nicht dieses innere Bild bekommt, hat das Anfangen gar keinen Sinn. Wenn Sie im überfüllten Kellerraum oder in der zugestopften Garage keine Vision vom neuen Idealzustand entwickeln können, verlassen Sie diesen Ort lieber wieder. Tun Sie etwas ganz anderes und vertrauen Sie darauf, dass sich in Ihrem Hinterkopf das ersehnte Bild schon noch aufbauen wird.

Wenn das nicht hilft, suchen Sie sich konkrete bildliche Darstellungen. Denken Sie zurück: Wann haben Sie einen Arbeitsplatz bei einem anderen Menschen gesehen, der Ihren Limbi schwer beeindruckt hat? Bei dem sich diese unnachahmliche limbische Wärme eingestellt hat: »Mei, is des schön!« Googeln Sie nach prächtigen Fotos von Edelarbeitsplätzen, Musterküchen oder Superkleiderschränken.

Wenn Sie in einer Zeitschrift ein Bild entdecken, das Sie anspricht – eine dieser fantastisch fotografierten Wohnungen irgendwelcher Reichen und Schönen –, schneiden Sie das Bild aus und heben Sie es auf. Kleben Sie es sich auf die Innenseite einer Büroschranktür, oder bepflastern Sie eine Pinnwand mit solchen stimmungsvollen Fotos. »Moodboard« nennen das Künstler und Designer, bei denen es zum Job gehört, bei sich und anderen gute Stimmungen (»moods«) zu erzeugen.

Damit das alles funktioniert, dürfen Sie allerdings nicht auf die vielen inneren kritischen Stimmen hören (die sich vielleicht schon bei Ihnen gemeldet haben, während Sie die letzten Absätze gelesen haben), auf all die in unserem menschlichen Geist fest eingebauten Fachleute, die rufen: »So eine super Wohnung wirst du dir niemals leisten können!« »Aufwachen, das ist der Schreibtisch eines Vorstandsvorsitzenden, deiner ist ein paar Hektar kleiner!« »Es ist deinem Auto doch egal, wie wüst es in seinem Nachtquartier aussieht.« »Der begehbare Kleiderschrank des millionenschweren Modeschöpfers ist ja wohl kaum ein Vorbild für deine mickrige überdachte Kleiderstange!« Ist er doch, liebe Kritiker! Denn Sie sollen ja nicht die fünf Meter lange Mahagoniplatte dieses Stardesigner-Tischkunstwerks nachbauen, sondern Ihr Limbi soll ein ähnliches Gefühl empfinden wie die Menschen, die so ein Objekt sehen!

Wie Sie im Überblick über Limbis Gefühlslandschaft gesehen haben, sind dort die negativen Emotionen in der Überzahl. Möglicherweise übermannt Ihren Limbi angesichts der wundervollen Musterbilder vor allem der Neid. Oder er wird schlichtweg traurig, dass andere die Begabung haben, den alten Kram wegzuhauen, er aber nicht.

Womit wir beim zentralen Limbi-Thema wären: Das Ziel ist, Limbis wenige gute Emotionen anzusteuern und die negativen in geschicktem Slalom zu umfahren. Das gelingt aber nur mithilfe Ihrer famosen Großhirnrinde. Die Versuchung ist groß, mit Limbi ein klärendes Gespräch zu führen und ihn mit guten Argumenten überzeugen zu wollen. Aber das wird nicht gelingen, wie uns die gesammelten Neurowissenschaften dankenswerterweise in zahllosen Experimenten bewiesen haben. Der Weg zu einem guten Umgang mit Limbi führt nicht über Einsicht, sondern über intelligente Strategien, mit denen Sie in Limbi die wirksamen Bilder erzeugen. Von einem übergeordneten Standpunkt aus mag das zwar manchmal nach Austricksen aussehen, aber na und? Hauptsache, es funktioniert!

Limbifreundlich ist auch die Zwei-Schritte-Aufräum-Strategie. Im Laufe der Jahre habe ich die Goldenen Regeln fürs Saubermachen, Entrümpeln und Aufräumen immer weiter vereinfacht, bis es nur noch zwei waren. Sie gelten in einem ausgesprochen weiten Anwendungsbereich, von Schreibtischschubladen über Küchenschränke bis zur Neuorganisation von Büroetagen oder Unternehmensteilen.

Nehmen Sie sich nicht zu viel vor

1.
SCHRITT

Selbstüberschätzung ist der größte und häufigste Fehler bei allen guten Vorsätzen, egal ob es ums Aufräumen und Wegwerfen geht oder um das Etablieren neuer Gewohnheiten (die mit Essen oder Rauchen, Sie wissen schon): Sie glauben, mit einer Gewaltaktion starten zu müssen – und geben dann bereits nach dem ersten kleinen Misslingen ganz auf. Wenn Sie nach der Lektüre dieses Kapitels hochmotiviert zu Ihrem Lebenspartner gehen und ihn anstrahlen: »Schatz, heute Nacht räumen wir den

Keller auf!« –, dann werden Sie (bei durchschnittlicher Kellergröße) nach ein, zwei Stunden merken: Das war ein zu großes Projekt – und trauen sich nach dieser deprimierenden Erfahrung die nächsten Jahre nicht mehr dran.

Seien Sie klüger und fangen Sie beim Projekt »Reduzieren der Alltagsgegenstände« klein an: ein Fach im Regal, eine einzelne Schublade. Wenn Sie das geschafft haben, arbeiten Sie sich tapfer empor zu Größerem. Wollen Sie sich den Schreibtisch vornehmen, dann beschränken Sie sich erst einmal auf die Oberfläche. Die Fächer unter, neben oder hinter dem Ding kommen später dran.

Warum? Weil Limbi möglichst rasch Erfolgserlebnisse braucht. Unterteilen Sie große Projekte deshalb in einzelne kleine Schritte, und machen Sie Pausen. Vor allem aber: Legen Sie bereits am Anfang fest, bei welchem Zwischenergebnis Sie feiern werden. Also: »Wenn ich diese Schublade geschafft habe, werde ich mich darüber freuen.« Das klingt selbstverständlich? Bei den meisten Menschen ist es das leider nicht. Wenn sie einen Teilschritt vollendet haben, sagen sie lautstark zu sich und den anderen: »Das war nur ein Teilschritt. Es ist noch so viel zu tun. Ich habe überhaupt keinen Grund, zufrieden zu sein.« Seien Sie schlauer, und freuen Sie sich über jeden einzelnen Schritt. Limbi ist zwar stark, aber durchaus sensibel. Wenn Sie seine kleinen Erfolge nicht würdigen, wird er sauer.

Auch Schildkröten erreichen ihr Ziel

Meine Lieblingsautorin in der Welt der Ratgeberliteratur ist die Amerikanerin Martha Beck. Sie ist die Star- und Stammkolumnistin der wohl besten Frauenzeitschrift der Welt, der O (herausgegeben von Oprah Winfrey). Ich hatte das Vergnügen, Martha Beck persönlich kennen zu lernen, und sie erzählte mir einige ihrer selbstentwickelten Selbstüberlistungsstrategien (heute weiß ich, dass es hauptsächlich Limbi-Überlistungsstrategien waren).

Jung verheiratet, gerade Mutter und Hochschulassistentin für Chinesische Geschichte geworden, entschloss sie sich zu einer schwierigen Promotion bei einem schwierigen Professor.

Täglich vier Stunden am PC sitzen, wenn das Baby schläft und alles andere geschafft ist, das müsste doch klappen, dachte sie. Aber im harten Echtzeitalltag erwies sich das als viel zu ehrgeizig. Na gut, sagte sie sich, dann eben zwei Stunden, aber eisern und täglich. Ergebnis des Praxistests: ebenfalls undurchführbar. Ähnlich wie Erzvater Abraham im Alten Testament den Gott Israels bei der Anzahl der Menschen mit anständigem Lebenswandel zur Rettung der Stadt Sodom herunterhandelte, dealte Martha mit ihrem Limbi. Zu guter Letzt war sie bei zehn Minuten pro Tag angekommen.

Ein lächerlich winziges Pensum, aber das schaffte sie, superkonsequent und ohne Ausnahmen, Tag für Tag. Eine Doktorarbeit in Zehn-Minuten-Schritten? Jeder normale Limbi hätte das Handtuch geworfen: Gib auf, vergiss es! Sie aber hat gewusst, in intelligenter Kooperation zwischen Großhirnrinde und Limbi: Auch Schildkröten transportieren ihren schweren Panzer auf kurzen Beinchen über weite Strecken, weil sie unermüdlich Schritt für Schritt gehen.

Also, bitte setzen Sie sich beim Grundsatz »Nicht zu viel auf einmal vornehmen« kein Limit nach unten. Wenn Sie die Schreibtischoberfläche nicht schaffen, dann wenigstens die Stiftebox, die auf dieser Oberfläche wohnt. Wenn es mit der Schublade zeitlich nichts wird, nehmen Sie sich das darin enthaltene Körbchen mit dem Büroklammern-Schrauben-Radierer-Paketgummi-Mix vor. Im Kleiderschrank beschränken Sie sich aufs Aussortieren der durchlöcherten oder partnerlosen Einzelsocken. Halten Sie sich an die Weisheit von TV-Serien-Legende Monaco Franze: »A bisserl was geht immer!«

2. Machen Sie es radikal

SCHRITT

Okay, Sie haben sich also ein Teilstück, und sei es noch so klein, als Aufgabe gestellt. Jetzt müssen Sie umschalten von klein auf groß und den ausgewählten Ausschnitt komplett leer machen. Das ist wörtlich gemeint: Räumen Sie alles ganz und gar aus, am besten indem Sie es auskippen oder umstülpen. Bei einer Schublade bedeutet das also, die beiden Schrauben zu finden, nach deren Entfernung Sie die gesamte Lade aus den Führungsschienen herausziehen und auf den Kopf stellen können, damit alles herausfällt.

Bei einem Schreibtisch muss erst einmal alles herunter, von den Papierstapeln bis zu Bildschirm, Tastatur, Kaffeegeschirr, Kinderbildern, Werbegeschenken, Telekommunikationsgerätschaften und was sonst noch alles auf dem Möbelstück haust. Viele Menschen sehen dabei ihre Schreibtischoberfläche zum ersten Mal. Sie entdecken, wie viel Platz in einer leeren Schublade oder einem evakuierten Kleiderschrank steckt. Dieser Augenblick ist wichtig, denn das ist der magische Limbi-Moment.

Ich habe es immer wieder bei kreativen Chaoten erlebt, die stolz wie Bolle waren auf ihre voralpenartigen Mittelgebirge aus Zetteln, Zeitschriften und Zubehör: Als sie die leere Tischplatte sahen, passierte etwas in ihnen. Sie waren begeistert von den neuen Möglichkeiten, die sich da so plakativ und bildhaft vor ihnen auftaten. Wie eine leere Leinwand, die sie stumm aufforderte zu neuen Werken, wagemutigen Taten und kühnen Ideen.

Meistens merkt man dabei, dass die neu entdeckte Oberfläche ganz schön schmuddelig ist. Deshalb gleich Lappen und Möbelpolitur holen und das gute Stück auf Hochglanz bringen. Beim Kleiderschrank empfehle ich neues, möglichst helles Schrankpapier, damit das Innere Ihrer Kleiderkammer wieder freundlich strahlt.

Stellen Sie sich vor, wie Ihr Limbi auf die freie Arbeitsfläche, in die leere Schublade oder den jungfräulichen Schrank klettert wie ein kleines Kind und sich über den neu gewonnenen Freiraum freut.

Glauben Sie mir kein Wort, sondern probieren Sie es selbst aus. Ein leerer Schrank, eine neu duftende Fläche, ein sauberes Gefäß – das sind alles Limbi-Lieblinge, Primärbelohnungen fürs limbische System. Positive Emotionen, die Hermann Hesse in seinem Gedicht »Stufen« mit der berühmten Zeile in Worte gefasst hat: »Und jedem Anfang wohnt ein Zauber inne.«

Das ist der mentale Treibsatz, mit dem Sie die durchs Ausräumen entstandenen Haufen und Stapel durchgehen und wegwerfen, was sich erledigt hat. Nutzen Sie diesen Schwung, um Ihre ganzen Klamotten sehr kritisch durchzusehen. Was ist so schön und wertvoll, dass es auf diese herrliche Freifläche darf? Worauf soll in Zukunft Ihr Auge fallen, wenn Sie die Schublade aufziehen? Was ist so nützlich, dass es diesen wunderbaren Schrank verdient? Das bringt uns zum nächsten großen Teil jeder Aufräumaktion: Was von all dem gehorteten Zeug sollte ich behalten und was weggeben? Wieder wird Ihnen bei dieser schwierigen Entscheidung Ihr Limbi helfen.

Die Guten ins Töpfchen, die Schlechten ins Kröpfchen

Bei jedem Ding können Sie viele sinnvolle großhirnige Fragen stellen: Wie lange habe ich es nicht mehr benutzt? Ist eine Aufgabe vorstellbar, bei der ich es noch einmal sinnvoll einsetzen könnte? Wie teuer käme es mich, das Ding neu zu kaufen, falls ich es jetzt wegwerfe, aber später unerwarteterweise doch wieder brauche? Könnte es eventuell eines Tages ungewöhnlich wertvoll werden? Wie hoch sind die finanziellen und nervlichen Lagerkosten, dieses Ding weiter zu beherbergen, auch wenn ich es vermutlich nie wieder brauche?

Sie merken schon, das ist anstrengend, kostet Denkzeit und Gehirnschmalz. Viel cleverer ist es, den entsprechenden Gegenstand zunächst Ihrem Limbi zu zeigen und lediglich zu fragen: »Macht mich dieses Ding glücklich?« Sagen Sie diese emotionale Masterfrage am besten laut, langsam und genüsslich vor sich hin, und halten Sie dabei den Gegenstand vor sich wie Prinz Hamlet den Totenschädel (oder wie Limbi auf der nächsten Seite).

Danach lassen Sie Ihre Großhirnrinde die oben abgefragten Vernunftgründe aufzählen. Sie ahnen es schon: Bei einem Objekt, das Limbi als nicht beglückend eingestuft hat, verblassen die meisten der vermeintlich schwerwiegenden rationalen Argumente.

Ich habe es immer wieder erlebt, bei mir und vielen anderen: Ist beim Entrümpeln erst einmal Ihr mentaler Schalter in den Limbi-Modus umgelegt, wird aus dem anstrengenden Entscheidungsmarathon eine Art herrliche Entspannungsübung. Stellen Sie sich das mögliche Endergebnis vor: ein Raum voller Gegenstände, die Sie glücklich machen! Eine Schublade mit lauter Sachen zum Lächeln! Ein Kellerraum ohne jeden Gute-Laune-Blocker! Eine Garage, bei der Sie sich jedes Mal beim Hineinfahren freuen! Ja, das ist möglich, machbar und könnte Ihren Alltag revolutionieren.

»Geht bei mir nicht!«, sagen Sie? Dann überzeugen Sie Limbi auf die harte Tour. Stellen Sie sich die Kiste, den Schrank, den Kellerraum oder das Arbeitszimmer vor, wie alles vollgestopft mit lauter Limbi-Feinden bleibt. Bei jedem Öffnen, jedem Betreten – ein Schwall mieser emotionaler Energie!

Wenn Limbi bei Ihrer Entrümpelungsaktion dennoch nicht so richtig mitzieht, liegt das vermutlich an den vielen mentalen Hindernissen, die sich ihm in den Weg stellen. Die meisten hat sich Ihr Limbi selbst ausgedacht, einige andere stammen aus den seltsam verwinkelten Ecken Ihrer Großhirnrinde. Im Folgenden finden Sie die bekanntesten Spaßbremsen und welche guten Gegenargumente Sie dagegen ins Feld führen sollten.

Das ist der klassische Satz all derer, die schon so manches Großräumprojekt hinter sich haben.

Abhilfe: *Wenn der wundervolle Zustand gar zu schnell wieder in Chaos umschlägt, ist das ein Zeichen, dass Schränke, Schubladen und Behälter noch zu voll sind. Leeren Sie deshalb bei jeder Aufräumaktion die Container radikal. In einem Ordner, einem Schubladenfach oder einer Schachtel sollten 20 bis 50 Prozent des Raums frei bleiben. Nur dann bleibt Limbi das Vergnügen erhalten, herumliegende Dinge sofort an die richtige Stelle zu verräumen. Das bleibt jedoch sofort aus, sobald er ahnt, dass am Zielort kein Platz mehr frei ist.*

»Für so etwas habe ich doch keine Zeit! Da habe ich etwas Besseres vor, als mich mit all dem Zeugs zu befassen!«

Viele, die sich für Geistesmenschen halten oder in der Hierarchie schon ein wenig nach oben geklettert sind, sind sich zu schade für derart banalen Materialismus. Die herumliegenden Gegenstände sollen andeuten, dass sie sich mit Wichtigerem zu beschäftigen haben.

Abhilfe: *Machen Sie Ihrem Limbi klar, dass er zu kurzfristig denkt. Vollgestopfte Schubladen, Schränke und Schachteln, überfüllte Ablagen – auch das kostet Zeit! Eine Studie des Fraunhofer-Instituts für Produktionstechnik und Automatisierung ergab, dass Mitarbeiter im Schnitt 32 Prozent ihrer Arbeitszeit nach irgendwelchen Sachen suchen! Ein Drittel davon wird für das Fahnden nach dem richtigen Dokument benötigt. Sie können sich sicher vorstellen, wie sehr das Ihren Limbi auf Dauer nervt.*

»Das könnte ich eines Tages noch brauchen! Viel Platz nimmt das doch nicht weg! Ist immer gut, so was im Haus zu haben! Meine Eltern haben auch alles aufgehoben!«

Sie haben vielleicht selbst schon einmal erlebt, wie sich für ein jahrelang nicht benutztes Stück plötzlich eine sinnvolle Verwendung fand. Oder, noch schlimmer, dass Sie etwas weggeworfen hatten, was Sie jetzt soooo gut brauchen könnten. Das bleibt Limbi im Gedächtnis, denn das war ein Fehler. Und fehlerzentriert, wie er nun mal ist, versucht er, diesen einmal begangenen Irrtum möglichst nicht mehr zu wiederholen.

Abhilfe: *Geben Sie Limbi erst einmal Recht. Formulieren Sie den eventuellen Verwendungszweck am besten laut: »Ja, möglicherweise wiege ich in zwei Jahren zehn Kilo weniger und diese großkarierten Hosen mit den weiten Beinen sind dann wieder total angesagt.« »Vielleicht wird eins unserer Kinder eines Tages anfangen, alte Barbie-Märchenschlösser zu sammeln und sich riesig freuen, dass wir es so lange aufgehoben haben.« »Durchaus denkbar, dass wir irgendwann doch wieder Lust bekommen, auf umständliche Weise mit dieser Pastamaschine selbstgemachte Nudeln herzustellen.« Das sind keine erfundenen Beispiele! Beim Formulieren werden Sie merken, wie gering die Chancen für ein geglücktes Revival der alten Sachen sind.*

»Das sind unersetzliche Erinnerungsstücke! Tante Martha hat dieses Service durch zwei Weltkriege gerettet!«

Abhilfe: *Es wäre wirklich grausam, alle Reminiszenzen an vergangene Zeiten radikal zu tilgen. Aber unterscheiden Sie, ob wirklich Ihr Limbi an den Souvenirs hängt oder Ihre Großhirnrinde. Stücke mit emotionalem Erinnerungswert lassen sich oft erstaunlich im Volumen reduzieren. Statt des niemals genutzten 128-Teile-Geschirrs genügt vielleicht ein Milchkännchen, um sich an die gute alte Tante zu erinnern. Aus Großvaters Kiste mit den inzwischen unlesbaren Schulheften heben Sie je eins für jedes Kind auf.*

»Das war doch teuer! Das kann ich doch nicht einfach weggeben! Ich hab das noch gar nicht richtig benutzt!«

Bei wirtschaftlichen Fragen kommen sich Limbi und Großhirnrinde häufig in die Quere (für diese Einsicht bekam Daniel Kahneman den Nobelpreis). Wenn etwas angeschafft, aber nie benutzt wurde, empfindet Limbi das als eine Art Sünde. Die will er kompensieren, indem er den Fehlkauf aufbewahrt und eines Tages wiedergutmacht. Bei der farblich völlig aus dem Rahmen fallenden Handtasche denkt er: »Irgendwann kaufe ich einen Mantel, der zu der Tasche passt!«

Abhilfe: *Denken Sie wie ein Unternehmer bei Investitionen. Gerade weil Sie Geld für den Gegenstand ausgegeben haben, sollte er nicht ungenutzt herumstehen, sondern schnellstmöglich dorthin gelangen, wo er Nutzen bringt. Etwa in die Kleidersammlung.*

Formulieren Sie, was Sie aus dem Fehlkauf gelernt haben: »Accessoires kaufe ich nur noch, wenn ich den entsprechenden Mantel dabei habe.«

»Das ist doch unökologisch! Zum Wegwerfen ist das zu wertvoll! Wo wird das wohl landen?«

Limbi kann ganz schön öko sein. Aber nicht unbedingt logisch. Wenn er nur den leisesten Zweifel daran hat, dass die ganzen Geräte, Bücher und Klamotten beim Wegwerfen fachgerecht recycelt werden, lagert er sie bis zum Jüngsten Tag weiter in seiner Wohnung, die damit langsam zu einer oberirdischen Deponie wird.

Abhilfe: *Recherchieren Sie im Internet oder fragen Sie im Bekanntenkreis, wo welche Sachen am besten wiederverwertet werden. Oder verlassen Sie sich einfach darauf, dass unser Land ein sehr gutes Recyclingsystem hat. Es gibt jede Menge Alternativen zum einfachen Wurf in die Restmülltonne: Bücherflohmärkte für wohltätige Zwecke, wodurch Ihre alten Schmöker in gute Hände kommen und sogar noch zusätzlich etwas Gutes tun. Wenn Sie misstrauisch sind, welche Geschäftemacher sich möglicherweise hinter den eisernen Altkleidercontainern verbergen, geben Sie Ihre Klamotten direkt zu einer Sammelstelle von Diakonie, Caritas, Arbeiterwohlfahrt oder Rotem Kreuz. Gebrauchte Schuhe können Sie über schuhgabe.de kostenlos per Paket an Wohlfahrtsunternehmen versenden.*

»Bist du verrückt? Das willst du wegwerfen? Daran hänge ich! Ich bin eben beim Aufheben ein anderer Typ als du!«

Aufräumen zu zweit kann eine knifflige Konstellation sein. Bei einem Paar können sein und ihr Limbi sehr unterschiedliche

Emotionen haben. So weit ich weiß, gibt es keine Untersuchung zu der reizvollen Frage, ob Männer eher zu den Aufhebern gehören und Frauen mehrheitlich die Wegwerferinnen stellen. Ich kenne beide Varianten.

....

Abhilfe: *Bei näherem Hinsehen stellt sich oft heraus, dass die Rollen gar nicht so klar verteilt sind, wie es beiden zunächst erscheint. Auch der Partner, dessen Limbi als zwanghafter Sammler gilt, kann sich leichtherzig von bestimmten Dingen trennen.*

Die beste Lösung ist das gute altrömische Prinzip »Teile und herrsche«. Trennen Sie klar, was Ihr Hoheitsbereich ist und was der des anderen. Ich habe einmal ein Ehepaar besucht, das nach langen Kämpfen und Debatten friedlich in zwei getrennten Wohnungen wohnte.

....

»Meine Eltern hätten so etwas niemals weggeworfen! Da können wir doch eine Sammlung draus machen!«

»Nach dem Zweiten Weltkrieg hat mein Vater jedes Marmeladenglas ausgewaschen und aufgehoben, jeden Pappkarton und jedes ausgediente Elektrogerät« sagt so mancher, der heute 70 oder 80 Jahre alt ist.

Abhilfe: *Unterscheiden Sie ehrlich, ob Ihre jeweilige Sammlung eine reine Hervorbringung Ihrer Großhirnrinde ist oder ob sie auch Ihrem Limbi gefällt, also ein wohlig-warmes Glücksgefühl hervorruft. Es gibt im Blick auf die Vorfahren so manche Nibelungentreue, die inzwischen absurd geworden ist. Im 21. Jahrhundert wird es nie wieder einen Mangel an Marmeladengläsern oder Pappkartons geben, nicht einmal in den ärmsten Ländern! Für den Fall, dass Sie wirklich einmal ein Glas mit Deckel oder einen Karton zum Päckchenversand benötigen, genügt es, drei Gläser und drei Schachteln in verschiedenen Größen bereitzuhalten – aber nicht Hunderte davon!*

Wie aber findet man aus solchen Denklabyrinthen heraus? Besiegen Sie Limbis Ängste mit der Übertreibungsmethode. Stellen Sie sich vor, der Dritte Weltkrieg stünde vor der Tür. Werden Sie mit Ihren Scheunen voller Verpackungsmaterial oder ausrangierter Maschinenteile wirklich einen nennenswerten Überlebensvorteil haben? Wenn Ihr Haus abbrennen würde oder durch einen Meteoriteneinschlag vollständig vernichtet wäre, um welche Gegenstände würden Sie wirklich trauern? An welche würden Sie sich überhaupt erinnern?

Mit dieser Einsicht im Kopf sollten Sie sich am besten sofort aufmachen und Ihre wertlosen Vorräte aus dem Haus schaffen. Es ist ein herrlich befreiendes Gefühl. Sehr viele von Limbis Ängsten sind völlig unbegründet und irrational. Wie wunderbar, dass wir nicht nur das kleine Säugetiergehirn haben, sondern auch den klug argumentierenden Neocortex. Gemeinsam können Sie so den Weg freimachen zu einem einfacheren Leben mit leichterem Gepäck. Denn die gute Nachricht ist: Wenn Sie Limbi einmal zum richtigen Aufräumen gebracht haben, wird er Ihnen auch dabei helfen, dass es in Zukunft aufgeräumt bleibt!

LIMBI
AKTIV

Wenn ich im Lotto gewinne,
kaufe ich mir als Erstes …

Wenn ich 100 Euro hätte, würde ich ....
dieses tolle Geschenk machen.

Das liebste Stück in meiner
Wohnung ist mir …

Limbis besondere Sachen

Es gibt Dinge, die Ihrem Limbi viel bedeuten. Wenn Sie diese Gegenstände betrachten, reagiert er sofort und Sie spüren ihn sehr deutlich. Diese Übung kann Ihnen dabei helfen, Limbis Regungen zu erspüren. Schreiben, kleben oder skizzieren Sie in die Felder, was Ihnen zum jeweiligen Thema einfällt. Zeigen Sie Limbi diese Seite immer wieder einmal, das setzt etwas in Gang!

Arbeiten? Gerne!
Am liebsten hier:

Hmm, ja ... eigentlich sollte ich das mal wegwerfen.

Im Internet suchen, ausdrucken, einkleben oder selbst zeichnen, schreiben ...

Gegenstände, die mich froh machen:

Immer wieder neu

Tabula rasa: Eine Chance!

Nach dem Wegwerfen ist der optimale Zeitpunkt gekommen, um eine zukunftsfähige Infrastruktur zu entwickeln. Am besten funktioniert sie, wenn sie für Limbi und Großhirnrinde gleichermaßen etwas bietet, also für Herz und Verstand. Daher kommen jetzt Tipps zum Installieren einer dauerhaften Ordnung.

Sympathische Container anschaffen

Lagerten die Unterhosen bisher in einer ausgeleierten Wellpappschachtel im Schrankfach, leisten Sie sich ab jetzt eine adrette Kunststoffbox aus dem Bau- oder Möbelmarkt. Seien Sie beim Einkauf wählerisch! Denn der Container sollte nicht nur praktisch sein, sondern auch Ihrem Limbi gefallen.

Optimal sind Gefäße, die sich außerdem eindeutig benennen lassen, wie »die goldene runde Box« oder »die Schachtel mit dem Leopardenmuster«. So verankert sich der Aufbewahrungsort besser im Gedächtnis, und Sie können telefonische Suchaufträge vereinfachen: »Das USB-Kabel findest du im bemalten Bauernschrank in der Dose mit den Fröschen drauf.«

Alles klug beschriften

Ein wichtiger Grund für die schnelle Rückkehr der Unordnung ist die Uninformiertheit der anderen. Sie haben ein Spitzenorganisationssystem installiert und wissen genau, wo was hingehört. Aber die lieben Kollegen, Familienmitglieder, Kunden, Gäste und so weiter sind ahnungslos.

Beschriften Sie deshalb jedes Aufbewahrungsgefäß so klar und deutlich wie möglich. Das sieht blöd aus, finden Sie (oder die anderen)? Dann besorgen Sie sich einen schicken Labelprinter, der professionell aussehende Schilder produziert. Oder gestalten Sie die

Aufschriften künstlerisch. Bedenken Sie, dass Unordnung stets noch doofer aussieht als ein Schildchen auf dem Designmöbel.

Beschriften Sie so, dass sich auch ein Fremder zurechtfinden würde. Einen einleuchtenden Oberbegriff zu finden, kann (für die Großhirnrinde) eine regelrechte Denksportaufgabe werden. Formulieren Sie (für Limbi) ruhig originell, Hauptsache man kapiert's: »Nüssli fürs Müsli«, »Asiatisches«, »KomischeKomputerKabel«. Sinnlos sind nichtssagende Bezeichnungen à la »Sonstiges« oder »Krimskrams«.

Schubladen unterteilen

Eigentlich sind Schubkästen eine wunderbare Erfindung. Sie bieten den limbiorientierten Vorteil der Vogelperspektive, schnelles Finden von oben. Sie leiden aber unter dem Erdbeben-Phänomen: Bei jedem Aufziehen wird der Inhalt mit Stärke 5 auf der Richter-Skala durcheinandergeschüttelt.

Damit das keine dramatischen Spuren hinterlässt, sollten Sie Schubladen mit Querwänden oder hineingestellten, oben offenen Schachteln unterteilen. Meine Lieblinge sind die sogenannten Kleingefache aus dem Baumarkt, ursprünglich gedacht für Schrauben und ähnliche Minigegenstände. Stellen Sie so ein Gefach ohne Deckel in die bestzugängliche Schublade Ihres Schreibtischs. Genießen Sie Limbis Freude, das Kleinzeug sinnvoll dort hineinzusortieren. Heftklammern, Knöpfe, Kugelschreiberminen, Nadeln, Papierclips ... alles bekommt seinen Platz.

Nomaden eine Heimat geben

Wie entsteht eigentlich Unordnung? Schuld daran sind ganz besonders die Nomaden. Die entstehen, sobald ein Gegenstand in Ihrer Umgebung eintrifft, für den Sie keinen klar definierten

Aufbewahrungsort haben: dieser merkwürdige Steckeradapter, der beim neuen Tabletcomputer mitgeliefert wurde; der attraktive Zehn-Prozent-auf-alles-Gutschein für den Drogeriemarkt.

Ob das neu eingetroffene Ding zum Chaos beiträgt oder nicht, entscheidet sich innerhalb weniger Augenblicke. Wenn Sie länger als drei Sekunden nachgrübeln müssen, wo das Teil so untergebracht werden kann, damit Sie es bei Bedarf wiederfinden (Eins, zwei, drei ... keine Idee?), haben Sie einen Zug in der ewigen Partie »Ordnung gegen Kuddelmuddel« verloren. Der Gegenstand bleibt nichtsesshaft, wird irgendwo heimatlos hingelegt und droht, vergessen zu werden.

Es ist ein formidabler Intelligenztest, einen guten Ort für einen Nomaden zu finden oder einen neuen zu eröffnen. Das ist ganz klar eine Aufgabe für die Großhirnrinde, deren Lösung Limbi nur staunend bewundern kann.

Kleine Störungen aufspüren

Die Mechanik in einem Ordner ist verbogen, klemmt oder quietscht. Ihre Großhirnrinde nimmt das nicht bewusst wahr, aber Limbi merkt es. Es erzeugt eine winzige Blockade, wenn Sie den Kontoauszug in Händen halten, den Sie eigentlich im Quietsch-Klemm-Ordner abheften wollten – und das wertvolle Papier landet auf dem gefährlichen Später!-Haufen. Der Alltag besteht aus Hunderten solcher filigraner Störfeuer.

Um Limbi dafür sensibel zu machen, erklären Sie den heutigen Tag zum »Tag der erhöhten pingeligen Aufmerksamkeit« und suchen wie ein Geheimagent nach den vielen versteckten Stimmungsstörern und Handlungshemmnissen: die wackligen Griffe in der Küche (einfach mit einem Schraubenzieher festzuziehen, aber wo ist der?); die zweite ausgefallene Halogenbirne in der Deckenbeleuchtung (keine Ersatzbirnchen im Haus, Leiter holen ist umständlich).

Beheben Sie die kleinen Blockaden am besten sofort. Nicht alle, aber ein paar – das genügt meist schon, um Limbi neue Begeisterung einzuhauchen.

Haken statt Kisten

Limbi hat ein fantastisches Ortsgedächtnis. Auch die Limbis der Eichhörnchen, die fürs Vergessen von Nüssen berühmt sind, finden die weitaus meisten ihrer Verstecke wieder. Das limbische Gehirn kann sich ziemlich gut merken, an welcher Wand welcher Gegenstand hängt. Nutzen Sie Limbis Erinnerungsvermögen, indem Sie möglichst viele Gegenstände an Haken hängen. Besen, Bürsten, Gummiringe und Co. kommen an Haken in der Innenseite von Schranktüren, in Abstellräumen, in Keller und Garage. Schmuck hängen Sie an Schmuckständer.

Doch Vorsicht: Die Aufräumexpertin Mindy Clark glaubt, dass sich die Menschheit in Hakenhasser und Hakenfans einteilen lässt. Empfindet Ihr Limbi kein Wohlgefühl, wenn er den richtigen Gegenstand an den richtigen Haken hängt, dann bieten Sie ihm andere Chancen zum Wiederfinden – schöne Körbe, Stiftebecher, Schalen.

Meistbenutztes gut erreichbar machen

Limbi hat es gern bequem. Wenn er etwas benutzen will, will er nicht lange danach kramen müssen. Also baut er sich

alles am besten eine Armlänge entfernt auf, am beruflichen Arbeits-
platz ebenso wie an den Arbeitszonen zu Hause. Das Dilemma: Bald
stehen auch Dinge in Sicht- und Greifweite, die nur alle paar Monate
einmal gebraucht werden. Sie verstopfen den wertvollen Platz, den
Sie für Ihre eigentlichen Tätigkeiten brauchen.

Inspizieren Sie Schreibtisch, Werkbank, Küchenarbeitsplatte, Hausarbeitsraum, Gartenschuppen und wo Sie sonst noch aktiv werden: In limbigemäßer Griffnähe sollten nur Sachen parken, die Sie wirklich täglich brauchen. Alles andere können Sie ein Stück weiter weg unterbringen. Achten Sie auch darauf, dass auf allen Arbeitsflächen eine mindestens handtuchgroße Zone frei bleibt. Das ist Limbis Motivationsbereich: Ist er frei, hat er Lust, spontan loszulegen. Ist er belegt, macht er lieber etwas anderes – oder, noch lieber: gar nichts

Jeden Weg doppelt nutzen

Ob am Arbeitsplatz oder zu Hause – gewöhnen Sie sich
an, möglichst jeden Ihrer Wege doppelt zu nutzen. Sie
wollen einen Kollegen im anderen Stockwerk besuchen? Nehmen Sie
alle benutzten Kaffeetassen mit, denn Sie kommen ja an der Teekü-
che vorbei. Sie gehen zu Hause ins Bad und sehen an der Garderobe
ein paar Sachen, die in den Wäschekorb gehören? Nehmen Sie sie im
Vorbeigehen einfach mit.

Extra clever sind Transportbehälter für solche Gänge: ein Tablett im Büro; zu Hause ein Korb für alles, was mit in den Keller genommen werden soll; eine Kiste fürs Auto, in die alle Gegenstände kommen, die bei einer der nächsten Fahrten irgendwo abgegeben werden müssen (Schuhe zum Schuster, Bücher in die Bücherei, Pfandflaschen zum Supermarkt).

Gutes aus Müll?

Ein Freund von uns hatte eine Studienreise durch Indien gemacht. Nun zeigte er seine Fotos. Die üblichen herrlichen Aufnahmen vom Taj Mahal, dem Palast der Winde, den magischen Zinnen der Maharadschapaläste von Jaipur. Aber nach jeder Aufnahme hatte er seine Kamera ein wenig nach unten gekippt und noch ein paar Mal auf den Auslöser gedrückt. Das Ergebnis war trostlos: Wohin das Auge blickte, lag Müll, Müll, Müll. Großstadt, Kleinstadt, Dorf, selbst auf dem freien Feld zwischen den Orten – überall Plastiktüten, Flaschen, Dosen, Papier, Essensreste, Schrott, kaputte Schuhe, Kleidung.

Die deutsche Reisegruppe sammelte im Bus sorgfältig die eigenen Abfälle in einer großen Tüte und gab sie dem Busfahrer zur Entsorgung. Der warf sie grinsend während der Fahrt aus dem Fenster, mitten auf die Autobahn.

Wird die Erde letztlich an ihrem Müll ersticken? Ich bin misstrauisch gegenüber ökologischen Untergangsvisionen. Wäre es nach den Prognosen von 1970 gegangen, müsste die Menschheit längst verhungert sein. Doch damals rechnete keiner mit den enormen Fortschritten der Agrartechnik und der menschlichen Erfindungskunst. Ein Bericht über die Verschmutzung der Weltmeere mit Plastikmüll hat mich aber doch schockiert. Selbst in den entlegensten Gebieten der Ozeane finden sich in den Mägen von Fischen winzige giftige Kunststoffteile. Riesige Müllinseln treiben auf hoher See. Sie stammen aus den überbevölkerten Küstenmetropolen armer Länder und von gewissenlosen Geschäftemachern, die riesige Mengen Müll illegal im Meer verklappen.

Ich komme viel in Deutschland herum und staune, wie unterschiedlich sauber die verschiedenen Regionen unseres Landes sind. Im Münsterland und rund um Hannover, so mein subjektiver Eindruck, ist es am aufgeräumtesten. Wenn dort auf dem Parkplatz vor dem Supermarkt ein Stück Verpackung herumliegt, hebt es der nächste Kunde auf und wirft es in den Mülleimer. In München oder

Krefeld lässt man es liegen. So verlottern Vorgärten und Seitenstreifen schnell, auch wenn wir von indischen Zuständen weit entfernt sind. Das Thema Müll ist keine Sache der Obrigkeit, sondern ein soziales Ereignis, das die Mithilfe jedes Einzelnen erfordert.

Die im Müll versinkenden Länder haben nicht nur ästhetische Probleme. Der herumliegende Unrat hemmt den Fortschritt in mehrfacher Weise. Seine Entsorgung würde nur anfangs Geld kosten, auf Dauer bringt die Wiederverwertung von Abfall Reichtum. Der Gesamtumsatz der Recycling-Branche in Deutschland beträgt über 50 Milliarden Euro. Sie produziert dabei Rohstoffe im Wert von sieben Milliarden Euro. Viele wertvolle Ressourcen muss man gar nicht durch gefährlichen und teuren Bergbau gewinnen, sie stecken im ganz normalen Abfall. Eine funktionierende Kreislauf-Ökonomie spart Energie, senkt den CO_2-Ausstoß und schafft Arbeitsplätze.

Ich erinnere mich noch, wie kleinlich und uncool es viele Mitmenschen vor 40 Jahren fanden, Müll zu trennen. Inzwischen ist es selbstverständlich, aber es hat eben mindestens eine Generation gedauert, bis nicht nur die Großhirnrinde, sondern auch Limbi umgelernt hatte. In den Entwicklungsländern wird es kaum schneller gehen. Aber man muss endlich anfangen. Ich halte es für wichtig, dass wir der Welt selbstbewusst, aber freundlich unser soziales und technisches Know-how in Sachen Aufräumen und Wiederverwerten anbieten. Eines Tages wird der Limbi des indischen Busfahrers den Müllsack der Touristen aus dem reichen Land nicht mehr belächeln, sondern nachdenklich werden. Recycling weltweit – ein weiteres schönes Kooperationsprojekt von Großhirnrinde und Limbi, und es fängt mit unseren Gewohnheiten im ganz normalen Alltag an.

Freudeninseln für Limbi schaffen

So, alles ist picobello aufgeräumt – jedes Ding ist an seinem Platz, die Arbeitsflächen warten blitzeblank auf Ihre Aktionen. Aber Ihr Limbi ist trotzdem nicht glücklich? »Das ist mir zu aufgeräumt«, höre ich manchmal, »zu steril.«

Was Limbi inmitten all der organisierten Ordnungswüste fehlt, sind Oasen der Erfrischung, erfreuliche Blickpunkte, Spaßinseln. Staffieren Sie Ihre Räume mit kleinen Sensationen aus. Nie verkehrt sind Blumen, die Sie mögen. Mustern Sie ruhig auch einmal eine treue alte Topfpflanze aus, wenn sie Limbis Herz nicht wirklich freut. Kaufen Sie etwas Neues, Frisches, Blühendes.

Bestimmt haben Sie beim Aussortieren der vielen Erinnerungsstücke auch so manches Stück gefunden, das sich prima als Ausstellungshighlight eignet. Ein »conversation piece«, über das Sie eine gute Geschichte erzählen können.

Freundlich bleiben

Wenn trotz aller schönen Behälter, vorbildlicher Beschriftung, intelligent unterteilter Schubladen, perfekt versorgter Nomaden und beseitigter Störungen schon wieder etwas herumliegt oder am falschen Platz gelandet ist, ärgern Sie sich nicht über den Übeltäter. Räumen Sie niemals für andere auf, sondern beseitigen Sie das Chaos, um Ihrem eigenen Limbi etwas Gutes zu tun. Priorität Nummer eins ist Ihre eigene gute Stimmung. Lassen Sie sich die nicht wegen ein paar Pannen verderben.

Bleiben Sie geduldig beim sanften Umerziehen der anderen Limbis. Lässt Ihr Junior oder Ihr Partner sein Zeug in Flur und Wohnzimmer liegen, sammeln Sie die Dinge in einem »Schlamperkorb«, und stellen Sie ihn an einen unattraktiven Ort (beispielsweise in die Abstellkammer oder unter die Treppe). Spätestens wenn sich lebenswichtige Utensilien wie iPod oder Matheheft darin befinden, wird der Korb zur Kenntnis genommen werden.

Antonius hilf!

»Wenn ich etwas nicht finde, bete ich zum Heiligen Antonius. Das klappt immer.« Das haben mir mehrere Menschen erzählt, und sie waren beileibe nicht alle katholisch. Der Wüstenheilige Antonius (gestorben 356) gilt kurioserweise als Patron der verlorenen Dinge, weil sein eigener Körper unauffindbar blieb. Da seine sterblichen Überreste nach seinem Ableben nicht zu magischen Reliquien weiterverarbeitet werden sollten, verfügte der fromme Ägypter, ihn an einem geheimen Ort in der Wüste zu begraben.

Bei den Heiligen gibt es ziemliche Konkurrenz. Ein anderer Antonius, ein Franziskaner aus Padua (gestorben 1231), gilt ebenfalls als zuständig für Verlorenes. Ein Mönch hatte ein Buch aus dem Kloster gestohlen und gleichzeitig das Mönchsleben aufgegeben. Aber Antonius betete so inbrünstig für die Rück-

kehr der beiden, dass der junge Mann reumütig mit der gestohlenen Schwarte zurückkam und in den Schoß von Mutter Kirche zurückfand.

Jedenfalls scheint Antonius als Heiliger beim Wiederfinden der verlegten Schlüssel oder der unauffindbaren Brieftasche prima zu wirken. Ich habe es, bei allem protestantischen Rationalismus, schon mehrere Male selbst probiert und überrascht festgestellt: Es funktioniert tatsächlich. Mittlerweile glaube ich aber, dass es weniger ein Wunder frühchristlicher Heiligenfrömmigkeit ist, sondern eins der vielen Wunder Limbis.

Wenn ich länger und mit zunehmender Verzweiflung nach etwas fahnde, verkrampft sich mein Limbi. Er bekommt Angst, dass der Schlüssel unwiederbringlich verloren ist, da sich die Tasche, in der er transportiert wurde, längst auf dem Weg zur Mülldeponie befindet, oder dass er hinterlistig von einer organisierten Schlüsselbande gestohlen wurde. Wir wissen aus vielen Versuchen, dass Limbis emotionale Verkrampfung den Zugang zum Gedächtnis regelrecht versperren kann. Der Hippocampus, Limbis Tresortür zu den Speichern des Neocortex, hat sich geschlossen.

Sobald ich jedoch das Problem an eine höhere Instanz abgebe, öffnet sich der Zugang wieder. Dazu brauche ich ein Bild, eine für Limbi verständliche Metapher. Da ist der Heilige, der schon so vielen geholfen hat, ganz offensichtlich eine gehirnfreundliche Vorstellung.

LIMBI-
★ MOMENT ★

Betrachten Sie all die Sachen um sich herum immer wieder einmal mit Limbis Augen. Lernen Sie von ihm, über die eigenen Marotten (und die Ihrer Umgebung) zu lächeln oder sogar lauthals zu lachen. Humor ist und bleibt der Königsweg zu einem friedlichen, geordneten Miteinander: von Mensch und Materie, Mann und Frau, Großhirnrinde und Limbi.

LIMBI
und die Zeit

Bei keinem Kapitel in diesem Buch werden Sie so viel von Limbi lernen können wie bei diesem über die Zeit. Er kann Ihr Vorbild werden für einen entspannten Zugang zu all den unlösbar erscheinenden Fragen rund um Stress, Aufschieberitis, Hektik und Co. Bei vielen Gelegenheiten im Alltag steht Ihnen Ihr Limbi im Weg: Er hat völlig unbegründete Ängste, er wird unkontrolliert zornig, er spreizt sich gegen wichtige Aufgaben, ihn überfällt zum unpassendsten Augenblick eine vollkommen irrationale Traurigkeit. Beim Thema Zeitempfinden aber ist Limbi Ihr Lehrmeister, Ihr Guru, Ihr größtes Geschenk.

Limbi-Momente sind Leben

Wenn Sie ganz und gar in einer Tätigkeit aufgehen, wenn Sie vollkommen versunken sind im Hier und Jetzt, dann erleben Sie einen limbischen Moment. Dann sind alle Sorgen um die Zukunft vergessen, alle in der Vergangenheit erlernten Ängste ausgeblendet. Dann leben Sie so wie Ihr Haustier, wie die Ente im Teich, wie die Amsel auf dem Baum oder das Pferd vor der Kutsche. Sie sitzen oder liegen, Sie singen oder sprechen, Sie warten oder laufen, aber Sie beurteilen das nicht. Diese wunderbare Eigenschaft, einfach etwas zu tun (oder auch einfach nichts zu tun), die können Sie von Limbi lernen. Wenn Sie sich wenigstens einmal am Tag diesen Luxus leisten können, einfach nur zu leben, dann hat sich dieses Buch für Sie schon gelohnt.

Wie jeder Guru bezieht Limbi seine Weisheit und seinen Charme daraus, dass er partiell unglaublich doof ist: Limbi weiß nicht, was Zeit ist. Wenn Sie Ihrer Katze beim Faulenzen zusehen und denken: »Jetzt ist ihr aber langweilig!«, ist das nur Ihre Interpretation. Ein Tier kann sich nicht langweilen. Es kann sich auch nicht hetzen, in Zeitnot geraten oder zu spät dran sein. Zu viel Zeit haben oder zu wenig – diese sonderbare Erfahrung ist erst möglich durch die (eigentlich wunderbare) Fähigkeit unserer Großhirnrinde, sich selbst beim Denken zuzusehen und ihre eigenen Gedanken zu beurteilen.

Natürlich erlebt auch ein Säugetier Vergangenheit und Zukunft. Es lernt aus früheren Fehlern und trifft Vorsorge – für die nächsten Momente und für die Zukunft. Ein Eichhörnchen sammelt Nahrung für den Winter. Es gibt Präriehunde, die im Frühling eine Wiese flachtrampeln, damit sie im Herbst leichter an die leckeren Kräuter kommen. Jedes Tier trifft Vorsorge für die nächste Generation, indem es sich fortpflanzt. Niemals aber, davon bin ich überzeugt, findet ein Tier die Zeit an sich öde oder schlecht. Es kann nicht bewerten, ob die Zeit jetzt zu schnell oder zu langsam vergeht. Das ist eine Fähigkeit des reflektierenden Neocortex.

Vermutlich begann das Erfahren und Bewerten von Zeit in dem Moment, in dem einem Menschen zum ersten Mal bewusst wurde, dass er sterben wird. Erst im Blick auf die grundsätzliche Begrenzung unseres Daseins auf diesem Planeten bekommt Zeit ein Maß. Zeit ist innerhalb der Menschheitsgeschichte eine späte Entdeckung. Unser Körper besitzt Sensoren für Töne, Licht, Temperatur, Berührung, Gerüche und Bewegung, aber keinen für die Zeit. Vor 350 000 bis 50 000 Jahren (genauer lässt sich das nicht sagen, da streiten die Gelehrten) begannen die ersten Menschen, ihre Toten rituell zu bestatten. Erst ab dieser Epoche dürften unsere Vorfahren ein Zeitgefühl entwickelt haben.

Die erstaunliche Entwicklung des Zeitbewusstseins lässt sich recht schön an einem Sinnbild darstellen, das in kaum einem Buch oder Vortrag zum Thema Zeitmanagement fehlt. Das Hamsterrad ist eine anschauliche Darstellung von anstrengender, sinnloser Arbeit. Doch wie bei allen Metaphern lohnt es sich, genauer hinzusehen. Denn für einen Hamster ist das Laufrad keineswegs anstrengend und sinnlos. Ein Hamster liebt sein Hamsterrad. Es verschafft ihm in der Enge seines Käfigs das Gefühl endlos langer Wege, die er als begeistertes Lauftier hemmungslos entlangfetzen kann.

Das gilt nicht nur für Hamster im häuslichen Minikäfig oder eifrig rennende Labormäuse, sondern auch für ihre wildlebenden Artgenossen. Johanna Meijer und Yuri Robbers von der niederländischen Universität Leiden stellten mehrere Jahre lang videoüberwachte Laufräder in städtischen Parks und in unzugänglichen Dünenlandschaften auf. Sie wollten überprüfen, ob auch freilebende Kleintiere das Fitnessangebot nutzen würden. Das Resultat: Gartenmäuse, Spitzmäuse, Ratten und sogar Frösche beschnupperten die Gestelle nicht nur neugierig, sondern nutzten sie auch intensiv. 20 Prozent der Kleinsäuger liefen länger als eine Minute. Den Rekord hielt eine Gartenmaus, die 18 Minuten lang mit hohem Tempo durchhielt und immer wiederkam.

Wenn wir Hamster wären, würden auch wir unser Hamsterrad lieben. Tun wir aber nicht, weil wir nicht in lustig-sinnlosen Turngeräten strampeln, sondern in fürchterlich zweckdienlichen Tretmühlen. In solchen Dingern liefen im alten Rom Sklaven, um die Aufzüge der reichen Mietshausbewohner in Schwung zu bekommen. Im Mittelalter gab es Tretmühlen in Lastkränen oder zum Antreiben von Pumpen und Pulvermühlen. Der Job war anstrengend und zum Teil lebensgefährlich. Die Tretmühle, das Laufrad mit angeschlossener Seilwinde oder einer sonstigen sinnreichen Maschinerie, ist das Gegenbild zum Hamsterrad.

Auch Limbi mag es, in seinem Limbi-Rad herumzurasen. Seinen Lieblingsbeschäftigungen kann er unglaublich lange und geduldig nachgehen. Sobald diese Gaudi aber von Genossin Großhirnrinde mit Aufgabe und Zweck versehen wird, möglichst auch noch mit Termin und Ausführungsbestimmungen, ist der Spaß für Limbi vorbei. In dem Moment, in dem Sie an Ihr Laufrad einen Dynamo montieren, bekommt Limbis heiterer Laufsport jene hauchfeine Hemmung, die ihn grässlich runterzieht.

Das Geheimnis, Limbis herausragende Kräfte clever zu nutzen, besteht in einer simplen Idee: Machen Sie aus Ihrer Tretmühle ein Hamsterrad! Bauen Sie den Dynamo ab. Sehen Sie das Spielerische in Ihrer Pflicht, das Sportliche in Ihrer Aufgabe, das Spaßige in Ihrer Belastung. Das klingt unmöglich? Erinnern Sie sich: Limbi ist genügsam. Schon eine kleine Veränderung lässt ihn sein Limbi-Leben leichter nehmen.

Tiki und Limbi von Haus zu Haus

Ich erinnere mich an einen Job während meiner Studienzeit, den ich aus tiefstem Herzen gehasst habe. Für eine kirchliche Veranstaltung mussten wir frischgebackenen Theologiestudenten zu zweit von Tür zu Tür gehen und die verwunderten Mitmenschen persönlich zum Besuch einer großen Missionsveranstaltung einladen. Für Menschen, die sich gerne von wildfremden Zeitgenossen beschimpfen lassen oder es lieben, andere bei ihren abendlichen Tätigkeiten zu stören, war das ein Traumberuf. Für mich war es die Hölle.

Bis mein Mitstreiter auf den genialen Gedanken kam, das Klinkenputzen nicht als christliche Pflicht oder kirchliche Bußübung, sondern als Spiel zu sehen: Wer staucht uns am schönsten zusammen? Wer schmeißt uns am schnellsten hinaus? Wer hat die blödeste Ausrede, den schrecklichsten Vorgarten, den strengsten Geruch? Nicht dass daraufhin das unangekündigte Besuchen von Mitbürgern zu meiner Lieblingsbeschäftigung geworden wäre – aber der Dreh mit dem Spiel machte die ungeliebte Aufgabe erträglich. Und die schönen Ausnahmen, wenn wir herzlich willkommen geheißen wurden, konnten wir so doppelt genießen.

Von Frühaufstehern und Nachteulen

Gehören Sie zu den Lerchen? Oder sind Sie eher eine Eule? Als Lerche liebt Ihr Limbi den frühen Morgen, da ist er putzmunter und startbereit. Ein Eulen-Limbi kommt erst etwas später in die Gänge – dafür bleibt er aber gern lange wach. Das gibt es in allen möglichen Abstufungen, bis zu den extremen Fällen: Menschen, die um 4 Uhr morgens aufstehen und mit den Hühnern ins Bett fallen – oder solche, die erst kurz vor Sonnenaufgang müde werden, sich dafür aber frühestens ab 12 aus dem Bett bequemen. Die meisten Menschen sind übrigens weder klare Lerchen noch richtige Eulen, sondern zwischen 7 und 9 Uhr wach und zwischen 22 und 24 Uhr müde. Das ist der weit verbreitete Normalfall.

Ob Sie eher Lerche oder Eule sind, ist genetisch bedingt. Im Laufe des Lebens ändert sich das zwar moderat – die meisten Kinder sind echte Lerchen, in der Pubertät werden sie dann zu ausgeprägten Eulen –, aber irgendwann pendelt es sich irgendwo ein und bleibt dort. Das bedeutet: Man kann eine Lerche nicht zu einer Eule umziehen oder andersherum. Ihre biologische Uhr tickt in Ihrem eigenen Rhythmus. Gut und im Limbi-Takt leben Sie, wenn Sie in Ihrem eigenen Rhythmus schwingen und sich dem nicht verweigern. Es kann sogar zu gesundheitlichen Einschränkungen führen, wenn Sie sich gegen den Eigentakt Ihres Limbis stemmen.

Um Ihren Limbi-Takt herauszufinden, probieren Sie, eine Woche lang eine Stunde vor Ihrer gewohnten Zeit ins Bett zu gehen und morgens entsprechend früher aus den Federn zu springen. In der Folgewoche machen Sie alles eine Stunde später als gewohnt. Wie fühlt sich das für Sie an? Macht Ihr Limbi mit? Wie steht Ihr Limbi zu einem Mittagsschlaf?

Wenn Ihr Tagesplan so einen Test nicht zulässt, lassen Sie wenigstens im Urlaub den Wecker ausgeschaltet: Gehen Sie ins Bett, wenn Ihr Limbi müde quengelt, und springen Sie aus den Federn, wenn er Action will.

Skizzieren Sie einmal in Form einer Kurve, zu welcher Tageszeit Ihr Limbi wach und leistungsfähig ist und wann er eher schlapp durchhängt. Planen Sie dann für den nächsten Arbeitstag eine kluge Verteilung Ihrer Aufgaben: das Schwierigste während seiner fittesten Zeiten, Routinekram in seinen müderen Phasen. Das ist eigentlich banal, aber ich erlebe es bei mir selbst immer wieder, dass ich die besten Tagesphasen mit Unwichtigem verbringe – und wenn die anspruchsvollen Arbeiten anstehen, bin ich zu matt für wirklich gute Ergebnisse. Dann wird Limbi wieder geschimpft, geschüttelt und geschunden. Wahnsinn, oder? Wie wär's mit einer »Woche der Limbifreundlichkeit«: Arbeiten im Einklang mit seiner jeweiligen Fitness. Das kostet nichts und boostert Ihre Lebensfreude und Ihre Effektivität!

Es hat nicht geklappt? Meist liegt es an mangelnder Planung. Besprechen Sie sich mit Ihrem Arbeitgeber und Ihrer Familie, welche Aufgaben und Aktivitäten zu welchem Zeitpunkt für Ihren Limbi am besten wären. So können Sie deren Erwartungen und Limbis Rhythmen aufeinander abstimmen und Ihre Lebensqualität deutlich verbessern. Geben Sie nicht auf, wenn es auch beim zweiten Anlauf nicht gelingt. Ein langer Atem lohnt sich!

Fünfe gerade sein lassen

Was macht Ihr Gehirn eigentlich, wenn Sie nichts tun? Eine Frage, die Neurowissenschaftler zunehmend fasziniert. Wenn Sie sich entspannen, legt sich Ihr Gehirn nicht einfach auf die faule Haut. Zum einen müssen ja die Körperfunktionen aufrechterhalten werden. Aber das ist nicht alles, womit sich dieses faszinierende Organ zwischen unseren Ohren beschäftigt. Sobald Sie Ihre Gedanken auf nichts Bestimmtes richten, springt in Ihnen ein Netzwerk an, das Forscher als »Default Network« bezeichnen, also das »Leerlaufnetzwerk«.

Das Gehirn im Leerlauf

Normalerweise beobachten Neurowissenschaftler mithilfe der bildgebenden Verfahren, was ein Gehirn tut, wenn es sich auf eine Aufgabe konzentriert. So lässt sich das Gebiet eingrenzen, das für bestimmte Aufgaben zuständig ist. Als Gegenkontrolle gibt es dann die Bitte, sich zu entspannen – um zu sehen, ob in dem vorher aktiven Gebiet nun weniger passiert.

- *Die Forscher rechneten damit, dass nach der Erledigung einer Aufgabe die Aktivität im ganzen Gehirn sinkt. Doch in mehreren, voneinander unabhängigen Versuchen stellte sich heraus: Wenn die Probanden gebeten wurden, sich zu entspannen, nahm die neuronale Aktivität in einer anderen Region des Gehirns zu. Wurden die Testpersonen gebeten, sich wieder auf etwas zu konzentrieren, nahm die Aktivität dort ab. Es gibt also ein Gebiet in unserem Gehirn, das nur dann ordentlich tourt, wenn wir ins Blaue schauen.*

- *Dieses Leerlaufnetzwerk ist für das Gehirn von großer Bedeutung, man findet es auch bei schlafenden Personen und bei Patien-*

ten im Koma. Manche Forscher sprechen von einem Offlinemodus des Gehirns, da dies das verbindende Element ist: Im Schlaf, im Koma oder beim Tagträumen entfallen die äußeren Reize. Das Gehirn ist sich selbst überlassen und muss keine von außen einströmenden Signale verarbeiten.

- Dass dieses Default Network existiert, ist weitgehend anerkannt. Über seine Funktion aber ist sich die Fachwelt noch nicht einig. Das Gehirn könnte in diesem Zustand eine Art Selbstinspektion durchführen. Vielleicht nutzt es diese Phase, um sich neu zu organisieren und Gelerntes zu ordnen.

- Unbestritten ist, dass dieser Leerlaufmodus für das Gehirn sehr wichtig sein muss: Die Region, die beim Nichtstun anspringt, ist sehr gut durchblutet, sodass sie – trotz ihrer starken Aktivität – sehr selten von Schlaganfällen betroffen ist. Dieses Hirnareal möchte Ihr Körper also unbedingt funktionsfähig halten. Täglich, sekündlich wird das Gehirn von Informationen geradezu überrollt. Gut möglich, dass es deshalb die wenigen Ruhepausen nutzt, um sich zu erholen und nicht in der Flut der Signale unterzugehen.

Wenn Sie feststellen, dass Sie gedanklich immer wieder abschweifen, während Sie eigentlich eine Aufgabe bewältigen wollen, ist wohl die Herausforderung von außen, der Input, zu schwach. Für Ihr Gehirn ist dann die innere Aktivität reizvoller, darum wechselt es in den Leerlaufmodus, und die Energiezufuhr zu dem Trakt, der für die Arbeit zuständig ist, wird heruntergefahren.

Schalten Sie bewusst ab!

Lassen Sie Limbi und Ihren Neocortex ruhig einmal von der Leine. Gönnen Sie beiden eine Ruhepause, in der sie sich wieder neu sortieren können. Schalten Sie bewusst ab, begeben Sie sich an einen ruhigen Ort, minimieren Sie die Störquellen von außen. Ihr Gehirn wird Sie dafür lieben.

Ein gutes Training, um dieses automatische Umschalten des Gehirns zu unterbinden, ist Meditation. Das bedeutet, die Aufmerksamkeit auf einen ganz bestimmten Punkt zu fokussieren und die Gedanken immer wieder dorthin zurückzuholen, wenn sie einmal abschweifen. Seitdem ich das weiß, ziehe ich mich (wenn Zeit dafür ist und ich es nicht vergesse) am Morgen für etwa zehn Minuten zurück, setze mich im Schneidersitz auf den Boden und denke – an nichts. Oder ich konzentriere mich auf ein kleines Kreuz an der Wand vor mir. In den Wintermonaten bietet sich dazu auch eine Kerze an. Was von außen vollkommen unproduktiv erscheint, ist eine Art Workout für den Denkmuskel. Es ist erstaunlich einfach, und es macht erstaunlich viel Spaß.

Entscheider über die Zeit

Limbi liebt die Harmonie. Wenn er mit anderen im Einklang ist, fühlt er sich wohl. Aber leider besteht Ihr Alltag nicht nur aus eitel Sonnenschein. Immer wieder werden Sie von unterschiedlichen Erwartungen und Vorstellungen bedrängt, die sich nicht unter einen Hut bringen lassen.

Spielen wir das einmal durch an einem nicht besonders originellen, aber typischen Fall: Ihr Chef bittet Sie um die sofortige Erledigung einer schwierigen Aufgabe. Das würde Überstunden bedeuten, Sie aber haben Ihrem Lebenspartner versprochen, heute endlich wieder einmal gemeinsam ins Kino zu gehen, gemeinsam zu kochen oder sonst etwas für die Zweisamkeit zu tun.

Limbi, der Harmoniker, würde am liebsten sofort »Ja, Chef, mach ich!« rufen, um dem Konflikt mit dem Vorgesetzen auszuweichen. Die Großhirnrinde ist eher skeptisch. Auch Limbi selbst ist – wenn er einen kleinen Moment zum Nachdenken hat – hin- und hergerissen. Denn wenn Sie Ihrem Partner oder Ihrer Partnerin absagen müssen, steht Limbi ebenfalls vor einer Auseinandersetzung. Eine verfahrene Situation. Am besten wäre jetzt zunächst eine Konferenz zwischen Limbi und dem Neocortex, um das weitere Vorgehen zu besprechen.

Antworten Sie auf Bitten nicht spontan!
Wenn Sie vor einer Entscheidung stehen, lautet daher der wichtigste Rat: Sagen Sie niemals sofort Ja, aber auch nicht Nein. Bitten Sie stattdessen um Bedenkzeit – und ziehen Sie sich mit Limbi und Ihrem Neocortex zur Beratung zurück.

Auch wenn es Ihnen übertrieben vorkommen mag: Zeichnen Sie eine Entscheidungsmatrix mit vier Quadranten. In den ersten schreiben Sie, was aus emotionaler – also Limbis – Sicht dafür, in den zweiten, was aus seiner Sicht dagegen spricht. Die Qua-

dranten drei und vier sind für den Neocortex: Was spricht aus rationalen Gründen dafür und was dagegen?

In unserem Beispiel könnte Folgendes herauskommen: Limbi möchte Ja sagen, weil er Angst hat, dass Sie Ihre Stelle verlieren oder sich Karrierechancen verbauen. Außerdem fühlt er sich geschmeichelt: eine schwierige Aufgabe! Extra für ihn! Eine Herausforderung!

Aus Limbis Sicht gibt es aber auch Gründe, die dagegen sprechen: Da ist die Auseinandersetzung mit Ihrer besseren Hälfte, die unweigerlich kommen wird. Außerdem hatte sich Limbi innerlich schon auf Feierabend eingestellt. Überstunden fände er jetzt unangenehm.

Ihre Großhirnrinde möchte Ja sagen, weil sie weiß, dass sich Ihr Einsatz positiv auf Ihre weitere Karriere auswirken könnte. Sie sieht aber auch Nachteile: Wenn Sie dem Chef schon wieder nachgeben, machen Sie sich zu einem Befehlsempfänger ohne Rückgrat, zum kleinen Rädchen. Das wird auf Dauer Ihrem beruflichen Fortkommen schaden. Außerdem haben Sie diesen Abend schon Ihrem Lebenspartner versprochen. Wenn Sie das jetzt wieder über den Haufen werfen, verletzen Sie nicht nur Ihren Partner, sondern auch Ihre eigenen inneren Grundsätze.

Alle Gründe und Bedenken sind auf dem Tisch. Nun ist es an der Zeit, die unterschiedlichen Positionen gegeneinander abzuwägen. Es gibt insgesamt drei Gründe für Ja: zwei von Limbi, die aber eher schwach sind, einer von der Großhirnrinde, der auch nicht so richtig zugkräftig ist. Dagegen stehen vier Gründe für Nein: zwei von Limbi, zwei – ziemlich starke – vom Neocortex. Das Ergebnis: vier zu drei für Nein.

Im Laufe des Tages fällen Sie zahllose Entscheidungen – große wie kleine, wichtige wie unwichtige. Stets findet innerlich eine kleine Konferenz statt. Das erschöpft Ihr Gehirn. Die Folge ist Entscheidungsmüdigkeit.

Das hat sogar Auswirkungen auf die Justiz. Eine Studie hat festgestellt, dass Richter mutiger urteilen, je ausgeruhter sie sind: Gesuche von Häftlingen, vorzeitig aus der Haft entlassen zu werden, haben eine Chance von bis zu 65 Prozent, wenn der Gerichtstermin am frühen Vormittag stattfindet oder kurz nach der Mittagspause. Je weiter der Vormittag oder der Nachmittag voranschreiten, umso unwahrscheinlicher wird die Zustimmung des Richters.

So kommt es zu unterschiedlichen Urteilen, obwohl in juristischer Hinsicht die Umstände der Fälle nahezu gleich sind. Einen Kriminellen im Gefängnis zu lassen, den Status quo also nicht zu ändern, fühlt sich für den Limbi des Richters an, als hätte er keine Entscheidung getroffen. Das ist weniger anstrengend, als für eine Entlassung zu votieren.

Fassen Sie Beschlüsse bei Tageslicht

Fällen Sie wichtige Entscheidungen, wenn Sie und Limbi ausgeruht sind, am besten am frühen Vormittag. Wenn Sie vor einem gravierenden Entschluss stehen oder vor Entscheidungen, die Sie lange vor sich hergeschoben haben, warten Sie damit bis nach Ihrem Urlaub. Stürzen Sie sich nicht gleich wieder in den Alltagsbetrieb, sondern nutzen Sie die Kräfte, die Ihr Limbi und Ihr Neocortex im Urlaub gesammelt haben, um Weichen neu zu stellen.

Zurück zu unserem Beispiel: Sie sind zu einer Entscheidung gelangt und müssen sie Ihrem Chef nur noch mitteilen. Auch dies lässt sich am besten in Einklang mit Limbi erledigen. Der liebt Erklärungen und Begründungen, und die brauchen – typisch Limbi – nicht unbedingt logisch zu sein.

Deshalb finden Sie an Autobahnen beispielsweise Tafeln mit der Aufschrift »Wir reparieren die Autobahn für Sie«. Das leuchtet Limbi ein (»für Sie«), obwohl es kein besonders stichhaltiges Argument ist. Noch extremer ist die über den Bahnsteig hallende Auskunft: »Der Zug hat aus betrieblichen Gründen 30 Minuten Verspätung.« Das erklärt eigentlich gar nichts, aber schon die Vokabel »Grund« besänftigt die verärgerten Limbis der Bahnkunden.

Limbi ist süchtig nach Erklärungen, denn für ihn bedeutet das mehr Harmonie und weniger Aggression. Geben Sie deshalb stets einen Grund an, warum Sie Nein sagen – selbst wenn dieser nicht viel erklärt: »Nein, tut mir leid, heute bin ich schon verplant.«.

Handelt es sich um die Absage eines Projekts oder sonst eine weitreichende Entscheidung, untermauern Sie Ihr Nein mit konkreten Fakten. Am besten machen sich Zahlen: »Dieses zusätzliche Projekt würde mehr als 30 Prozent meiner Arbeitszeit benötigen, sodass andere Aufgaben zwangsläufig darunter leiden müssten.« »Die neuen Formulare verkomplizieren den Ablauf, sie bedeuten einen Mehraufwand von vier Stunden pro Mitarbeiter und Arbeitswoche.« Mit Zahlen geben Sie nicht nur dem Limbi des anderen, sondern auch seiner Großhirnrinde ausreichende Argumente.

Arbeit abgeben –
mit gutem Gewissen

Ihr Arbeitsalltag wird immer komplexer, die Anforderungen steigen, die Aufgaben werden mehr. Da wäre es doch schön, Sie könnten Dinge abgeben: Soll sie doch jemand anders erledigen.

Aber Aufgaben zu delegieren fällt gar nicht so leicht. Immer wieder habe ich mich gefragt: Warum fällt es mir und anderen so schwer, Arbeit komplett oder teilweise an andere abzugeben? Jetzt ist mir klar: Mein Limbi sträubt sich dagegen. Er ist seit Jahrtausenden darauf gedrillt, alles um sich herum im Blick zu haben, und nun soll er Kontrolle abgeben! Das schürt Ängste: »Die Ergebnisse fallen auf mich zurück. Ich bin dafür verantwortlich, dass alles gut erledigt wird. Zudem schämt sich mein Limbi, dass ich um Hilfe bitten muss – was womöglich auch noch zusätzliche Kosten verursacht. Nein, da beiße ich lieber die Zähne zusammen und mache es selbst.«

An dieser Stelle braucht Limbi ganz klar Hilfe von der kühl kalkulierenden Großhirnrinde. Führen Sie Ihrem Limbi vor Augen, dass er ausreichend Kontrolle behalten kann, wenn Sie folgende Schritte beachten:

Planen Sie Pufferzeiten ein
Soll ein Auftrag am 30. März erledigt sein, legen Sie den 15. März als Abgabetermin fest. Dann ist erst einmal der gröbste Druck raus, und Ihr Limbi kann sich entspannt zurücklehnen.

Haken Sie nach
Fragen Sie nicht erst am 14. März nach, ob der Auftrag auch am 15. März fertig sein wird. Falls die von Ihnen beauftragte Person noch gar nicht mit dem Arbeiten angefangen hat,

wäre das für sie sehr peinlich. Sie würde dumme Ausreden erfinden oder aus Selbstschutzgründen aggressiv reagieren. Das ersparen Sie sich und Ihrem Auftragnehmer, wenn Sie ihn schon am 7. März fragen, wie es aussieht.

Setzen Sie Zwischenziele

Sprechen Sie von Anfang an über das Thema Zeitmanagement. Klären Sie mit Ihrem Auftragnehmer die einzelnen Schritte, die nötig sind. Legen Sie mit ihm gemeinsam Termine fest, was bis wann erledigt sein muss, und lassen Sie sich die Zwischenergebnisse zeigen. Falls diese vollkommen unbefriedigend ausfallen, bleibt noch Zeit, die Sache zu retten.

Ermuntern Sie

Wenn Sie feststellen, dass Ihr Auftragnehmer nicht im Zeitplan bleibt, holen Sie nicht die Keule heraus! Der Limbi Ihres Auftragnehmers braucht Lob und Bestätigung. Wenn Sie drohen: »Das war der letzte Auftrag, den Sie von mir erhalten!«, wird er sich nicht mehr besonders anstrengen. Viel klüger ist es, den anderen zu ermutigen: »Ich weiß, dass Sie hervorragende Leistungen bringen können, deshalb habe ich Ihnen diese Aufgabe übertragen.«

Äußern Sie Gefühle

Ein Arbeitsauftrag ist, auch wenn es um etwas ganz großhirnrindenmäßig Sachliches geht, eine Sache zwischen zwei Limbis. Schildern Sie Ihrem Auftragnehmer, wie wichtig es für Sie ist, dass dieser Auftrag ausgeführt wird. Wie sehr Ihr Herz daran hängt, wie begeistert Sie sein werden, wenn alles klappt. Nein, Sie müssen dazu keine tiefe Freundschaft aufbauen. Es reicht, wenn Sie sagen: »Ich freue mich schon sehr auf Ihre Arbeitsergebnisse.« Der Limbi Ihres Auftragnehmers wird sich mit mehr Engagement in die Arbeit stürzen, wenn er spürt, dass er Ihrem Limbi damit eine Freude macht.

Sorgen Sie für eine lügenfreie Atmosphäre

Auftragnehmer, die unter Druck stehen, beginnen zu schummeln. Wenn Sie das bemerken und Ihr Gegenüber darauf ansprechen, wird aus einem einfachen Nachhaken ein Verhör. So berechtigt Ihnen das vorkommen mag, so sehr Sie Unwahrheit verabscheuen – beim Limbi Ihres Gegenübers tötet das den letzten Funken Arbeitsfreude. Je nach Typ tritt er Ihnen ab jetzt feindlich entgegen oder zieht sich deprimiert zurück. Lassen Sie es nicht so weit kommen: Sprechen Sie rechtzeitig und ohne Anklageton über Terminschwierigkeiten.

Volle Konzentration — jetzt!

Wenn ich Menschen frage, wie ihr Alltag aussieht, und ihnen dazu das Bild vom berühmten Zirkuskunststück mit den chinesischen Tellern zeige, dann stimmen die meisten zu: »Ja, genau so geht es mir auch.«

Ständig müssen Sie mehrere Teller in der Luft halten, ständig sind Sie mit mehreren Aufgaben gleichzeitig beschäftigt. Während Sie das eine tun, sind Sie mit dem Kopf schon beim nächsten. Zu allen möglichen Gelegenheiten wird das beklagt. Es gibt Geschichten von fernöstlichen Weisen, die zu ihren Schülern sagten: »Wenn du sitzt, stehst du schon. Wenn du stehst, gehst du schon. Wenn du gehst, bist du schon am Ziel.« Kluge Worte, schön gesagt.

Aber mal ehrlich: Was wäre das für eine Welt, die aus lauter gelassenen Gurus bestände, die entspannt im Hier und Jetzt Tee trinken? Vermutlich würde eine eher agrarische Kultur vorherrschen, mit viel mühsamer Handarbeit. Das klingt nicht gerade entspannt, oder?

Das vielbeklagte Streben nach Effizienz hat uns Menschen einen hohen Entwicklungsstand eingebracht. Trotz aller Hektik, trotz aller Umweltproblematik: Wir führen ein Leben, das deutlich angenehmer ist als das früherer Generationen. Ich genieße es, keine Angst vor wilden Tieren oder kriegerischen Nachbarn haben zu müssen. Auch schätze ich die Möglichkeiten der modernen Medizin sehr. George Washington wurde seit seinem 22. Lebensjahr beinahe jährlich ein Zahn gezogen. Als er 1789 der erste Präsident der Vereinigten Staaten wurde, besaß er praktisch keine Zähne mehr und quälte sich mit den schauerlichsten Prothesen, die tägliche Schmerzen bedeuteten.

Ebenso haben sich die Bildungschancen deutlich verbessert. Das alles verdanken wir den Fähigkeiten unserer seit vielen Jahrtausenden unermüdlich tätigen Großhirnrinden. Es ist der Neocortex, der sich nicht mit dem Erreichten zufriedengibt. Er plant in die Zukunft. Er träumt von einem besseren, noch leichteren

Leben und tut alles dafür, dass es auch so wird. Diese Unruhe, dieser halbe Fuß in der Zukunft ist also nicht grundsätzlich schlecht.

Wir verdanken die enorme Steigerung unserer Lebensqualität der Tatsache, dass unsere Großhirnrinde eine Meisterin des Multitaskings ist. Sie ist viel besser als jeder Computer, der zwischen verschiedenen Abläufen nur blitzschnell hin- und herschaltet. Ihr Neocortex ist dagegen ein echter Parallelrechner. Während Sie diese Zeilen lesen, laufen in Ihrer Großhirnrinde zahllose komplexe Prozesse gleichzeitig ab. Sie bereiten neue Gedanken vor, überlegen Lösungen zu unterschiedlichen Problemen, überwachen Ihre Sinneswahrnehmungen. Kurzum: In Ihrem Gehirn ist eine Menge los.

Das Unbehagen, das uns beim Multitasking beschleicht, liegt an Limbi. Denn er kann immer nur eins gleichzeitig. Das ist der fundamentale Unterschied zwischen ihm und der Großhirnrinde.

Dieses Bild ist für mich eines der zentralen Motive dieses Buches. Mit ganzem Herzen können Sie nur bei einer Sache sein. Und diese Herzensangelegenheit ist Limbi-Angelegenheit. Deshalb lautet die zentrale Empfehlung, die Mutter aller Ratschläge zum Thema gehirnfreundliches Leben: Gönnen Sie sich jeden Tag mindestens einen solchen Limbi-Moment. Eine Phase, in der Sie ganz und gar im Jetzt sind. In der Sie sich auf eine einzige Aufgabe konzentrieren. In der Sie sich keine Sorgen über die Zukunft machen. In der Sie nicht über die Vergangenheit nachgrübeln.

Alle anderen Teller – Sorgen, Aufgaben, Gedanken – sind ordentlich auf dem Boden gestapelt und warten, bis sie dran sind. Zugegeben, das sieht nicht so spektakulär aus wie das stressige Kunststück mit den vielen Tellern. Aber es ist eine Wohltat für Ihre Seele und für Ihren Limbi. Ihre täglichen Limbi-Momente können Sie vor der Überlastungsdepression Burnout bewahren, die sehr viele Menschen ereilt.

Noch einmal zur Erinnerung: Wenn das ganze Leben nur aus Limbi-Momenten bestände, wäre es zu fad. Hätten wir das unruhige Multitasking nicht erlernt, würden wir noch auf Bäumen leben. Doch wenn wir das gelassene Singletasking nicht beherrschen, verbrennen wir innerlich. Das gute, ausgeglichene und kluge menschliche Leben auf diesem Planeten besteht eben aus beidem: aus Aktivitäten der Großhirnrinde und Limbi-Momenten.

Zugegeben: Es gibt Phasen, in denen es auffallend schwer ist, an einer Tätigkeit dranzubleiben. Glücklicherweise können die Neurowissenschaftler (also Limbis Entdecker) zu diesem Thema ein eindeutiges Forschungsergebnis vorweisen: Konzentration lässt sich trainieren – mit Limbis Unterstützung. Im Folgenden finden Sie ein paar Anregungen, wie das geht.

Fordern Sie Ihr Denkorgan!

Wenn Sie merken, dass Ihre Gedanken immer wieder abschweifen und Sie die simpelsten Angebote zur Ablenkung freudig aufgreifen, dann ist das ein Signal: Ihr Gehirn ist unterfordert! Es möchte stärker beansprucht werden!

GESCHAFFT!!!
Du packst das auch.

So verrückt es klingen mag: Machen Sie Ihre Aufgabe schwerer! Stellen Sie höhere Ansprüche an Ihr Gehirn. Sorgen Sie dafür, dass Limbi in den Notfallmodus schaltet. Das Wunderbare daran ist, dass sich dieser mentale Notzustand keineswegs unangenehm anfühlt. Im Gegenteil, er ist der Auslöser für Glücksgefühle.

Anders als Ihre Muskeln oder Ihr Verdauungsapparat ist Ihr Gehirn gern dazu bereit, dauerhaft auf vollen Touren zu laufen. Das gilt übrigens für Limbi und Neocortex gleichermaßen. Beide sind hervorragende Ausdauersportler. Geben Sie dem Dreamteam zwischen Ihren Ohren also ehrgeizigere Vorgaben. Das führt zu kuriosen Aktionen, die Ihnen und anderen durchaus Spaß machen können. Schreiben Sie zum Beispiel ein eigentlich stinklangweiliges Protokoll in Versform. Oder machen Sie aus dem drögen Sitzungsbericht einen Abenteuerroman – eine Expedition in unbekannte Weiten, endlose Steppen, gefährliche Gebirge. Wenn Sie als Protokollant schon während des Meetings damit anfangen, wird Ihnen auch das Treffen selbst weniger langweilig vorkommen. Illustrieren Sie Ihren Bericht mit selbstgeschossenen Fotos oder Bildern aus dem Internet. Wetten, dass auch Ihre Kollegen nun viel Freude an der bislang öden Sesselpupserchronik haben werden?

Schalten Sie Ablenkungen aus!

Limbi verfügt über ein fantastisches Alarmsystem. Seine empfindlichen Sensoren tasten die Umwelt nonstop nach Gefahren und Chancen ab. 360 Grad, rund um die Uhr. Limbi ist permanent höchst aufmerksam, damit ihm nichts entgeht und Sie in Sicherheit leben können. Nur wenn eine andere Tätigkeit wichtiger und spannender ist, schottet er gleichsam Ohren und Augen vor der Umgebung ab. Andersherum funktioniert es aber auch: Schalten Sie Störquellen aus, sodass Limbi möglichst wenig Signale von außen empfängt.

Räumen Sie Ihren Schreibtisch ganz leer, bis nur noch die Unterlagen für die gegenwärtige Aufgabe vor Ihnen liegen. Schließen Sie

Ihr E-Mail-Programm. Schalten Sie Ihr Telefon aus – oder zumindest auf stumm. Wenn es Ihnen möglich ist, schließen Sie die Tür.

Manchmal können auch emotionsgeladene Gegenstände ablenken: das Familienfoto im Bilderrahmen oder die wunderschöne Landschaft, die als Bildschirmschoner fungiert. Solche scheinbar belanglosen Details können die Reaktionsgeschwindigkeit des Gehirns messbar beeinflussen. Probieren Sie es aus: Legen Sie bei schwierigen Aufgaben das Foto in die Schreibtischschublade und wählen Sie als Bildschirmschoner eine neutrale Farbfläche. Später können Sie dies ja wieder ändern.

Erhalten Sie zwischendurch Anfragen oder weitere Aufträge, lassen Sie sich möglichst gar nicht auf den Störenfried ein. Sagen Sie klar, dass Sie gerade dringend an etwas anderem dran sind, und notieren Sie kurz, worum es bei der Anfrage geht. Legen Sie die Notiz dann beiseite. Limbi muss dann nicht seinen Kurzzeitspeicher damit belasten, und Ihre Hauptaufgabe bleibt im Blick. Später, wenn Sie mit ihr fertig sind, können Sie sich um die Jobs auf dem beiseitegeschobenen Zettel kümmern.

Sagen Sie laut, was jetzt ansteht

Wenn Sie sich dabei erwischen, wie Sie auf YouTube russi-
sche Verkehrsunfallvideos anschauen, statt den Dankes-
brief an Professor Transplantowitsch zu schreiben; wenn Sie Wolken
beobachten, statt Rechnungen zu prüfen; wenn Sie von einem Gang
zur Kaffeemaschine träumen, anstatt endlich den schwierigen Kun-
den bei Ekelhaft & Co. anzurufen – dann hilft es, laut auszusprechen,
worauf Sie sich eigentlich konzentrieren wollen: »Ich werde jetzt den
Dankesbrief an Professor Transplantowitsch schreiben.« Prompt wird
Ihre Aufmerksamkeit wieder zu Ihrer Aufgabe zurückkehren.

Der Grund dafür: Limbi mag keine kognitive Dissonanz. So nennt man es, wenn Handlungen und Gedanken nicht miteinander vereinbar sind. Sobald Ihre Wahrnehmungen nicht mit Ihren Einstellungen und Absichten übereinstimmen, wird Limbi nervös. Er strebt Harmonie an. Deshalb wird er Ihnen dabei helfen, Denken und Tun wieder zu vereinbaren.

Außerdem ist das laute Sprechen eine körperliche Tätigkeit – und damit der beste Weg, um Kontakt mit Limbi aufzunehmen. Sie erinnern sich an die somatischen Marker, Limbis Kommunikationsmethode durch körperliche Empfindungen? Das funktioniert in beide Richtungen. Um Limbi von der Ablenkung wieder zur Hauptarbeit zurückzulenken, sollten Sie daher etwas mit Ihrem Körper tun. Wenn lautes Sprechen in der aktuellen Situation nicht möglich ist, sagen Sie es lautlos, aber bewegen Sie dabei den Mund (am besten so, dass es keiner sieht, damit man Sie nicht für meschugge hält). Oder Sie heben enthusiastisch die Arme wie Fußballer nach einem gelungenen Elfmeter: Hallo Hauptjob, ich komme wieder zu dir!

Deckel drauf!

Definieren Sie Zwischenziele. Zerlegen Sie Ihr Projekt
in Einzelteile – egal, ob Sie ein Konzept schreiben, einen

Kundenauftrag erledigen oder die Garage aufräumen wollen. Vereinbaren Sie mit Ihrem Chef, Ihrem Auftraggeber oder Ihrem Lebenspartner, dass Sie bis zu einem bestimmten Zeitpunkt einen Teilschritt abgeschlossen haben werden, und legen Sie das Zwischenergebnis vor.

Ist eine Handlung nicht abgeschlossen, ein Projekt nicht erledigt, ein Wunsch unerfüllt, dann nagt das im Hinterkopf an Ihrer Konzentration. Unfertige Taten bleiben Ihnen nämlich besser im Gedächtnis haften als abgeschlossene. Das ist auch dann der Fall, wenn Sie sich mit dem erledigten Job viel länger befasst haben als mit dem unterbrochenen. Dieses Phänomen entdeckte die russische Psychologin Bljuma Zeigarnik schon in den 1920er Jahren. Es ist seitdem als Zeigarnik-Effekt in der Organisationstheorie bekannt. TV-Serien machen sich den Effekt zunutze, indem sie mit einem »Cliffhanger« enden: So schauen Sie nächste Woche auf jeden Fall weiter, weil Sie wissen wollen, wie es ausgeht.

Das ist auch der Grund, warum langfristige Projekte so anstrengend werden können: Weil der Abschluss fehlt, erinnert sich Ihr Gehirn immer wieder daran, dass noch etwas zu tun ist. Das macht Limbi ganz hibbelig.

Quälen Sie sich und Limbi nicht mit dem nagenden Selbstvorwurf, dass Sie erst eine Etappe geschafft haben und noch nicht die ganze Tour. Feiern Sie das geschaffte Teilstück ruhig ein bisschen! Damit lenken Sie Limbi von dem destruktiven Gefühl ab, dass noch etwas fehlt. Limbi ist stolz, dass Schritt 1 getan ist. Das gibt ihm Lust und Kraft für Schritt 2 und folgende.

Limbis 50-Minuten-Geheimnis

Manchmal ist es wie verhext: Nichts will funktionieren! Sie können sich einfach nicht konzentrieren! Der vor Ihnen liegende Job ist so ätzend, die innere Gegenwehr so heftig, Limbis Blockade schlichtweg unüberwindlich ... In solchem Momenten

kann es helfen, mit Limbi einen Kompromiss auszuhandeln: Die Auf-
gabe, die vor Ihnen liegt, mag ihm nicht gefallen, er möchte tausend
andere Dinge lieber tun – selbst das Beobachten einer Stubenfliege
beim Zimmerrundflug scheint spannender zu sein –, doch Sie müssen
da jetzt durch. Sie müssen Limbi jetzt irgendwie zum konzentrierten
Arbeiten bringen.

Okay, das ist eine Limbi-Würgung. Sie funktioniert, wie im Ein-
gangskapitel beschrieben, nur in fünf Prozent aller Fälle und nur
unter optimalen Bedingungen. Aber es gibt Notfälle, da geht es
einfach nicht anders, und daher verrate ich Ihnen (wenn Sie versprechen, es nicht zu oft mit Limbi zu machen) eines seiner Mys-
terien, einen »life hack«, wie die Amerikaner solche Schleichwege
zum Ziel nennen.

50 Minuten – das ist die Zeitspanne, die sich Limbi auf unangenehme Aufgaben einlässt. So lange lässt er sich einsperren,
unterdrückt er seine somatischen Marker und leidet in der Stille – wenn er eben weiß, es ist nicht für immer. Woher die Zahl
50 kommt, ist nicht endgültig geklärt, aber unter US-amerikanischen Studenten gilt sie als die magische Konzentrationsspanne.
So lange dauert im Fußball eine Halbzeit (mit vom Schiedsrich-

ter verordneter Nachspielzeit), eine Schulstunde ist etwa so lang oder auch die Folge einer TV-Seifenoper.

Und so geht's: Stellen Sie einen Timer auf 50 Minuten und zwingen Sie sich, während dieser Zeit keinerlei Versuchung oder Ablenkung nachzugeben. Beseitigen Sie vorher alle Störer, wie oben schon beschrieben. Dann legen Sie klar fest, was Sie in diesen 50 Minuten erreichen wollen. Besteht die Aufgabe aus mehreren Arbeitsschritten, dann legen Sie fest, womit Sie beginnen und wie lange Sie für welchen Schritt brauchen werden: »20 Minuten Recherche zu diesem Thema im Internet, 30 Minuten schreiben.« Kalkulieren Sie realistisch, aber doch knapp – sodass Sie auf maximal eine Störung von außen reagieren können, wenn es unbedingt sein muss.

Nach den 50 Minuten lassen Sie Limbi aus dem Käfig. Gönnen Sie ihm eine Pause von 10 bis 20 Minuten. Stehen Sie auf, gehen Sie ein wenig herum, schauen Sie in den Himmel. Holen Sie sich jetzt den Tee, Kaffee oder nach was es Limbi in seinem Knast so sehr gelüstet hat. Widmen Sie sich einem Spiel oder einer leichten Aufgabe, die Ihnen Spaß bringt. Machen Sie es aber wirklich, und mogeln Sie sich nicht um diese versprochene Belohnung herum. Denn: Tun Sie es nicht, fühlt sich Limbi betrogen und wird sich beim nächsten 50-Minuten-Projekt nach Kräften gegen die Einsperrung zur Wehr setzen.

In ganz harten Fällen können Sie es nach der Halbzeitpause mit der nächsten 50-Minuten-Runde probieren. Besser ist es aber, Sie warten damit länger. Mehr als drei solcher 50er-Touren lässt Limbi an einem Tag nicht mit sich machen. Es ist und bleibt eine brachiale Sondermethode für Notfälle. Viel besser geht es, wenn Sie Ihren Limbi nicht niederringen müssen, sondern seinen Schwung nutzen.

LIMBI
AKTIV

> Gott hat die Zeit
> erschaffen, damit
> nicht alles auf
> einmal geschieht.

GRAF FITO

> Was heute Freizeit
> genannt wird, sollte nicht
> freizeitlich vergeudet
> werden, sondern uns
> zeitfrei machen.

JEAN GEBSER

MEIN LIEBLINGSMOTTO

Tragen Sie hier Ihre beste Einsicht
zum Thema Zeit ein.

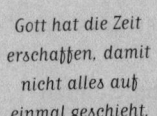

> Ich trage nie eine Uhr.
> Uhren sind Peitschen
> für all jene, die sich
> als Rennpferd
> missbrauchen lassen.

FRANÇOIS MITTERRAND

Limbis zauberhafte Zeit-Zettel

*Kopieren, ausschneiden, aufhängen, weitergeben
... und Zeit neu erleben!*

Der eine wartet,
dass die Zeit sich wandelt,
der andere packt sie
kräftig an und handelt.

DANTE ALIGHIERI

Lächeln
Initiiert
Meine
Besten
Ideen

Dem Vergangenen: Dank.
Dem Kommenden: Ja!

DAG HAMMARSKJÖLD

DIE BESTE ZEIT IST

JETZT

http://tinyqr.com/ki

Immer wieder neu

Schwungvoll durchstarten

Um es noch einmal deutlich auszusprechen: Limbi ist kein fauler Geselle, der sich vor allen Aufgaben drückt. Im Gegenteil: Limbi kann auch richtig ranklotzen! Dabei mag er die Herausforderung, aber sogar für eher langweilige Sachen, die einfach abgearbeitet werden müssen, können Sie Limbi erwärmen.

Wenn sich Limbi bei einer Aufgabe sträubt, dann oft, weil sie für ihn neu ist und er Angst hat zu versagen. Sie kennen die Folgen: Sie schieben die Aufgabe immer weiter vor sich her – mit wachsendem schlechten Gewissen, aber auch mit Beharrlichkeit.

Eine gute Möglichkeit, Limbi zur Mitarbeit zu bewegen: Stellen Sie sich das Ergebnis vor! Wie wunderbar wird es sein, wenn es fertig ist! Wenn Sie eine Feier planen, malen Sie sich aus, wie begeistert Ihre Gäste sein werden. Müssen Sie einen Bericht schreiben, erzählen Sie Limbi, wie stolz er sein wird, wenn Sie den Text dem Chef überreichen, wie erfreut er Ihnen die Hand schütteln und Ihnen danken wird. Stellen Sie sich das glückliche Gesicht Ihres Lebenspartners vor, wenn die Bücherregale endlich angebracht sind und der Spiegel wie schon lange geplant im Flur hängt.

Planen Sie Projekte vom Ende her

Gehen Sie dafür Schritt für Schritt, Teilaufgabe für Teilaufgabe in der Zeit rückwärts. So denken Sie an alles, war für eine gelungene Feier, einen guten Bericht oder einen schönen Flur wichtig ist. Damit nehmen Sie Limbi die Angst vorm Misserfolg: »Wenn ich den Bericht am 15. des nächsten Monats abgeben will, dann sollte ich ihn am 14. kopieren. Ich brauche den 13., um alle Korrekturen auszuführen. Bis zum 12. sollte mein Kollege daher das Opus gegengelesen haben. Er braucht bestimmt drei Tage dafür. Weil noch Feiertage und ein Wochenende dazwischenliegen, sollte ich ihm am 6. den Text geben.«

Damit nehmen Sie dem Projekt nicht nur das Neue, Unbekannte, sondern wecken auch Limbis Begeisterung: die Aussicht auf Erfolg, Freude, Harmonie und all die wunderbaren, Limbis Herz wärmenden Emotionen. Für den Neurobiologen Gerald Hüther ist Begeisterung entscheidend, um Dinge zu erledigen und Neues zu wagen. Ist Limbis Vorfreude auf das Ergebnis geweckt, wird er Sie unterstützen, es auch zu erreichen.

Einer der häufigsten Gründe, warum wir Dinge aufschieben, ist Limbis Angst vor Misserfolg. Um nicht zu riskieren, dass er kritisiert wird oder andere unzufrieden sind, verleitet Ihr Limbi Sie dazu, eine Sache so perfekt wie möglich zu machen. Er drängt Sie, noch einmal zu korrigieren, drüberzuwischen, nachzupolieren, an Details zu feilen. Das kostet nicht nur Zeit, es ist auch nahezu unmöglich, etwas wirklich perfekt zu erledigen. Dazu kommt noch der subjektive Faktor: Was für Sie perfekt ist, empfindet Ihre Chefin, Ihr Kunde, Ihre Liebste vielleicht nur als mittelprächtig.

Schließen Sie mit Limbi darum einen Vertrag: Wir erledigen die Aufgabe gut. Nicht mehr und nicht weniger. Vielleicht sind noch kleine Macken dran, aber wenn wir es gemeinsam im Großen und Ganzen prima finden, betrachten wir es als erledigt.

Aufgaben sind wie der Scheinriese Herr Tur Tur in Michael Endes Kinderbuch *Jim Knopf und Lukas der Lokomotivführer:* Aus der Ferne erscheinen sie Ihnen übergroß und nicht zu bewältigen. Stehen Sie aber direkt davor, sind sie eigentlich ganz handlich. Auch für Limbi scheinen alle neuen Projekte erst einmal gigantisch und unübersichtlich. Je genauer Sie aber hinsehen, umso eher werden Sie feststellen, dass sie gar nicht so schlimm sind.

Daher ist es gerade bei großen Aufgaben am besten für Limbi, gleich damit anzufangen. So verliert Limbi seine unklaren Ängste – und hat es wenigstens nur noch mit konkreten Sorgen zu tun. Die sind leichter zu ertragen als das diffuse Unbehagen! Wenn Sie beispielsweise Ihren Garten komplett neu gestalten wollen, stellen Sie sich mitten hinein und bearbeiten Sie ein paar Sträucher mit der Gartenschere, die auf jeden Fall weg müssen. Wenn Sie eine Website eröffnen möchten, telefonieren Sie mit einem Webdesigner. Sollen Sie eine ganze Abteilung umstrukturieren, setzen Sie sich mit ein paar Betroffenen zusammen und brainstormen drauf los.

Fällt es Ihnen schwer, sich dazu durchzuringen, machen Sie erst einmal nur ein bisschen: Vereinbaren Sie mit Limbi, dass Sie sich 15 Minuten mit dem neuen Projekt beschäftigen. Dann befassen Sie sich mit etwas anderem. Falls Sie nach 15 Minuten aber feststellen, dass Sie gern weitermachen wollen, dann lassen Sie sich nicht bremsen!

Manche Projekte sind keine Scheinriesen, sondern Dornröschenschlösser – unzugänglich, komplex und ohne erkennbaren Anfang. Sie haben kein Eingangstor, es gibt keine Vorbilder, keine genormte Vorgehensweise. Während Ihre Großhirnrinde Ihnen sagt: »Nun mach mal, das wird schon gehen«, zögert Limbi, weil er keine Ahnung hat, wie er es überhaupt angehen soll.

Schlafen Sie drüber!

In solchen Situationen hat es sich bewährt, eine Variante der eben vorgestellten Erst-mal-irgendwo-anfangen-Methode anzuwenden: Schauen Sie sich die Aufgabe kurz vor Ihrem Feierabend für ein paar Minuten an. Legen Sie sie dann beiseite, und denken Sie nicht mehr darüber nach. Schlafen Sie eine Nacht darüber. Am nächsten Morgen fällt es meist leichter, Lösungen zu finden und erste Arbeitsschritte zu definieren.

Der Grund: Über Nacht hat Ihr Gehirn Ideen entwickelt, wie Sie in das verwunschene Schloss eindringen können. Welche Region in Ihrem Hirn das für Sie erledigt, ist noch nicht ganz geklärt. Vielleicht ist das umgangssprachliche »im Hinterkopf« eine heiße Spur. Während des Schlafs sind Regionen des Kleinhirns (das tatsächlich hinten im Kopf sitzt) aktiv. Oder es ist ein Effekt der faszinierenden Multitasking-Fähigkeit Ihres Neocortex.

Doch was können Sie tun, wenn Sie Limbi so gar nicht davon überzeugen können, die Rede für nächste Woche zu verfassen? Oder Ihr Limbi sich kategorisch sträubt, den vermaledeiten Jahresreport zusammenzuschreiben?

Überlisten Sie Limbi mit dem Perry-Trick

Praktizieren Sie »Aufschieben nach Plan«. Der amerikanische Philosoph John Perry hat ein komplettes Buch darüber geschrieben: Einfach liegen lassen. Seine Grundidee: Statt sich immer wieder zu sagen, dass Sie nun endlich die verflixte Rede schreiben müssten, werden Sie ganz locker und erlauben Ihrem Limbi, etwas anderes zu tun. Zum Beispiel die Steuererklärung auszufüllen. Das ist ein widerlicher Job, aber immer noch besser als diese schreckliche Rede! Perry hat (an sich selbst) beobachtet, dass sich sein Limbi der Aufgabe, die er als unwichtiger und damit leichter einschätzt, mit auserlesener Wonne und Leidenschaft widmet.

Wenn Sie es einigermaßen geschickt anstellen, motivieren Sie Limbi zum Erledigen einer unangenehmen Aufgabe, indem Sie eine noch viel unangenehmere für noch wichtiger erklären. Perry gibt jedoch selbst zu, dass das nicht mit jedem Limbi klappt. Ein normaler Limbi würde sich angesichts einer ungeliebten Pflicht aufs Sofa hauen, einen Krimi lesen oder eine Tafel Schokolade verputzen. Nur mit etwas Glück und viel vorbereitender List der Großhirnrinde kann Perrys Methode »vom effektiven Arbeiten durch gezieltes Nichtstun« gelingen.

Mir scheint sie besonders geeignet für Limbis mit ausgeprägtem Pflichtbewusstsein und notorisch schlechtem Gewissen. Wenn zu Ihrem Limbi diese Beschreibung passt, ist die »Kunst der Prokrastination« (*The Art of Procrastination,* so Perrys Originaltitel) einen Versuch wert. Einen dicken Nachteil hat sie allerdings: Sie schieben im Laufe der Zeit einen gewaltigen Berg höchst wichtiger, aber seit langem unerledigter Pflichten vor sich her. Das sind die ganzen Nummer-eins-Prioritäten, die Ihr Limbi zum Erledigen der Nummer-zwei-Prioritäten gebraucht hat.

Ein besonderer Schwachpunkt von Limbi sind zeitliche Einschätzungen. Ist er einmal in Fahrt, verschätzt er sich meist, was den tatsächlichen Arbeitsaufwand für eine Aufgabe betrifft. »Das Produktkonzept? Das kann ich Ihnen übermorgen mailen.« »Den Dienstplan für nächsten Monat kriegen Sie in zwei Stunden.« Voller Zuversicht machen Sie Versprechungen und Zusagen – und stellen dann immer wieder fest: Es dauert viel länger als gedacht. Woran liegt das nur?

Limbi ist ein Zeitguru, weil er ein so herrlich entspanntes Verhältnis zur Zeit hat. Sobald es um das realistische Abschätzen von Arbeitszeiten geht, liegt er jedoch regelmäßig falsch. Darüber hinaus ist Limbi harmoniebegeistert. Er möchte Ihr Gegenüber nicht vor den Kopf stoßen. Damit der andere nicht enttäuscht ist, sagt Limbi traumhaft schnelle Abgabetermine zu. Außerdem ist Limbi Optimist: In einer idealen Welt ist der Dienstplan in zwei Stunden fertig. Vor vielen Jahren soll es schon einmal jemand in 45 Minuten geschafft haben! Limbi lässt sich gern von der rosafarbenen Vision verführen, dass alle Arbeit reibungslos verläuft. Ihre Großhirnrinde aber weiß, dass das nur sehr selten der Fall ist. Meistens kommt etwas dazwischen: Das Telefon klingelt, Oma benötigt Ihre Hilfe, die Buchhaltung braucht auf der Stelle die Reisekostenabrechnung für die Fortbildung letzte Woche. Außerdem ist unser Kopf gerade wie leergefegt: Was bitte ist nochmal ein Produktkonzept?

Wenn Sie das nächste Mal versuchen einzuschätzen, wie lange Sie für ein bestimmtes Vorhaben benötigen, wählen Sie nicht den optimalen Fall, sondern den durchschnittlichen Normalzustand – eine Seite Produktkonzept: 40 Minuten; Verfassen einer E-Mail: 15 Minuten; fünfseitiges Konzept: 3 Stunden ungestörte Arbeit.

Und dann rechnen Sie ehrlich weiter: Wann konnten Sie das letzte Mal drei Stunden ungestört am Stück arbeiten? Rechnen Sie also noch reichlich Pufferzeit hinein für unerwartete Anrufe, ungeplante Zwischenfälle (der Computer hängt sich auf) und liebreizende Überraschungsbesucher (»Hätten Sie mal fünf Minuten?«).

Bei zeitlichen Einschätzungen lässt sich Limbi besonders gern von den herrlich leeren Seiten in Ihrem Terminkalender verführen. »So viel Freiraum«, seufzt er glücklich und nimmt sich für die freien Flächen lauter ruhmreiche Aufgaben vor. Doch leider täuscht das. Ihr Kalender zeigt in der Regel nur Termine mit anderen Menschen. Die wichtigsten Arbeitstermine aber stehen gar nicht drin: tägliche

Aufgaben, die ständig anfallen; E-Mails, die beantwortet werden müssen; zeitraubender Kleinkram wie Ablage oder Abrechnungen.

Selbst das Delegieren von Aufgaben nimmt Zeit in Anspruch. Zudem müssten Sie vor und nach jedem im Kalender eingetragenen Meeting zusätzliche Stunden für die Vor- und Nachbereitung einplanen. Unvorhergesehene Pleiten-, Pech- und Pannenzeiten kommen sicher noch dazu, sind aber selbstverständlich ebenfalls nicht eingetragen.

So schmilzt der Freiraum, über den Limbi vor Freude quietscht, schnell dahin.

Führen Sie einen Monat lang Zeittagebuch

Tragen Sie in Ihren Kalender nicht nur Ihre Termine mit anderen ein, sondern auch Projekte und Aufgaben, die an diesem Tag anstehen. Veranschlagen Sie dafür realistische Stundenzahlen sowie Zeit für den täglichen Routinekram. Sehen Sie in Ihrer Was-ich-wann-getan-habe-Liste nach: Wie lange brauchen Sie durchschnittlich für Post, PC-Betreuung, Ablage, Steuerangelegenheiten? Rechnen Sie alles zu Ihrem Tagespensum hinzu. Ach wie schade, wird Limbi denken, so leer sind die leeren Tage gar nicht. Aber jetzt sieht er es endlich einmal ohne seine rosarote Gurubrille.

Der Wunsch nach mehr Zeit

»Ach, wenn ich doch mehr Zeit hätte!«, seufzen viele Menschen. Doch was wollen sie mit dieser Zeit tun? Zeitloses Dasein verbinden wir mit Glück. In seiner reinsten Form erleben das kleine Kinder und sehr alte Menschen. Diese Alten nennen wir demenzkrank. Manche haben ihre Erinnerungen verloren, andere leben ohne Gedanken an morgen, sie treiben dahin im Jetzt. In Afrika und Brasilien traf ich Erwachsene, die nicht dement waren, aber ganz bewusst in diesem zeitlosen Zustand lebten. »Der Sinn des Lebens«, erklärte mir lachend ein etwa 60-jähriger Brasilianer, »ist, vor der Hütte zu sitzen und Mate zu trinken.«

Aber: Ist es wirklich das, was Ihnen vorschwebt, wenn Sie von »mehr Zeit« träumen? Wie lange würden Sie es vor Ihrem Haus aushalten mit einem Heißgetränk in der Hand? Wenn ich mir anschaue, was die Menschen tun, die tatsächlich mehr Zeit haben, stelle ich fest: Sie unternehmen alles, um in dieser freien, hinzugewonnenen Zeit nur bloß nicht beschäftigungslos zu sein. Statt Mate zu trinken, suchen sie sich neue Unternehmungen.

Woher kommt dieser Aktionismus, der jede freie Minute mit Erlebnissen füllen möchte? Woher stammt die gleichzeitige Sehnsucht nach Gelassenheit? Der Soziologe Hartmut Rosa, der sich mit der Veränderung von Zeitstrukturen beschäftigt, spricht davon, dass wir in einer Beschleunigungsgesellschaft leben: Alles um uns herum – die Kommunikation, die Arbeitsverhältnisse, auch die Beziehungen zu anderen Menschen – ändert sich ständig und mit zunehmender Geschwindigkeit. Dennoch glauben wir, weiterhin souverän über unsere Zeit bestimmen zu können. Das sei ein fundamentaler Irrtum, so Rosa. Wir können uns diesen gesellschaftlichen Entwicklungen nicht entgegenstemmen. Wir können nur lernen, nicht ständig mitzurasen und stattdessen die Muße zu genießen, indem wir uns auch einmal zurückziehen, ganze Tage im Terminkalender leer lassen, uns bewusst für Nicht-Aktion entscheiden.

Wir brauchen aber beides: Gelassenheit und Aktionismus. Beides gehört zusammen. Denn erst beides gemeinsam ergibt Leben.

Es ist nicht einfach so, dass Limbi nur die Füße hochlegen will, während die Großhirnrinde Sie pausenlos zu weiteren Taten anspornt. Limbi liebt auch die Action und die Großhirnrinde auch den Ruhemodus.

Wenn Sie sich Ruhe wünschen und doch keine Entspannung finden, wenn Sie getrieben sind vom Wunsch nach Gelassenheit und gleichzeitig nach Action lechzen, dann kann das an einem Dilemma zwischen Ihrem Limbi und Ihrem Neocortex liegen.

Unterscheiden Sie zwischen Limbis Träumen und den Träumen Ihrer Großhirnrinde

Was tun in solchen Fällen? Dann hilft eine Matrix wie bei den Entscheidungen: Indem Sie sich die verschiedenen Bedürfnisse von Limbi und Neocortex vor Augen führen, finden Sie leichter einen Kompromiss, mit dem beide leben können. Doch Ihr Leben wird ein Kompromiss bleiben, ein Nebeneinander von scheinbar völlig gegensätzlichen Wünschen. In Abwandlung eines klugen jüdischen Sprichworts könnte man sagen: Es ist nicht so gut mit Stress, wie es schlecht ist ohne Stress.

Mit Gelassenheit am Steuer

Viele Menschen verbringen mehr Zeit hinterm Steuer, als sie eigentlich wollen. Doch ohne die Fahrt zum Arbeitsplatz oder zum Kunden hätten sie keinen Lebensunterhalt. Da ist Limbi mal wieder hin- und hergerissen: Er ärgert sich über die vertane Zeit, die Staus, die Aggressivität der ihn umgebenden Verkehrsteilnehmer und die allgegenwärtige Gefahr. Andererseits geht es in seiner rollenden Blechbehausung irgendwie auch kuschelig und gemütlich zu. Hier ein paar Anregungen, wie Sie das Beste aus Ihren Autofahrten machen.

Starten Sie ganz professionell

Versuchen Sie nicht, wenige Sekunden zu sparen, indem Sie unangeschnallt losfahren oder während der Fahrt versuchen, irgendetwas vorzubereiten. Damit programmieren Sie Ihren Körper von Anfang an auf Stress. Machen Sie es lieber wie ein Flugzeugpilot: Schnallen Sie sich an, checken Sie alle Instrumente, geben Sie das Ziel ins Navi ein, schalten Sie das Radio an oder legen Sie ein Hörbuch ein. Fragen Sie Ihre Mitfahrer, ob sie noch etwas brauchen. Dann eine kurze Besinnungspause: Seien Sie dankbar, dass es so etwas Wunderbares wie Ihr Auto gibt. Danach starten Sie den Motor, und los geht's. Das kostet Sie höchstens zwei Minuten, schaltet aber Limbi und Großhirnrinde in den gelassenen Profi-Modus.

Optimieren Sie Limbis Chemie

Wenn Sie sich über andere Verkehrsteilnehmer aufregen oder sich gar auf Zweikämpfe einlassen, folgt Ihr Körper einem archaischen Reflex und pumpt viel Sauerstoff in Ihre Beinmuskeln. Hals- und Nackenmuskulatur bleiben dagegen unterversorgt und verspannen sich mit der Zeit. Bestes Gegenmittel: Bewegen Sie sich! Bei jedem Stopp sollten Sie die Muskulatur Ihres Rumpfes abwechselnd an- und entspannen. Drücken Sie dazu das Lenkrad sieben Sekunden lang zusammen, so fest Sie können (keine Angst, das Ding hält viel aus). Spannen Sie dabei auch Ihre Gesäß- und Bauchmuskeln an. Danach entspannen Sie Ihren Körper und atmen laut aus. Beim nächsten Mal ziehen Sie das Lenkrad auseinander und entspannen sich danach genauso.

Nutzen Sie außerdem alle technischen Hilfsmittel, die Ihnen permanente Muskelanspannungen ersparen. Wenn Sie häufiger lange Strecken fahren, sollten Sie sich ein Auto mit Tempomat leisten, um nicht ständig den rechten Fuß auf dem Gaspedal zu verkrampfen.

Wechseln Sie immer wieder einmal die Sitzposition. Ein pfiffiger Trick: Stellen Sie den Innenspiegel so ein, dass Sie nur mit vollkommen aufrechtem Oberkörper eine optimale Sicht nach hinten haben. Wenn Ihr Rücken im Laufe der Fahrt ungesund in sich zusammensinkt, merken Sie es beim Blick in den Spiegel sofort: Streck dich, Buckel!

Limbi, ärgere dich nicht!

Wie Sie wissen, ist Limbi von seiner Grundstruktur her aufs Negative spezialisiert. Es ist seine Natur, dass er sich über Raser oder Trödler ärgert, sich über rücksichtslose Lkw-Fahrer aufregt und die Typen in schnellen Luxuskarossen beneidet. Tief in Limbis archaischem Aktionsgedächtnis erwacht dann auf der Autobahn oder an der Ampel der Jagdtrieb. Sagen Sie Ihrem Limbi in solchen Situationen klar und deutlich: »Wir sehen diesen Menschen

nie wieder. Wenn wir ihn besiegen, kriegen wir keinerlei Trophäe. Lassen wir ihn gewinnen, dann freut er sich und gefährdet keine anderen.«

Wenn ein besonders langsames Fahrzeug vor Ihnen fährt, vergrößern Sie den Abstand. Damit signalisieren Sie dem anderen Fahrer: »Ich will nichts von dir.« Sonst versucht er womöglich, Sie durch eine provozierend gemächliche Fahrweise zu »erziehen«. Damit bringt er Sie und andere in Gefahr. Tricksen Sie Limbis steinzeitlichen Jagdinstinkt aus, indem Sie zu sich sagen: »Als erfahrener Profi kann ich's mir leisten, anderen den Vortritt zu lassen.« Oder erfinden Sie Geschichten, warum sich der andere gerade so dämlich verhält: Vielleicht hat er gerade erfahren, dass sich sein Partner von ihm trennen will, und nun ist er völlig neben der Kappe. Oder die Frau hinter Ihnen will so schnell wie möglich zu ihrem im Sterben liegenden Vater. Trainieren Sie Ihr Mitgefühl – das Auto ist ein großartiger Ort dafür.

Lebensrettende Gedanken

Legen Sie vor jeder Fahrt eine klare Werthierarchie fest: Ganz oben auf der Liste stehen Sie, Ihr Körper, Ihre Gesundheit und die Gesundheit anderer. Ihr Fahrzeug – so teuer es auch war – ist vergleichsweise wertlos. Es ist ersetzbar, gut versichert und nur Ihr Werkzeug. Wenn Sie sich das klarmachen, führen Sie sich nicht in Versuchung, in schwierigen Situationen Ihre Gesundheit oder andere Menschen in Gefahr zu bringen, nur um Ihr Gefährt zu retten.

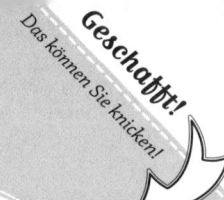

LIMBI-
MOMENT

Ganz im Hier und Jetzt sein, getragen nur von dem, was Sie gerade tun – ein wunderbarer Zustand, in dem Sie sich keine Gedanken machen über die Zukunft und die Vergangenheit. Das ist der magische Augenblick, in dem Großhirnrinde und Limbi in absoluter Eintracht kooperieren. Er wird oft als Flow bezeichnet. Aber: Ganz von allein kommt der Flow nicht. Um ganz eins zu werden mit Ihrem Tun müssen Sie dieses Tun immer wieder üben. Bleiben Sie dabei geduldig.

LIMBI

und das Geld

Limbi ist schnell, die Großhirnrinde lässt sich etwas mehr Zeit. Sie erinnern sich: Beim Wort »Fahrkartenkontrolle« erschrickt Ihr Limbi zunächst, doch nach ein paar Sekunden fragt Ihr Neocortex, ob dieser Schrecken denn berechtigt ist. Limbis schnelle automatische Reaktionen sind sehr hilfreich in der freien Natur, um sich vor Raubtieren oder aggressiven Mitmenschen in Sicherheit zu bringen. Störend sind Limbis vorschnelle Urteile dagegen bei allen Erfindungen der Großhirnrinde. Wie zum Beispiel Geld.

Aber bitte mit Sahne!

Limbi schießt beim Thema Finanzen gern aus der Hüfte, und er schießt häufig daneben. Das ist (stark vereinfacht) die Erkenntnis, für die Daniel Kahneman 2002 als erster Psychologe den Nobelpreis für Wirtschaftswissenschaften erhielt. Sie können den Geschwindigkeitsunterschied zwischen Limbis Schnellfeuerwaffe und dem Zielfernrohr des Neocortex an sich selbst oder einem beliebigen Mitmenschen ausprobieren. Kahnemans klassische Denksportaufgabe zu diesem Thema lautet (hier leicht variiert):

Der Eisbecher mit Sahne kostet 5,50 Euro, wobei das Eis 5 Euro mehr kostet als die Sahne. Wie viel kostet die Sahne?

Sie (oder die Person, der Sie diese Aufgabe vorlegen) sehen in der Regel als Lösung 50 Cent vor Ihrem geistigen Auge. Limbi hat schnell reagiert. Meistens liegt er ja mit solchen aus der Hüfte geschossenen Schätzungen richtig. In dieser trickreich formulierten Aufgabe aber wird er getäuscht.

Lassen Sie sich Zeit und gehen Sie die Rechnung schön langsam mithilfe Ihrer Großhirnrinde durch. Die macht zur Sicherheit einmal die Probe: Wenn die Sahne 50 Cent kostet und das Eis 5 Euro mehr, dann kostet das Eis allein schon mal 5,50 Euro. Eis und Sahne summieren sich damit auf 6 Euro. Da stimmt etwas nicht, Limbi ist hereingelegt worden. In dieser Rechnung ist

der Klacks Schlagsahne auf dem Eis extrem günstig und kostet nur 25 Cent. Dann geht die Rechnung auf.

Gut, das ist eine harmlose Denksportaufgabe. Aber Sie ahnen sicher, dass jemand, der Ihren Limbi durchschaut hat, Sie ganz schön übers Ohr hauen kann. Deshalb können Sie mit diesem Kapitel möglicherweise viel Geld sparen (auf jeden Fall mehr, als dieses Buch gekostet hat).

Den Neurologen Antonio Damasio haben Sie schon kennengelernt. Er hat festgestellt, dass Menschen mit dem Verstand allein überhaupt keine Entscheidungen treffen könnten. Damasio untersuchte Menschen, deren präfrontaler Cortex beschädigt war und die deshalb unfähig waren, Emotionen zu entwickeln. Sollten sie eine einfache Alltagsentscheidung treffen (die braunen oder die schwarzen Schuhe?), konnten sie zwar Argumente dafür und dagegen aufzählen, sie aber nicht gegeneinander abwägen. Um Informationen zu bewerten, benötigt ein Lebewesen Gefühle: Sie brauchen Limbi also, um zu wissen, was Sie wollen. Aber wie Sie bei der Eisbecher-Aufgabe gesehen haben, liegt er keineswegs immer richtig. Erst im intelligenten Zusammenspiel mit der Großhirnrinde handelt Limbi wirklich klug.

Kaufen oder nicht kaufen, das ist hier die Frage

Besonders relevant wird das bei allen wirtschaftlichen Entscheidungen. Da spüren Sie es handfest auf Ihrem Konto, wenn sich Ihr Limbi vertan hat. Denn Limbi kauft keine Dinge, sondern Emotionen. Es geht ihm zwar immer um Ihr Wohlergehen, aber manchmal kann er sich mit der Großhirnrinde nicht darüber einigen, was wirklich gut für Sie ist.

Die Lösung in solchen Fällen: Nehmen Sie bewussten (also großhirngesteuerten) Kontakt mit Ihrem Limbi auf. Das funktioniert hervorragend über innere Bilder.

Nutzen Sie beim Einkaufen Limbis Visionskraft

Wenn Sie sich nicht entscheiden können, welches der beiden Jacketts Sie kaufen sollen oder welche Städtereise Sie buchen möchten, schalten Sie Ihr Gehirnkino ein. Stellen Sie sich vor, wie Sie das Jackett bei einem festlichen Anlass tragen oder wie Sie durch die Straßen von Paris schlendern. Fühlt sich das gut an? Oder regt sich leiser Widerstand in Ihnen? Hören Sie auf diese Emotionen, denn das sind Limbis somatische Marker – die Körpersignale, mit denen er Ihnen etwas mitteilen möchte.

Wenn Sie sich gar nicht entschließen können, werfen Sie eine Münze: bei Kopf das blaue Jackett, bei Zahl das grüne. Das Ergebnis ist bindend. Und? Wie fühlen Sie sich damit? Oft merken Sie erst, wenn die Entscheidung im wahrsten Sinne des Wortes »gefallen« ist, ob Sie damit leben können. Wenn Ihr Limbi glücklich schnurrt, werden Sie mit Ihrer Wahl dauerhaft zufrieden sein. Wenn nicht – kein Problem, dann nehmen Sie das andere. Es war ja nur ein zufälliger Münzwurf, an dessen Ergebnis (ätsch!) Sie doch gar nicht gebunden sind.

Daniel Kahneman wurde vor allem für eine Entdeckung mit dem Wirtschaftsnobelpreis ausgezeichnet. Er bewies in zahlreichen Versuchen, dass Menschen mehr Angst vor dem Verlust haben, als dass sie sich über Gewinn freuen. Um ein finanzielles Risiko einzugehen, muss der mögliche Gewinn demzufolge sehr groß sein – auf jeden Fall wesentlich größer als der mögliche Verlust. Sobald Sie Geld ausgeben oder gar verlieren, werden die gleichen Hirnbereiche aktiviert wie bei körperlichem Schmerz. Sie liegen vor allem in der anterioren Insula, einem Areal der Großhirnrinde.

Bei Bargeld ist dieser Schmerz deutlich wahrnehmbarer als bei Buchgeld: Zählen Sie 600 Euro in Scheinen auf die Ladentheke, windet sich Limbi stärker, als wenn Sie 6 000 Euro überweisen. Denn, wie der Mathematiker und Essayist Nassim Nicholas Taleb erklärt: »Geld auf einem Bankkonto ist etwas Wichtiges, aber nichts Physikalisches.«

Da Limbi seinen Ursprung in einer anderen, sehr viel einfacheren Welt hat, kommt er mit vielen neueren Entwicklungen nicht richtig mit. Beim Geld spüren Sie es sehr deutlich: Den Wert von Bargeld, das wir in der Hand halten, kann Limbi sehr viel besser einschätzen als den einer Ziffernfolge auf Ihrem Kontoauszug. Limbis Ziel ist, Sie zu schützen – früher vor der Säbelzahnkatze, heute vor all den komplexeren Gefahren, die auf Sie lauern.

Zahlen Sie möglichst oft bar

Wenn Sie spüren, dass Limbi sich dagegen sträubt, ist das ein Hinweis, dass diese Ausgabe womöglich überteuert oder gar überflüssig ist.

Das Vermögen auf Ihrem Konto mag für Limbi zwar etwas Unsinnliches sein – wie Sie es erworben haben, ist für ihn aber alles andere als unwichtig. Auch wenn alles auf ein Konto fließt: Woher das Geld kommt, entscheidet mit, wofür Limbi es einsetzen will – und Sie wissen ja: Die Kaufentscheidungen trifft letztlich er.

Leichtes Geld, das Ihnen ohne Mühe zufließt, hat für Ihren Limbi einen deutlich geringeren Wert, als wenn Sie hart dafür gearbeitet haben. Ein Lottogewinn wird daher oft in null Komma nichts verpulvert. Ebenso verhält es sich mit überdurchschnittlichen Kursgewinnen bei Aktien. Unternehmer, die durch Börsengänge oder Firmenverkäufe zu gigantischen Summen gelangt sind, stecken es überdurchschnittlich häufig in superriskante Geschäfte – und peng! ist es wieder futsch. Leicht gewonnen, leicht zerronnen – das ist Limbis Motto.

Daher der Rat: Falls Sie einmal in diese (an sich erfreuliche) Situation geraten, schalten Sie auf ganz viel Großhirnrinde um, und lassen Sie sich möglichst wenig auf Limbis Begeisterung ein. Sie brauchen jetzt einen kühl denkenden Berater. Delegieren Sie die Entscheidungsgewalt über Ihren unverhofften Reichtum an Experten, die Sie schon länger kennen und denen Sie vertrauen. Wer plötzlich viel Geld hat, ist ebenso plötzlich umringt von Geiern, Gaunern und Ganoven. Und Vorsicht: Die meisten davon sehen nicht danach aus.

Geschenktes Geld wiegt schon schwerer, denn daran sind stets Gefühle anderer Limbis gekoppelt: Wenn die Oma dem Enkel Geld zusteckt, möchte sie ihm damit auch Liebe geben und er-

wartet Liebe zurück. Daraus kann für Limbi ein Konflikt entstehen: Fühlt er sich gekauft? Fühlt er sich verpflichtet?

Meine Empfehlung: Fragen Sie den Schenker, wofür Sie dieses Geld verwenden sollen, und tun Sie das dann auch. So bringen Sie Ihren Limbi nicht in innere Bedrängnis. Selbst wenn der Schenker etwas Unkonkretes sagt, wie: »Tu dir etwas Gutes damit!«, sollten Sie genau das auch tun. Hat Limbi das Gefühl, dass ihm durch ein Geldgeschenk Fesseln angelegt werden, lehnen Sie das Geschenk lieber ab. Ist das nicht möglich, weil Sie sonst den Schenkenden beleidigen würden, geben Sie das Geld auf anderem Weg zurück, indem Sie es ganz oder teilweise für einen guten Zweck spenden. Das wird Ihren Limbi freier machen.

Geerbtes Geld hat ähnliche Macken wie ein Geldgeschenk, nur sind die Verhältnisse meist noch verwickelter. Sobald es weitere Erben gibt, die mehr erhalten haben als Sie, wird sich Ihr Limbi unweigerlich fragen, warum. Wurden Sie weniger geliebt? Wenn die anderen weniger bekommen haben als Sie, werden Sie von deren Limbis beneidet. Aus einer Erbschaft kann, so positiv sie finanziell gesehen auch sein mag, furchtbarer Beziehungsärger entstehen.

Am besten für Limbi ist es, wenn Sie ererbtes Vermögen prinzipiell als unverdientes Geschenk betrachten – und nicht als etwas, worauf Sie Anspruch haben. Ihr Vater, Ihre Tante oder wer auch immer hätte es auch verspielen oder anderweitig auf den Kopf hauen können. Betrachten Sie das erhaltene Geld nur als kleines Symbol des Eigentlichen, was Sie vom Verstorbenen bekommen haben. Seien Sie ihm dafür dankbar. Dankbarkeit ist eine große Leistung Ihrer Großhirnrinde, mit der Sie so manche wütende, neidische oder traurige Regung Limbis in Schach halten können.

Selbst verdientes Geld ist Limbi am liebsten. Den Wert von etwas, das Sie mit eigener Arbeit verdient haben, weiß er sehr zu schätzen. Machen Sie sich immer wieder klar, dass Sie Ihr Gehalt zu Recht erhalten, denn Sie liefern anderen Menschen mit Ihrer Arbeit einen Gegenwert.

Manchmal geht uns dieses Wissen verloren, weil es so selbstverständlich ist – und weil wir mitunter auch denken, wir haben ganz automatisch ein Anrecht auf unser Gehalt. Rufen Sie sich darum ruhig immer wieder ins Gedächtnis, dass Sie für den monatlichen Gehaltsscheck etwas leisten. Limbi wird Sie dafür belohnen, indem er sorgsam den Wert des Verdienten schätzt und Ihnen hilft, es klug zu verwalten.

Schmutziges Geld kann es in Ihrer Familie auch gegeben haben, ohne dass Sie es wissen. Oft ist die Geschichte schon lange her, aber in Limbis geheimnisvollem Urgedächtnis wirkt sie noch nach. Rinnt Ihnen Geld regelrecht durch die Finger? Leben Sie deutlich über Ihre Verhältnisse? Haben Sie Schulden? Dann kann die Ursache dafür in der Vergangenheit liegen. Ihr Limbi hat möglicherweise prinzipiell Probleme mit Geld, weil irgendjemand in Ihrer Sippe betrogen wurde oder selbst andere betrogen hat. Stammt ein Teil des Familienbesitzes aus einem Vermögen, das einer Ihrer Vorfahren auf Kosten anderer erworben hat? Vielleicht sogar durch ein Verbrechen? Vor allem im Umfeld des Zweiten Weltkriegs geschah viel Unrecht.

Limbi quält sich bei dem Gedanken, dass sein Wohlstand auf Disharmonie beruht. Falls Sie diesen Verdacht haben, forschen Sie nach. Falls sich Ihr ungutes Gefühl bestätigt: Spenden Sie eine beträchtliche Summe für einen guten Zweck. Das ist eine Tat, die Limbis Gespür für Ungerechtigkeit in Einklang bringen kann. Künftig wird er Ihnen helfen, Ihr Geld sinnvoll einzusetzen.

Bei schmutzigem Geld müssen Sie aber womöglich gar nicht in die Vergangenheit gehen. Wie steht es mit Ihrem Job? Stehen Sie moralisch hinter dem, was Ihr Arbeitgeber tut? Geldprobleme können auch ein Hinweis dafür sein, dass Limbi ablehnt, was Sie beruflich machen. Prüfen Sie, ob Ihre Werte und die Ihres Arbeitgebers wirklich übereinstimmen.

Sich reich träumen — geht das?

Wie Sie grundsätzlich über Geld denken, hat mehr Auswirkungen, als Sie vielleicht vermuten. Wenn Sie stets knapp bei Kasse sind oder womöglich Schulden haben, entwickelt Ihr Limbi möglicherweise Neid auf Menschen, die mehr als genug haben. Er wird von einem diffusen Zorn erfasst und beginnt, Geld und Wohlstand abzulehnen. Doch wer Geld hasst, hat Probleme, seine Arbeitskraft in Geld umzusetzen. Sobald Sie Geld ablehnen, denken Sie schlecht über Ihre Arbeitskraft und letztlich über sich selbst. Sie trauen sich nichts zu, verdienen zu wenig – und der Kreislauf schließt sich.

Erinnern Sie sich noch, wie Sie sich als Kind Ihr zukünftiges Leben vorgestellt haben? Auch wenn es Ihre Großhirnrinde nicht mehr tut – Ihr Limbi weiß es noch. Vielleicht träumte er davon, im Rolls Royce durch eine Weltstadt zu gleiten oder als Star auf einer Bühne zu stehen. Oder eine fantastische Erfindung auszuknobeln, die die Welt revolutioniert und Sie reich und berühmt macht.

Im Laufe der Jahre haben Sie mithilfe des Neocortex Ihrem Limbi solche Visionen ausgetrieben. Sie sind »vernünftig« geworden und träumen nun finanziell angepasst. Einen wirklich großen Einkommenssprung können und wollen Sie sich gar nicht vorstellen. Leider schwinden mit den großen Visionen auch die innere Energie und Dynamik. Was bescheiden und realistisch klingt, ist zugleich eine Blockade: Wer es nicht in Betracht zieht, sein Einkommen demnächst zu verdoppeln oder zu verdreifachen, der wird auch keine Anstrengungen in diese Richtung unternehmen.

Und nicht nur das: Wer sich aus Angst vor einer möglichen Enttäuschung nur vorsichtige Träume gestattet, wird dadurch keineswegs glücklicher. Eine Studie der Universität von Seattle (USA) belegt, dass Menschen mit großen Visionen zufriedener sind als jene mit bescheidenen Erwartungen – auch wenn sich die Visionen nicht erfüllen.

Wagen Sie große Träume!

Träumen Sie groß und ausladend, bunt und vielfältig. Trauen Sie sich, so verrückte Visionen zu haben wie früher. Vielleicht werden Sie keine Millionärin, vielleicht erhalten Sie nicht mehr den Nobelpreis für Medizin – aber ganz bestimmt bekommen Sie mehr Schwung! Schicken Sie Ihre Großhirnrinde für ein paar Tage in den Urlaub, und lassen Sie Limbi seine visionäre Kraft entfalten. Er wird sich mit Begeisterung auf den neuen Traum stürzen. Und wer weiß, wohin das führt?

LIMBI
AKTIV

1.

Druck abbauen

»Das letzte Exemplar!«
»Nur noch heute …!«
Damit wird Limbi
verschaukelt. Klare
Botschaft der Großhirnrinde:
Atme durch, bleib ruhig.

ALLES OK, ICH BIN RUHIG.

ICH WERDE BEDRÄNGT!

Mein Wunsch

NEUSTART

Auch ohne Druck noch attraktiv?

Gehen Sie unter
freien Himmel.
Bitten Sie um
Bedenkzeit.
Besprechen
Sie sich mit
anderen.

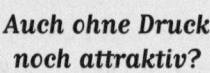

Limbis drei Schritte

zur optimalen Kaufentscheidung

2.

Imaginieren

*Stellen Sie sich bildhaft
vor, wie es Ihnen mit
dem Neugekauften gehen wird:
in einem Tag, in einem Monat,
in einem Jahr.*

**FÜHLT SICH WARM
UND GUT AN.**

NA JA, GEHT SO.

ABBRUCH

3.

Raus aus der Billigfalle

*Vergleichen Sie nicht
nur den Preis, sondern auch
die »weichen Faktoren«:
Schaden Sie jemandem,
wenn Sie das billige Produkt
nehmen? Wen erfreuen Sie
mit dem Kauf des teuren
Produkts?*

**ICH WÜRDE
DAFÜR AUCH MEHR
AUSGEBEN.**

**ICH BIN TOTAL
UNSCHLÜSSIG.**

**ICH KAUFE ES
NUR, WEIL ES SO
GÜNSTIG IST.**

ABBRUCH

**Werfen Sie eine
Münze!** *Danach
wird es meist
klarer (Sie müssen
sich ja nicht ans
Ergebnis halten ...)*

Glückwunsch!

*Sie sollten sich Ihren
Wunsch erfüllen!*

Immer wieder neu

Der Trick mit dem Anker

Wenn Sie verstanden haben, wie Limbi zählt und zahlt, können Sie das im alltäglichen Wirtschaftsleben prima anwenden. Ein wunderbar konkretes Anschauungsfeld bieten Großmärkte. Wenn Sie einen der großen Elektro-Fachmärkte besuchen, achten Sie einmal darauf, wie die Fernsehabteilung aufgebaut ist: Am Beginn der dafür vorgesehenen Verkaufsfläche steht stets ein riesiger, enorm teurer Apparat der Spitzenklasse. Bei meinem letzten Besuch in so einem Laden wurde ich empfangen von einem Vierfach-HD-Monstrum für 33 000 Euro.

Ihre coole Großhirnrinde mag unbeteiligt mit den Schultern zucken und sich fragen, wer denn wohl so einen Hightech-Einrichtungsgegenstand zum Preis einer Mittelklasselimousine kauft. Ihr Limbi aber – und darin besteht der Trick – ist angesichts des Preises in heller Panik! Und damit wird gearbeitet.

Vom vernünftigen Neocortex geleitet gehen Sie nun einfach weiter. Ihr Limbi aber ächzt still leidend unter dem Preiseindruck, der sich wie ein Anker um seinen Hals gelegt hat. Das ist der Maßstab, an dem er alles Kommende messen wird. Wenn Sie nun die Regalreihen erreichen, in denen die deutlich günstigeren TV-Gerä-

te stehen, wird Ihr Limbi erleichtert aufatmen: Ein Fernseher für 1 400 Euro wirkt neben dem Mediamonster vom Anfang geradezu geschenkt! Dass der möglicherweise immer noch heftig überteuert ist, merkt er durch die clever eingesetzte Ankertechnik nicht. Das Fatale daran: Es ist Limbi, der am längeren Kaufhebel sitzt. Er wird freudig das auswählen, was er für ein Schnäppchen hält.

Die Sache mit dem Anker ist verflixt effektiv. Darum gehört sie zum Standardrepertoire von geschickten Verkäufern. Selbst wenn Sie den Mechanismus durchschaut haben – im Alltag werden Sie diesem Kniff trotzdem ab und zu auf den Leim gehen, da der impulsive Limbi um einiges schneller ist als die rationale Großhirnrinde.

Checken Sie Preise vorher!

Informieren Sie sich vor dem Kauf eines Produkts über die aktuelle Preissituation. Am einfachsten geht das im Internet, oder Sie fragen vorher im Bekanntenkreis herum. Wenn Sie wissen, dass der Flachbildfernseher, der zu Ihren Bedürfnissen passt, um die 500 Euro kostet, werden Sie durch ein Luxusmodell für 1 400 Euro nicht mehr ganz so verwirrt.

Damit Sie sich bei Ihrer Vorabrecherche nicht in den Weiten der Informationsflut verlieren, begrenzen Sie die Zeit, die Sie dafür aufwenden wollen. Sagen Sie sich: »Für die Wahl des passenden Fernsehers nehme ich mir 20 Minuten Zeit.« Konzentrieren Sie sich dabei auf die drei neuesten Produkttests.

Derlei Erkenntnisse über Limbis emotionales Verhältnis zu Geld und Zahlen können Sie in Ihrem Alltag sinnvoll umsetzen. Nehmen wir einmal an, Sie möchten Ihr gebrauchtes Auto verkaufen und haben sich einen Preis von 7 500 bis 7 800 Euro vorgestellt. Dann ist es höchst sinnvoll (und hat nichts mit Betrug zu tun), wenn Sie im Vorgespräch mit dem Kaufinteressenten zunächst eine höhere Zahl nennen. Die muss, und das ist das Wunderbare an Limbi, nichts mit dem Auto zu tun

haben. Limbi reagiert irrational. Es muss einfach eine höhere Zahl sein.

Mein Lieblingsbeispiel – es stammt aus dem Jahr 2013 – ist ein harmloses Geplauder über eine Lesefrucht aus der Presse. »Erinnern Sie sich noch«, erzählen Sie dem potenziellen Käufer, »an den Bischof von Limburg?« (Dieses Beispiel liebe ich schon allein wegen der Namensähnlichkeit von Limburg und Limbi.) »Der hat sich doch damals eine Badewanne für 15 000 Euro einbauen lassen.« Nun lassen Sie diesen Betrag beim Limbi des Kaufinteressenten sacken. Noch ein wenig Smalltalk, und dann nennen Sie den Betrag, den Sie sich für Ihren Gebrauchten vorgestellt haben. Der Limbi des Kaufinteressenten wird sehr erleichtert sein, dass Ihre Preisvorstellung weit unterhalb der berühmten bischöflichen Sanitäreinrichtung liegt.

Sie hätten auch über die 23 000 Euro teure Zahnsanierung Ihrer Schwiegermutter sprechen können oder über das Motorboot Ihres Apothekers mit hypergalaktischen 30 000 PS. Hauptsache, es ist eine Zahl, die deutlich über dem Betrag liegt, den Sie später im Verkaufsgespräch nennen werden. Merken Sie, wie ungeschickt es gewesen wäre, wenn Sie das Gespräch auf ein Elektrofahrrad für 2 600 Euro gebracht hätten? Oder gar einen ähnlichen Gebrauchtwagen wie Ihren für 5 500 Euro?

Das Ankersetzen funktioniert auch in umgekehrter Richtung: Möchten Sie auf einem Flohmarkt dem Verkäufer die schöne alte Messingleuchte zu einem günstigen Preis abluchsen, sprechen Sie vorher über billigere Artikel, etwa über Kleinigkeiten im einstelligen Euro-Bereich. Dem Limbi des Verkäufers wird es daraufhin schwerer fallen, eine deutlich höhere Summe zu nennen.

Sie verstehen jetzt sicher, warum es für eine Buchhandlung keine gute Idee ist, vor dem Laden große Wühlkisten mit Fünf-Euro-Büchern aufzustellen. Falls solche Angebote tatsächlich einen Kunden ins Ladeninnere locken, ist eine Menge Überzeugungsarbeit nötig, wenn Limbi drinnen ein Buch über sich selbst für 22 Euro (in Österreich sogar für 22,70 Euro) kaufen soll – und als Anker noch den riesigen Bildband vor der Tür für 4,99 Euro im Kopf hat.

Nutzen Sie Limbis geistigen Anker

Bücher sind ein schönes Beispiel dafür, wie Geldwert und geistiger Wert zusammenhängen. Ich merke nach wie vor: Mein Limbi hilft mir, den Inhalt eines Buches sorgfältiger und aufmerksamer zur Kenntnis zu nehmen, wenn ich dafür Geld bezahlt habe. Bis Mitte des 19. Jahrhunderts haben die Menschen Bücher als reine Buchblöcke gekauft und gelesen. Wenn sie einen Buchblock als inhaltlich wertvoll empfanden, gaben Sie ihn zu einem Buchbinder und investierten zusätzlich Geld in einen Einband (meist passend zu ihrer übrigen Bibliothek).

Wenn Sie Freiberufler sind, können Sie die Ankermethode geschickt für Ihre Honorarverhandlungen einsetzen, ohne zu flunkern. Ein Musiker kann auf die Frage nach seinem Honorar antworten, dass er beim Hyperfestival in Paris schon mal 7000 Euro für einen kurzen Auftritt bekommen hat. Dass dies ein einmaliger Traumjob war, behält er für sich. Wenn er nun für 5500 Euro auftritt, freut er sich über das ausgehandelte Honorar, und der Veranstalter ist glücklich, einen Star so günstig engagiert zu haben.

Achten Sie auf die Benennung!

Erinnern Sie sich noch an Ihren Mathelehrer, der auf Ihre Antwort »200« schimpfte: »200 was? Äpfel? Birnen?« Ganz unrecht hatte er nicht: Die Benennung dessen, was da in Zahlen angegeben wird, ist nicht nur mathematisch, sondern auch psychologisch wichtig – weil Limbi dazu neigt, das zu vergessen.

Gut zu sehen ist das auch an der Währungsangabe. Denken Sie einmal an Anschaffungen zurück, die Sie um das Jahr 2002 getätigt haben: Wahrscheinlich wissen Sie noch, dass der Mantel 300 gekostet hat – aber waren es D-Mark oder Euro? Diese Tat-

sache hat sich vor allem die Gastronomie zunutze gemacht. Nur wenige Jahre nach der Währungsumstellung kostete der frühere 2,90-DM-Kaffee im Speisewagen 2,90 Euro – und sorgte bei der Bevölkerung für eine »gefühlte« Inflation, die viel höher war als die tatsächliche. Denn eklatant verteuert hat sich vor allem dieser alltäglich sichtbare Convenience-Bereich der kleinen Gastronomie.

Bei edler Frischkost wie Spargel oder Kirschen schreiben Händler nicht wie sonst den Kilopreis, sondern immer öfter den Betrag pro 100 Gramm aufs Preisschild. »100 g Kirschen für 1,25 Euro« aktiviert das Schmerzzentrum nicht so stark wie »1 kg Kirschen für 12,50 Euro«. Limbi greift im ersten Fall lieber zu, weil er die Maßeinheit hintanstellt.

Starten Sie mit Einzelpreisen

Nutzen Sie den Ankereffekt für sich, wenn Sie ein Angebot machen: Nennen Sie bei Arbeiten nicht gleich die Gesamtkosten, sondern zunächst den Preis pro Einheit. Statt »1 100 Euro für das Parkett« also erst einmal »55 Euro pro Quadratmeter«.

Oder: »Ich gestalte das Layout Ihres Jahresberichts für 60 Euro je Seite.«

Wenn Sie ein Angebot einholen, gehen Sie anders herum vor: Scheuen Sie sich nicht, bei Preisen stets nach den genauen Berechnungseinheiten zu fragen: Bedeutet »Reifenwechsel für fünf Euro« pro Rad oder für das ganze vierrädrige Auto? Kommt die Mehrwertsteuer beim dem Angebot des Bürofachgeschäfts noch dazu oder ist sie schon drin?

Wie entstehen eigentlich die Preise für die Kleidung, die Sie tragen, den Kaffee, den Sie trinken und all die anderen Dinge? Wie hoch der Preis jeweils ist, richtet sich nach Angebot und Nachfrage. So will es uns der Wirtschaftskundeunterricht weismachen. Doch die Wirklichkeit sieht anders aus: Ein Preis berechnet sich oft daraus, wie viel Ihrem Limbi zugemutet werden kann.

Preise haben nur wenig mit der Verfügbarkeit oder gar der Qualität eines Produkts zu tun – sie beeinflussen aber den Wert, den wir ihm beimessen. Der Wirtschaftsnobelpreisträger Daniel Kahneman belegte dies mit einem mehrfach wiederholten Experiment: Schenkt man erfahrenen Weingourmets einen guten Wein aus einer teuer aussehenden Flasche ein und erwähnt, dass er 80 Euro pro Flasche kostet, wird er den Kennern besser schmecken als der identische Wein aus einer 08/15-Flasche oder gar einem Getränkekarton.

Für Limbi ist so etwas kein Fake, sondern Realität. Aufnahmen im fMRT belegen, dass bei dem als teuer deklarierten Tropfen das Belohnungs- und Motivationszentrum im Nucleus accumbens stärker aktiviert wird. Das Drumherum ist eben bei vielen Genüssen mindestens so wichtig wie das Produkt selbst. Die Gastronomie kann sich dies in vielerlei Hinsicht zunutze machen. Weil Sie in gehobener Stimmung eher bereit sind, Geld auszugeben, lohnt es sich, in ein angenehmes Ambiente zu investieren.

Speisekarten werden oft mithilfe des Ankermechanismus gestaltet: Das teuerste Gericht wird prominent hervorgehoben. Das Chateaubriand für 45 Euro zeigt dem Gast außerdem, dass

er sich in einem Etablissement der Edelklasse befindet. Speisen, bei denen der Gewinn für das Restaurant besonders hoch ist, finden sich in unmittelbarer Nähe, natürlich etwas günstiger als der exorbitante Anker. Eher versteckt sind die Gerichte, die für den Gastronomen weniger profitabel sind.

Wird dann noch das Eurozeichen weggelassen, greift Limbi noch beherzter zu Mahlzeiten im gehobenen Preisniveau. Denn allein das Währungszeichen bewirkt bereits ein leichtes Zucken in seinem Schmerzzentrum. Fehlt es, ist Limbi gleich viel zutraulicher.

Wenn Sie keine Anhaltspunkte haben, was ein vernünftiger Preis sein könnte, gerät Limbi ins Schwimmen. Deshalb funktioniert der Anker so gut: Er stellt einen Bezugspunkt her, selbst wenn dies ein willkürlicher ist. In erstaunlich vielen Bereichen ist die Preisgestaltung ein vollkommen freier, schöpferischer Akt – etwa bei Rednerhonoraren, Designerleistungen, Luxusartikeln und Kunstgegenständen. Was hier viel mehr zum Tragen kommt, ist die Magie der Zahlen.

Die Magie der Zahlen

Auf dem Kunstmarkt sind Preise rein spekulativer Natur. Darum ist dieser Markt ein wunderbares Lehrbeispiel für den emotionalen Anteil bei Preissetzungen. Herstellungs- oder Materialkosten sind hier vollkommen unerheblich. Kunstgegenstände haben keinerlei Gebrauchswert, ihr Wert liegt darin, was Menschen in ihnen sehen – und bereit sind zu zahlen. Innerhalb dieser ganz eigenen Welt gelten geheimnisvolle Regeln. Eine der wichtigsten lautet: Ein Künstler muss im Laufe seines Lebens steigende Preise verlangen. Wenn bekannt wird, dass die Skulpturen eines Bildhauers bei der ersten Ausstellung 1 400 Euro kosteten, bei der zweiten aber schon für 1 100 Euro zu haben waren, gilt er als Absteiger. Womöglich wird er sich nie wieder davon erholen. Die zweite Regel formuliert der berühmte Berliner Galerist Gerd Harry Lybke – genannt Judy – folgendermaßen: »Der Preis muss nachgedacht wirken.« Gebrochene Preise wie 998 Euro erinnern an Supermarkt, sind zu kleinteilig und haben im Kunstmarkt nichts zu suchen. Allzu glatt darf es aber auch nicht sein: Ein Preis von 1 200 Euro wirkt »nachgedachter« und bewusster gesetzt als einer von 1 000 Euro.

Das Hermès-Armband für 890 Euro liegt noch in einem Bereich der alltäglicheren Erfahrung: Mit Summen bis 1 000 Euro haben wir häufiger zu tun, sie sind uns vertrauter als größere Beträge. 890 Euro liegt im komfortablen Abstand zur Tausendergrenze – und drückt gleichzeitig einen gehobenen Wert aus.

Weil Ihrem Limbi Summen über 1 000 Euro eher selten im Alltag begegnen, dienen ihm bei höheren Beträgen die Zahlen nach dem Tausenderpunkt als Orientierung. So unlogisch es ist, aber durch Versuche hat sich immer wieder bestätigt: 2 200 Euro klingt für Limbi nach weniger als 1 900 Euro.

2 100 kann allerdings wegen der kleinen »100« ein wenig unentschlossen wirken: Vielleicht ist der Gegenstand doch nicht so viel wert? 3 100 geht nach Erfahrung von Judy Lybke im Kunstmarkt gar nicht: Der Preis wirkt zu mickrig.

Ein beliebter Einstiegspreis in Galerien liegt daher oft bei 1 200 oder 2 400 Euro – warum das so ist? Da greift die Magie des archaischen Duodezimalsystems auf der Basis von sechs und zwölf. Es wirkt sympathischer auf Limbi als das kalt-großhirnige Dezimalsystem: zwölf Stämme Israels, zwölf Apostel oder zwölf Tierkreiszeichen. Besonders beliebt ist es bei Beträgen über 1 000 Euro. In der Welt der Honorare und Tagessätze wirken glatte Tausender verdächtig. Ein Beraterhonorar von 1 800 oder 2 400 Euro dagegen ist auch für den Limbi von Buchhaltern offensichtlich angenehm. Ein Star, der richtig hinlangen möchte, verlangt 3 600 oder gleich 4 800 Euro. 6 000 ist schon wieder zu rund, warum nicht gleich 7 200?

Im noch gehobeneren Bereich sind Preise wie 12 000, 18 000 oder 36 000 Euro sehr beliebt. Danach, so Galerist Lybke, klafft eine Art Preisloch. Erst bei 60 000 Euro geht es weiter, und erst in der dünnen Luft von 120 000 Euro befindet sich eine weitere psychologische Schallmauer.

Unserem Limbi ist das archaische Duodezimalsystem anscheinend vertrauter als die moderne Dezimalzählung. Vielleicht weil es für ihn mit dem Jahreskalender, dem Universum

und dem ganzen Rest im Einklang zu stehen scheint. Es liefert ihm gerade, glatte Beträge, die ihm sympathisch sind.

Bei Zahlen und Geldbeträgen außerhalb der emotionalen Reichweite von Limbi wird es sowieso problematisch. Vielleicht liegt hier der Grund dafür, dass riesige Wirtschaftskrisen überhaupt passieren können. Der Unterschied zwischen einer Million und einer Milliarde ist gigantisch. Trotzdem erschrickt Ihr Limbi bei den Nachrichten etwa gleich stark, wenn der Börsenwert von Siemens um sieben Milliarden sinkt oder der Düsseldorfer Einzelhandel pro Jahr 44 Millionen durch Ladendiebstähle verliert.

Helfen Sie Limbi durch bildliche Vorstellungen: Eine Million Euro ist ein Stapel mit 2 000 Scheinen à 500 Euro, er ist insgesamt 26 Zentimeter hoch und passt in eine normale Handtasche. Dagegen wäre eine Milliarde in 500-Euro-Scheinen 260 Meter hoch, würde 2,4 Tonnen wiegen und könnte in einem Kombi-Pkw nicht transportiert werden!

Die große Finanzkrise ab August 2007 wurde ausgelöst durch die Verschiebung unvorstellbar großer Kreditpakete, jenseits aller Vorstellungen. Allein der Zusammenbruch der US-Immobilienkredite (Subprime-Krise) vernichtete etwa sieben Billionen Dollar Vermögen. Das sind 7 000 Milliarden oder sieben Millionen Millionen.

LIMBIS MAGIE

Die Null ist rund, perfekt, aber auch leer, leblos. »Null Toleranz« ist für Limbi ein bedrohliches Ideal. Ist sie erreicht, schwant ihm, ist auch alles dynamische Leben dahin. Null ist verwechselbar mit dem Buchstaben O, braucht also einen Kontext. Ganz besonders merkt Limbi das bei Summen. Null alleine geht irgendwie gar nicht.

Champion

Die Eins ist in Deutschland die Bestnote. »Steht da wie eine Eins«, sagt man anerkennend, und spielt auch an auf die »Nummer eins«, die den Gewinner, Marktführer oder Bestseller bezeichnet. Die ARD nutzt das mit dem großgeschriebenen Einserklotz »das Erste«. Zugleich hat diese Zahl für Limbi etwas Einsames. Eins ist ein Single, sie gilt als einfach und einfältig.

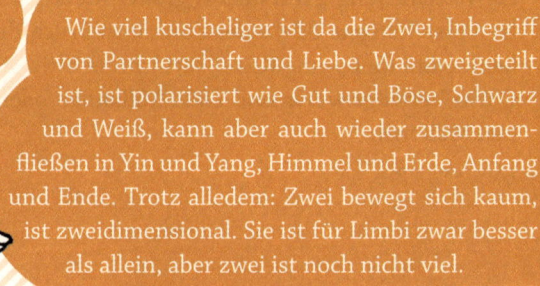

Wie viel kuscheliger ist da die Zwei, Inbegriff von Partnerschaft und Liebe. Was zweigeteilt ist, ist polarisiert wie Gut und Böse, Schwarz und Weiß, kann aber auch wieder zusammenfließen in Yin und Yang, Himmel und Erde, Anfang und Ende. Trotz alledem: Zwei bewegt sich kaum, ist zweidimensional. Sie ist für Limbi zwar besser als allein, aber zwei ist noch nicht viel.

DER ZAHLEN

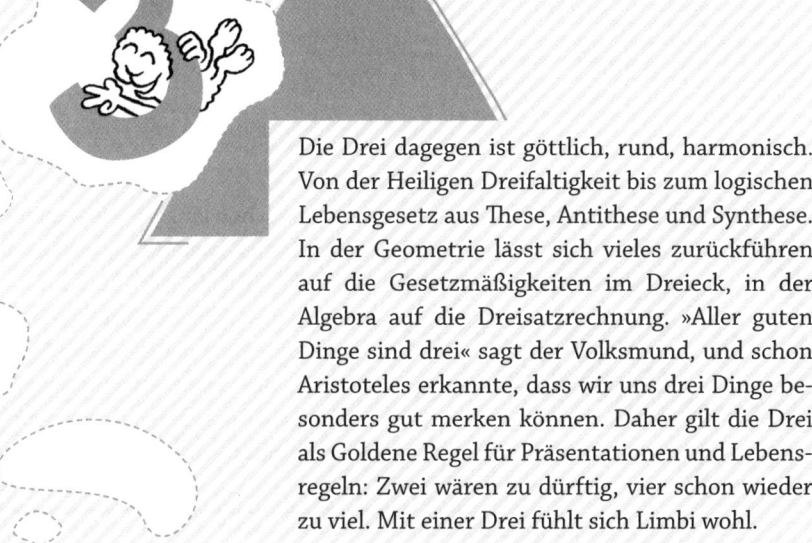

Die Drei dagegen ist göttlich, rund, harmonisch. Von der Heiligen Dreifaltigkeit bis zum logischen Lebensgesetz aus These, Antithese und Synthese. In der Geometrie lässt sich vieles zurückführen auf die Gesetzmäßigkeiten im Dreieck, in der Algebra auf die Dreisatzrechnung. »Aller guten Dinge sind drei« sagt der Volksmund, und schon Aristoteles erkannte, dass wir uns drei Dinge besonders gut merken können. Daher gilt die Drei als Goldene Regel für Präsentationen und Lebensregeln: Zwei wären zu dürftig, vier schon wieder zu viel. Mit einer Drei fühlt sich Limbi wohl.

Auch die Vier ist heilig, aber in einem älteren, archaischen Sinn. Das Tetragramm JHWH ist Gottes geheimnisvoller Name im Alten Testament. Vier ist quadratisch, sachlich und in sich ruhend. Deshalb gefährlich, weil tot, glauben die Asiaten und erklärten sie zur Unglückszahl. Bei uns ist das Kreuz mit seinen vier Enden das Symbol für den Tod. Markensymbole mit Vier strahlen Dominanz und Ruhe aus, wie das Logo der Deutschen Bank oder die vier Ringe von Audi. Aber richtig zu Hause fühlt sich Limbi bei der Vier nicht.

Die Fünf dagegen ist ihm vertraut wie seine fünf Finger. Die Fünf lebt, weshalb auch der komische menschenähnliche Komödienroboter so heißt. »Alle Fünfe gerade sein lassen« ist ein wunderbarer Limbi-Satz, und daher ist er mit der Fünf immer gut bedient.

Sechs hat schon lange etwas Anzügliches im Deutschen wie im Englischen. »Sech sells«, das Sixpack, der Würfel mit sechs Flächen, das halbe Dutzend. Es gibt zwar einen Zauber auf der Basis von 6 und 12, aber bei der Sechs als einzelner Ziffer wird Limbi vorsichtig. Vielleicht wegen der schlechten Note 6?

Die Sieben ist dafür – endlich! – pure Magie. Die glorreichen Sieben, die sieben Wochentage, im siebten Himmel, meine sieben Sachen packen ... Die Sieben strahlt, und Limbi schwelgt!

JETZT NUR € 7,80 Sale

Die Acht hat eine großartige Gestalt, ein aufgerichtetes Unendlichkeitszeichen. Im frühen Marketing bezeichnete man sie als »dicke Marktfrau« und gestaltete Preise gern mit ihr. Jahrzehntelang kosteten Bücher 7,80 oder 19,80, bis die Centfuchser mit den unsäglichen 99er-Endungen kamen. Das Zahlwort »acht« allerdings hat etwas Alarmistisches: Achtung! und lässt Limbi möglicherweise furchtsam stramm stehen.

Neun hat nicht erst seit den 99er-Preisen etwas Billiges. Kurz vor zehn, aber es hat eben nicht ganz gereicht. Klug darf man sein, aber nicht neunmalklug. Nicht erst seit Sudoku wirkt die Neun etwas verkopft, und daher geht Limbi ihr lieber aus dem Weg.

Auch wenn es nicht um Preise geht, reagiert Limbi auf Ziffern emotional. In vielen Flugzeugen folgt auf die Reihe 12 die Reihe 14, ebenso fehlt in Hotels oft das 13. Stockwerk, weil viele Menschen fürchten, die Zahl könnte Unglück bringen. In asiatischen Ländern ist, wie gesagt, die 4 eine rabenschwarze Zahl. Umgekehrt halten viele die 7 für glücksbringend. Ungerade Zahlen scheinen lebendiger und werden als dynamischer empfunden als gerade Zahlen. Aufzählungen mit mehr als 10 Punkten ermüden die Zuhörer schnell, »Schnapszahlen« wie 55 oder 777 wirken fröhlich.

Das alles hat mit Rationalität nicht viel zu tun. Sie ahnen sicher, wer dahintersteckt. Limbis Empfindungen für Zahlen können Sie für sich nutzen. Ein Vortrag über »Unsere sieben wichtigsten Aktionen für die Zukunft« wirkt ansprechender als einer mit 6,8 oder gar 13. Viele Kunden sind bereit, für ihre Wunschtelefonnummer oder ihr persönliches Autokennzeichen mehr zu zahlen. Vielleicht können Sie bei Ihren Produkten ähnliche Möglichkeiten erschließen.

Arbeiten Sie zahlengenau

Eine krumme Zahlenangabe (»237,4 Quadratmeter«) suggeriert Genauigkeit. Sie wirkt ehrlich. Limbi glaubt krummen Zahlen eher als glatten – und hinterfragt sie seltener. Nennen Sie bei Vorträgen, in Verhandlungen oder bei Beratungsgesprächen daher möglichst ein paar exakte Zahlen, die Sie sich vorher eingeprägt haben. »Eine Studie mit 3375 Patienten« klingt überzeugender als »eine Studie«. »Das machen wir so seit 2004« wirkt professioneller als »seit ein paar Jahren«.

Wenn Sie ein Meeting nicht um 10 Uhr, sondern um 9:55 Uhr beginnen lassen, wird sich die Pünktlichkeit notorischer Zuspätkommer drastisch erhöhen. Motivieren Sie Ihre Mitarbeiter, indem Sie statt »Das muss Anfang September fertig sein!« verkünden: »Am 9.9. um 9:09 Uhr präsentieren wir das Ergebnis!«

Glücksbremse Geld

Keine Geldsorgen zu haben ist für 80 Prozent der Deutschen die Voraussetzung für ein glückliches Leben, wie eine Umfrage des Instituts für Demoskopie in Allensbach ergab. Eine Befragung von 1 000 deutschen Bundesbürgern durch das Emnid Institut von 2005 lieferte noch konkretere Zahlen: Lediglich 20 Prozent gaben an, mit ihrem derzeitigen Einkommen mehr oder weniger glücklich zu sein. Allerdings träumen diese Menschen nicht von einem riesenhaften Gehaltssprung: 500 bis 1 000 Euro mehr pro Monat würden ihnen schon reichen. Die Hälfte aller Befragten wäre mit einem Nettoeinkommen von 2 000 bis 3 000 Euro pro Monat zufrieden, 20 Prozent sogar mit 1 000 bis 1 500 Euro. Lediglich 10 Prozent gaben an, dass sie erst ab einem monatlichen Nettoeinkommen von 5 000 Euro glücklich wären.

In der Regel hören alle Säugetiere außer uns Menschen mit dem Essen auf, wenn sie satt sind. Genauso Limbi, unser Säugertiervorfahre in uns. Das zeigt wieder einmal: Eigentlich ist Limbi ausgesprochen genügsam. Der Stress, von allem immer mehr zu wollen, kommt also nicht von ihm.

Die finanzielle Glücksgrenze

Der Schweizer Wirtschaftswissenschaftler Mathias Binswanger untersucht seit vielen Jahren den Zusammenhang von subjektivem Glück und wirtschaftlichen Verhältnissen. Aus seinen Ergebnissen lässt sich folgende These ableiten: Bis zu einer bestimmten Schwelle wächst das persönliche Wohlbefinden mit dem Einkommen. Wird diese Schwelle überschritten, bringt zusätzliches Geld jedoch eher zusätzlichen Stress, das Glücksgefühl stagniert.

Eine Studie von Daniel Kahneman und US-Ökonom Angus Deaton aus dem Jahr 2010 kommt zu einem ähnlichen Schluss: Die subjek-

tive Zufriedenheit von US-Amerikanern wächst bis zu einer Grenze von 75 000 US-Dollar Brutto-Jahreseinkommen (rund 60 000 Euro). Jenseits dieses Wertes nimmt das Wohlbefinden ab – wohl auch, weil ein größeres Jahreseinkommen einen Arbeitsaufwand mit sich bringt, der es schwieriger macht, Familie und Beruf gut unter einen Hut zu bekommen. Diese Ergebnisse lassen sich auf Europa übertragen.

Ein tibetisches Sprichwort besagt: »Reich ist ein Mensch, wenn er weiß, dass er genug besitzt«.

Wenn Sie heute unglücklich sind und darauf hoffen, in der Zukunft durch mehr Geld glücklicher zu werden – dann ist das der beste Weg, um noch unglücklicher zu werden. Der Schlüssel zum Glück liegt darin, das Erreichte genießen zu können – auch wenn es zunächst wenig erscheint. Drehen Sie deshalb die Reihenfolge von Glück und Reichtum um. Denken Sie nicht: »Wenn ich erst mal reich bin, werde ich auch glücklich sein«, sondern sagen Sie sich: »Wenn ich glücklich bin, habe ich die Chance, reich zu werden.«

Lösen Sie sich von der Idee, Ihr Glück sei mit Ihrem Einkommen verknüpft. Befreien Sie Limbi von diesen Fesseln. Mehr Geld bedeutet nicht mehr Glück, sondern umgekehrt: Glückliche Menschen, die sich innerlich reich fühlen, sind entspannt in finanziellen Angelegenheiten und haben dadurch genügend Geld.

LIMBI-
MOMENT

Das Grundprinzip der Natur ist Überfluss: Flora wie Fauna tun ihr Bestes, um sich fortzupflanzen und zu wachsen, zu wuchern und sich auszubreiten. Ihr intuitiver Limbi versteht das mit jeder Faser. Alles, was Sie für Ihr Leben brauchen, ist in mehr als ausreichendem Maße vorhanden. Immer wieder bekommt Ihr Limbi Angst, ob seine materiellen Vorräte reichen. Aber im tiefsten Grunde seiner kleinen Seele weiß er: Es ist genug für alle da.

genug

LIMBI
und der Körper

Während wir bei Geldangelegenheiten den schnellen Urteilen von Limbi allzu sehr vertrauen, ist es rund um Körper und Gesundheit eher umgekehrt. Hier wird wohl am häufigsten der Satz vom Überwinden des inneren Schweinehunds bemüht, im Zusammenhang mit jeder Menge moralischen Appellen: »Ich sollte weniger Fettes/ Süßigkeiten/Fleisch essen.« »Ich müsste mehr Sport treiben.« »Ich trinke zu viel Alkohol.« »Ich muss mir endlich das Rauchen abgewöhnen.«

Der Geist ist willig ...

Solche »Ich müsste ...«-Sätze haben Sie wahrscheinlich schon oft gehört und sich vielleicht auch schon selbst gepredigt. Es sind Botschaften der Großhirnrinde. Sie beruhen auf klaren Fakten. Gegen einige werden Sie sich anfangs gesträubt haben, aber dann haben Sie sie akzeptiert: Bewegungsmangel kann das Altwerden zu einer Plage machen, mit Diabetes, Rückenschmerzen und Nervenleiden. Rauchen schädigt Lunge, Herz und viele weitere Organe. Dauerhaft ungesunde Ernährung mit viel leckerem Fett, süßen Naschereien und kräftig Wein, Bier und Spirituosen führt früher oder später zu jeder Menge Beschwerden, von furchtbaren Erkrankungen der Gelenke bis zu ... ach, das müssen wir gar nicht aufzählen.

Es gibt auf der einen Seite diese vernünftigen Erwägungen. Auf der anderen Seite aber steht die Erfahrung, dass Sie nicht tun, was Sie tun sollten. Dass Sie trotzdem weiter faul herumliegen, ungesunde Sachen futtern, unbekümmert bechern oder sich die nächste Kippe anzünden.

Daraus schließt Ihre Großhirnrinde messerscharf: Limbi ist schuld. Er ist der unverbesserliche Genusstyp, der hemmungslose Suchtbolzen, der uneinsichtige Selbstzerstörer – kurzum: der Schweinehund, der überwunden, dressiert, gezähmt, gemaßregelt und umerzogen werden muss. Aber das stimmt nicht. Auf Limbi können Sie all das nicht schieben. Ihr Limbi ist Ihr Lebensretter!

Limbi lebt gesund, körperbewusst und ausgesprochen lebensklug. Ihr cleveres emotionales Säugetiergehirn will Ihnen ein langes, leichtes und lustiges Leben bescheren, ohne Krankheiten und Beschwerden. Kein frei lebendes Tier bewegt sich zu wenig, überfrisst sich, trinkt gesundheitsschädliches Zeug oder konsumiert Schadstoffe. Dass Ihr Limbi das tut, beruht auf hinterlistigen Umschulungsprogrammen, die mit Ihrem Limbi angestellt wurden – meistens, ohne dass Sie es wirklich wollten. Viele dieser Programme sind schon uralt, und es ist müßig, die Schuldfrage zu klären. Viel wichtiger ist es, die Programmierung rückgängig zu machen. Das ist zwar ganz schön anstrengend, aber es geht, wie Sie im Folgenden sehen werden. Denn Sie haben dabei einen prachtvollen Verbündeten: Limbi selbst!

Zuvor sollten wir etwas Wichtiges klären: Jeder Limbi ist anders. Der eine bewegt sich für sein Leben gern und kann fast niemals stillsitzen. Der andere Limbi döst am liebsten auf der Couch, dem Liegestuhl oder in der Hängematte. Es gibt Limbis, die stets rechtzeitig mit dem Essen aufhören und nicht verführbar sind von den Kunstwerken der Konditoren oder den Schnellrestaurants. Manche Limbis mögen keinen Alkohol oder würden niemals einen Zug an der Zigarette tun.

Wenn Sie einen Limbi haben, der immer genau das macht, was Ihre Großhirnrinde will, preisen Sie sich glücklich und nicken Sie Ihrem Limbi dankbar zu. Sie können entspannt und aus reinem Interesse weiterlesen. Ändern brauchen Sie nichts.

Falls Ihr Limbi sich aber – nach Meinung Ihrer Großhirnrinde – anders verhalten sollte als bisher, dann wird es für Sie beide ab sofort spannend.

Lecker und genießbar?

Nach gesundem Essen Ausschau zu halten ist eine von Limbis wichtigsten Aufgaben. Im Lauf der Jahrtausende haben wir Großhirnrindenbesitzer seine Sensoren allerdings auf kunstvolle Weise manipuliert. Bei Süßem, Gebratenem, Alkohol und vielen anderen Stoffen sendet Limbi das Signal »Lecker und genießbar«, obwohl die damit verbundenen Nahrungsmittel unserem Körper auf Dauer gar nicht gut tun.

Das Resultat der kulinarischen Instant-Belohnungen für Limbi ist eine ganze Reihe von Wehwehchen, die unter dem Oberbegriff »Zivilisationskrankheiten« laufen. Ein Organ, das darunter besonders leidet, ist der Darm. Viele Krankheiten beginnen im Verdauungstrakt, in dem unvorstellbare Mengen Bakterien und andere Kleinstlebewesen arbeiten. Übrigens sind das zehnmal so viele, wie Ihr Körper Zellen hat! Sie sorgen dafür, dass die Bestandteile der Nahrung in Energie und lebensnotwendige Grundstoffe zerlegt werden. Zusammen bilden sie ein hochkomplexes Ökosystem. Stoffe, auf die es nicht vorbereitet ist, weil sie in der Natur nicht vorkommen, stören seine Abläufe.

Zu den störendsten Stoffen gehören, so die klare Erkenntnis der Forschung, künstliche Süßstoffe und Zucker. Stellen Sie Ihren Limbi deshalb auf die Geschmacksrichtung »weniger süß« um, die auch auf immer mehr Müslipackungen und anderen Lebensmitteln zu finden ist.

Andere bekannte Rowdys im Bakterienstaat des Darms sind die Antibiotika. Eigentlich waren sie zur Bekämpfung von Infektionskrankheiten gedacht, als Heilmittel auf ärztliche Verordnung. Dummerweise nehmen wir sie auch mit der Nahrung zu uns, weil sie viel in der Tierhaltung eingesetzt werden. Die Faustregel zur Vermeidung von mit Antibiotika belastetem Fleisch ist einfach: Je billiger Fleisch ist, umso größer ist die Wahrscheinlichkeit, dass es aus Massentierhaltung stammt, bei der die Tiere medikamentös behandelt wurden. Tiere, die auf der Weide leben, benötigen das nicht – aber der Aufwand ihrer Haltung ist ungleich höher und kostspieliger.

Auch Nahrungsunverträglichkeiten kommen immer stärker in den Blick, vor allem die von Milch und Käse. Jeder gesunde Säugling verträgt Muttermilch. Dazu bildet sein Körper das Enzym Laktase, um den Milchzucker in verdauliche Bestandteile aufspalten zu können. Wird der kleine Körper später auf andere Nahrungsmittel umgestellt, stellt Limbi die Produktion von Laktase ein. Nur bei Völkern, die seit langer Zeit Milchwirtschaft betreiben, lässt er das Enzym weiter erzeugen. Dazu gehört etwa ein Viertel der Weltbevölkerung, vor allem wir in Europa. Aber das klappt nicht bei allen im Lande. In Deutschland leiden etwa 15 Prozent aller Menschen an einer Laktoseintoleranz. Milch verursacht bei ihnen Darmbeschwerden und oft Durchfall.

Die Milch macht's?

Meiden Sie Milchprodukte eine Zeit lang und beobachten Sie, ob es Ihnen damit besser geht. Klarheit bekommen Sie durch einen Laktosetest beim Arzt. In den Supermarktregalen finden sich auch immer mehr »laktosefreie« Produkte. Bei einigen ist das eine etwas irrtümliche Bezeichnung, denn sie enthalten durchaus Milchzucker, zusätzlich aber künstlich zugesetzte Laktase, um den Darm zu überlisten. Das scheint zu funktionieren, auch wenn langfristige Erfahrungen mit diesem Trick der Nahrungsmittelindustrie noch fehlen.

Mit Leichtigkeit abnehmen

Obwohl wir eine bisher unerreichte Auswahl von Lebensmitteln zur Verfügung haben, gilt ein Fünftel aller europäischen Kinder als fehlernährt. Mit den Erwachsenen sieht es noch schlechter aus. Schon statistisch gesehen stehen Ihre Chancen aufs Idealgewicht schlecht. »In der europäischen Moppel-Liga haben die Deutschen den Bauch vorn«, frotzelt der Spiegel und verweist auf eine Studie der International Association for the Study of Obesity (IASO). Da geht es dann um den Body Mass Index (BMI), errechnet aus dem Körpergewicht in Kilogramm geteilt durch die Körpergröße in Meter hoch zwei, also »Kilo pro Quadratmeter«. Bei einem BMI von 25 beginnt offiziell das Übergewicht. Über dieser Grenze liegen in Deutschland 75 Prozent der Männer und 60 Prozent der Frauen. Bei fast einem Viertel aller Deutschen liegt er über 30, was mit dem uncharmanten Begriff Fettsucht bezeichnet wird.

Der BMI ist umstritten. 1996 hat die Weltgesundheitsorganisation den BMI-Wert von 25 als neue Grenze zum gesundheitsgefährdenden Übergewicht festgelegt, wodurch auf einen Schlag 35 Millionen gesunde US-Amerikaner zu fettleibigen Risikokandidaten wurden. Es gibt Studien, die leicht übergewichtigen Patienten mit einem BMI zwischen 25 und 28 sogar ein paar Vorteile bestätigen: Sie erholen sich nach Operationen besser als die Dünnen, brechen sich weniger die Knochen und sterben etwas seltener an Krebs.

Unumstritten aber ist: Übergewicht sieht nicht gut aus. Durch die Ausbuchtung rund um Ihren körperlichen Äquator wird außerdem das Herz-Kreislauf-System belastet. Der nach vorn ziehende Bauch ist zudem eine unnötige Dauerbelastung für Ihre Wirbelsäule. So erfreulich es ist, wenn Sie sich nach einer OP schneller erholen – noch schlauer wäre es, erst gar nicht operiert werden zu müssen.

Der Grund für das ganze Getue ums Übergewicht: Wir essen nicht ausreichend Gemüse und Obst, dafür zu viel Fett und Zucker. Warum? Weil das Schädliche besser schmeckt als das Gesunde. Wenn es gelänge, das wieder umzudrehen, würden sich viele Gewichts- und Figurprobleme in Luft auflösen. Daher ist es nützlich, den Geschmack an sich zu verstehen.

Ein klares Ergebnis aller Forschungen zu diesem Thema ist, dass Limbi entscheidet, ob Ihnen etwas schmeckt oder nicht. Er verlässt sich dabei wie immer auf automatisierte, seit Jahrtausenden bewährte Algorithmen.

Ein Lebewesen muss genügend Nahrung zu sich nehmen. Daher ist Essen fest verknüpft mit einer Aktivierung des Motivations- und Belohnungszentrums, dem Nucleus accumbens mitten in Ihrem Limbi. Nach einer Mahlzeit sendet Limbis Motivationszentrale die bewährten Wohlfühldrogen Serotonin, Dopamin und Opioide aus. Am Ende eines Essens sind Sie daher nicht nur satt, sondern auch glücklich. Damit signalisiert Limbi

KOHLENHYDRATE

SEROTONIN

ZUCKER

TRYPTOPHAN

der Großhirnrinde: Gut gemacht! Jagd, Beerensammeln, Einkaufen, Zubereiten und schließlich Essen haben sich gelohnt. Das musst du weiter so machen!

Dass Sie so gerne ungesunde Sachen vertilgen, die Ihnen zu viele Kalorien zuführen – das hat eine lange Geschichte. Sie fing an, als Sie und Ihr Limbi noch sehr klein waren. Nehmen wir als Beispiel den Appetit auf Gezuckertes.

Limbi mag Süßes, weil dieser typische Geschmackseindruck das Signal für ordentlich verdaubare Kohlenhydrate ist. Wenn Sie Brot, Nudeln, Kartoffeln oder Reis essen, findet im Mund die erste Phase der Verdauung statt. Der Speichel enthält ein Enzym, das die Bestandteile der kohlenhydratreichen Kost in Einzelteile aufspaltet, die sich von Magen und Darm gut weiterverarbeiten lassen. Dabei entstehen verschiedene Zuckerarten, die süß schmecken. Doch erst wenn Sie sehr lange auf Ihrem Brötchen oder der Pasta herumkauen, bekommen Sie eine Idee von jener urzeitlichen Geschmackserfahrung.

Wir klugen großhirnrindengesteuerten Nahrungsverwerter haben es in geduldiger Entwicklungsarbeit geschafft, dieses Erlebnis von Süße auf schnellerem Weg zu erzeugen: Honig, Früchte, Rohrzucker, aus Rüben gewonnener Kristallzucker, Süßigkeiten in unendlichen Spielarten. Solche leckeren Sachen bieten Limbi noch einen Zusatzvorteil: Kohlenhydratreiche, süße Kost führt zu einer gesteigerten Aufnahme der Aminosäure Tryptophan, aus der der Glücksgefühle erzeugende Botenstoff Serotonin gewonnen wird.

Ihr Limbi hat ein lebenslanges Trainingsprogramm durchlaufen, dessen kurz zusammengefasstes Lernziel lautet: lecker, süß, glücklich!

Der künstlich außerhalb des Körpers vorverdaute Zucker hat allerdings eine Menge unerwünschter Nebenwirkungen. Beflügelt durch den sofort einsetzenden Lecker-und-süß-Effekt essen wir mehr, als der Körper benötigt. Der legt dann die gefürchteten Vorratspacks an. Vor allem kommt die gute alte Blutzuckersteuerung, gedacht für energiearme Naturkost, durch die Kohlenhydratpower aus dem Gleichgewicht.

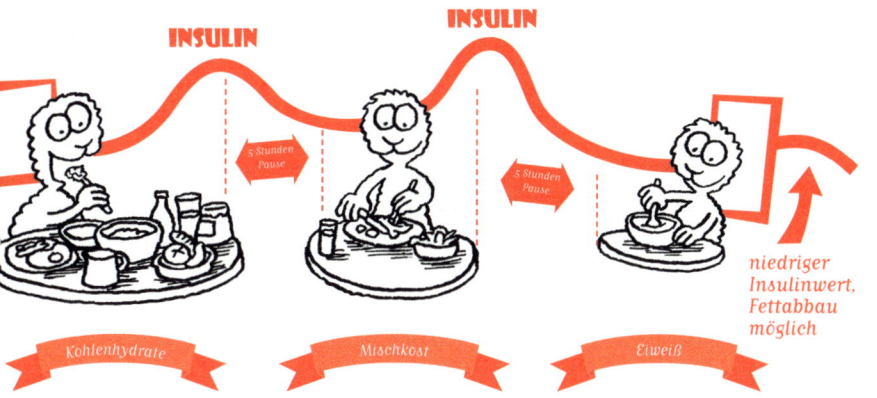

INSULIN   **INSULIN**

5 Stunden Pause

5 Stunden Pause

niedriger Insulinwert, Fettabbau möglich

Kohlenhydrate   Mischkost   Eiweiß

An diesem Mechanismus setzen etliche Arten von Diäten an. Am populärsten ist die Methode »Schlank im Schlaf« des Arztes Detlef Pape. Die Grundregel lautet hier: zwischen den Mahlzeiten fünf Stunden Pause, morgens vor allem Kohlenhydrate, mittags Mischkost und abends fast nur Eiweiß. Dadurch wird vor dem Schlafengehen kein Insulin mehr ausgeschüttet, und der Körper soll mit Hilfe dieser »Insulinschaukel« während der Nacht die Fettvorräte abbauen.

In einer großen Studie hat der Ernährungswissenschaftler Klaus Eder von der Universität Gießen die zwölf gängigsten Diätratgeber untersucht. Das Ergebnis ist ernüchternd: Die Insulinschaukel, der glykämische Index und wie die gewitzten Abnehmformeln auch heißen mögen – allen fehlt die wissenschaftliche Basis. Dass die Programme wirken, beruht auf schlichten Effekten: Wer einer Ernährungsphilosophie folgt, nascht weniger, futtert nicht mehr nebenbei und vermeidet Kalorienbomben.

Keine Sorge: Hier wird Ihnen keine neue Limbi-Diät aufs Auge gedrückt. Ich habe nur die elf wirksamsten Kniffe der Diät-Bestseller zusammengetragen und verrate Ihnen, wie und warum Sie auf Ihren Limbi wirken.

1. TIPP

Weniger süß

Den Heißhunger auf gesundheitsschädlichen Zucker können Sie am effizientesten über Limbis Lieblingswahrnehmung steuern – den Geschmack. Wenn Sie Limbi daran gewöhnen, dass nicht jedes Getränk und jedes Futter süß schmecken muss, wird er automatisch weniger Dickmacher zu sich nehmen. Verzichten Sie probeweise eine Woche lang auf alles, was süß schmeckt. Statt Cola oder Saftschorle gibt es reines Wasser, statt Fruchtjoghurt Naturjoghurt, statt Fertigmüsli einfache Cornflakes und Haferflocken mit Obst, statt gesüßtem Kaffee ungesüßten, statt mit Kuchen verwöhnen Sie sich mit Obst oder einem Käsebrot. »Iih, wie fad!«, wird Limbi da zunächst protestieren. Doch er wird sich daran gewöhnen, und die Chancen stehen gut, dass Sie die Probewoche freiwillig verlängern.

Weniger gesüßt zu essen ist möglich, sozial verträglich und bringt in Ihrem Ernährungsverhalten eine echte Veränderung. Mit Süßstoff gelingt das nicht. Der kann sogar das Gegenteil bewirken, denn bei der Ankunft von Süßem schaltet das Verdauungssystem auf Bereitschaftsdienst: Gleich kommt etwas zum Verarbeiten! Aber bei Süßstoff bleiben die erwarteten Kalorien aus – Limbis gesammelte Biochemie erzeugt lediglich die Meldung »Hunger!«. Da braucht es dann extra viel Willenskraft der Großhirnrinde, um limbigesteuerte abendliche Fressorgien zu stoppen.

Am effektivsten ist der Verzicht auf gesüßte Getränke wie Cola, Limo, Fruchtsaft oder Schorle. Forscher der Johns Hopkins Bloomberg School of Public Health haben die flüssigen Kalorien untersucht und fanden heraus, dass sie auf das Körpergewicht weit größeren Einfluss haben als die Energiezufuhr aus festen Lebensmitteln. Eine Studie mit 810 Erwachsenen ergab: Wer pro Tag nur auf eine einzige Flasche gezuckertes Getränk verzichtete, nahm in 6 Monaten ein halbes Kilogramm ab.

2. TIPP

Der gefürchtete Jo-Jo-Effekt

»Diäten helfen nicht« oder gar »Diäten sind schädlich«, heißt es immer wieder einmal in der populären Presse. Da ist dann vom

Jo-Jo-Effekt die Rede: Sie nehmen nach der Super-Duper-Tralla-la-Diät deutlich ab, doch nach dieser Phase spezieller Ernährung futtern Sie wieder normal weiter, und alles Hüftgold sammelt sich wieder an den bekannten Stellen an.

Sie sollten stattdessen Ihre Essgewohnheiten ändern, heißt es dann. Aber muss das ein Gegensatz sein? Jede Diät motiviert Ihren Limbi, weil sie ihm Erfolgserlebnisse vermittelt.

Sie und Limbi sehen jedenfalls bei einer Diät mit eigenen Augen auf der Waage: Die unerwünschten schwabbeligen Vorräte unter der Haut sind kein unabänderliches Naturschauspiel, sondern ein erlerntes Programm, das sich geplant verlernen lässt. Selbst wenn nach dem Ende der Diätphase der Jo-Jo-Effekt einsetzt: Meistens erreichen Sie das Maximalgewicht von davor nicht mehr, und nach der nächsten Diät wird es noch einmal besser.

Anders knabbern und naschen

Der nächste Refrain in allen Gesundheitsratgebern, Diätanleitungen und Ernährungsempfehlungen: Keine Süßigkeiten! Kein Knabberzeugs! Keine Kalorien zwischendurch! Aber wie Sie inzwischen wissen, sind Verbote für Limbi eine Art Köder. Sie funktionieren nicht. Wenn Sie Limbi das Naschen verbieten, macht er es eben heimlich. Es gibt wirklich Menschen, die ihre

Chips und Choco Crossies vor sich selbst verstecken. Sie naschen im Vorübergehen, ganz schnell, in der kuriosen Hoffnung, dass es der eigene Körper dann nicht merkt.

Die intelligente, limbifreundliche Lösung: Gönnen Sie sich und Limbi ein Stück Schokolade oder ein paar Gummibärchen, um seinen Heißhunger zu befriedigen. Am besten direkt nach einer Mahlzeit, dann wird der Süßkram in einem Aufwasch mitverdaut, ohne die Kalorienbilanz besonders in die Höhe zu treiben.

Richtig Pfunde bringen die unbewussten Naschereien nebenbei: Snacks im Auto, in der Bahn oder beim Fernsehen. Den Arm zur Tüte oder in die Schüssel zu führen und dann zum Mund, das Kauen, Knabbern und Knacken – all das sind uralte Gemütlichkeitsrituale, die sich nicht so schnell abstellen lassen. Manche Forscher glauben sogar, zwischen dem gegenseitigen Lausen der Affen und dem Griff in die Knabberpackung Ähnlichkeiten in der Armbewegung entdeckt zu haben.

Also, die freundliche Lösung für Limbi, das alte Nagetier: Schaffen Sie nicht das Ritual ab, sondern füllen Sie es neu! Stellen Sie nicht wie bisher Chips, Schokoküsschen oder teigummantelte Nüsse zur Verfügung, sondern Karotten und Äpfel. Am Anfang wird Limbi nicht begeistert sein, aber aus Mangel an Alternativen wird er mitmachen. Und am Ende sind alle glücklich, denn niemand muss mehr ein schlechtes Gewissen haben – wie früher nach dem 1 000-Kalorien-Fernsehabend!

TIPP

4. *Abends wie ein Bettler*

Ob wissenschaftlich erwiesen oder nicht, zahlreiche Selbstversuche von mir und vielen meiner Bekannten haben ergeben: Ein ausgiebiges Nachtmahl belastet den Verdauungsapparat und trägt besonders erfolgreich zur Gewichtszunahme bei. Essen Sie abends daher kalorienarm. Lassen Sie bei Fleisch und Fisch die kohlenhydratreichen Beilagen weg, bestellen Sie im Restaurant nur Schnitzel mit Salat. Am besten, Sie begnügen sich mit einem Joghurt, etwas Quark oder anderen fettarmen Eiweißlieferanten.

Einkaufen mit System

5.
TIPP

Ein bewährter weiser Rat lautet: Gehen Sie nicht hungrig einkaufen! Übersetzt in Limbisprache hieße das: Am vernünftigsten wäre es, Sie nähmen Limbi gar nicht mit in den Supermarkt.

Leider geht das nicht und wäre für Limbi auch sehr grausam. Aber damit er während des Futtershoppings nicht die Alleinherrschaft übernimmt, überlegen Sie sich mit viel Einsatz Ihrer Großhirnrinde vorher genau, was gesund ist und was Sie wirklich brauchen. Schreiben Sie sich eine gute alte Einkaufsliste. Es gibt Kalorienbomben, Salzgranaten und Fettraketen, die Sie klugerweise gar nicht erst zu Hause bunkern sollten: Kartoffelchips, Schokolade in Pralinen-, Riegel-, Tafel- oder sonstiger Form, Tiefkühlpizza, Sahnejoghurt, Eisbecher und all die anderen Schmatzigkeiten, die Sie abends in der TV-Werbung sehen.

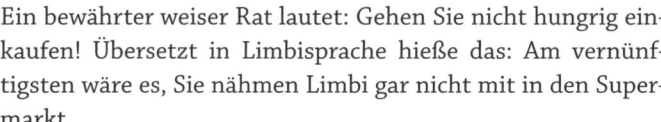

Haben Sie keine entsprechenden Vorräte eingelagert, laufen die Verführungsattacken der Foodkonzerne ins Leere.

Eine weitere Kalorienfalle ist Wurst, die harmlos aussieht, aber bis zu 50 Prozent aus Fett besteht. Ähnlich ist es mit normalem Käse. Achten Sie auf die Fettangaben, die Unterschiede sind enorm. Am besten schreiben Sie sich quer über Ihren Einkaufszettel »Wenig Fett!!!«, damit Sie das nicht vergessen.

6. Buffets und Menüs spielend meistern

TIPP

Limbi weiß eigentlich genau, wie viel Essen Ihr Körper braucht und kann seinen Appetit recht gut einschätzen. Ausgeknockt wird sein Augenmaß jedoch durch hochkulturelle Erfindungen wie das mehrgängige Menü oder das warme Buffet. Weil Limbi nie die Gesamtmenge des aufgenommenen Futters auf einmal zu sehen bekommt, verdrückt er mehr, als gesund wäre.

Da muss wieder einmal die Großhirnrinde helfen und die Lage durchschauen. Stellen Sie während eines Menüs in Gedanken die Teller mit den bereits verzehrten Gängen vor sich auf den Tisch. Dann merken Sie, dass Sie beim Hauptgang nicht mehr alles aufessen sollten und Klöße, Nudeln oder Rehrückenstücke keinesfalls mehr nachnehmen sollten.

Beim Buffet, der Totalüberforderung von Limbis Mengenkontrolle schlechthin, hilft eine neue Sichtweise. Sagen Sie Limbi: »Das ist ein Spiel. Hier wird unsere Gier getestet, und der mit den meisten und vollsten Tellern landet auf dem letzten Platz. Wir gewinnen, wenn wir nur einen Teller nehmen und den vornehm wie in einem Drei-Sterne-Restaurant schön übersichtlich mit den besten Speisen befüllen.« Falls Sie sich den Tischgenossen anpassen möchten und je einmal zur Vorspeise und zum Hauptgericht ans Buffet schreiten, nehmen Sie jedes Mal einen kleinen Teller.

Geschmackssache

TIPP

Geschmack entsteht zunächst auf der Zunge. Dort wird von ein paar tausend Geschmacksknospen grob unterschieden zwischen süß, salzig, sauer, bitter und pikant. Diese letzte Geschmacksrichtung wurde 1909 von dem Japaner Kikunae Ikeda entdeckt und zu seinen Ehren mit dem japanischen Begriff *umami* bezeichnet. Vielleicht existieren sogar noch Knospen für weitere Geschmacksrichtungen, vermuten einige Forscher, und suchen nach Rezeptoren für fettig und metallisch.

Hervorgerufen wird die Geschmacksrichtung *umami* durch die Aminosäure Glutamat, die zugleich ein wichtiger Neurotransmitter aus Limbis Labor der Glückserzeuger ist. Glutamat kommt in natürlicher Weise vor in Pilzen, Tomaten, Fleisch oder Parmesankäse, außerdem in Aceto Balsamico, Hefe und Sojasauce. Profiköche arbeiten gern mit diesen Zutaten, um Gerichte würziger zu gestalten. Besonders effizient ist der *umami*-Effekt bei Konzentraten wie getrockneten Tomaten, Tomatenmark, gebratenem Fleisch oder Pilzpulver.

Schauen Sie sich diese Methode ab und erzeugen Sie beim Kochen Würzigkeit. Dann kommen Sie – bei gleichem Geschmackserlebnis – mit bis zu 30 Prozent weniger Fett und 40 Prozent weniger Salz aus (das ergab ein Test der US-Zeitschrift *Nutrition and Health*). Auch auf Fleisch lässt sich dabei oft ganz verzichten.

8. Mit allen Sinnen genießen

Weitere Daten über die Genießbarkeit von Nahrung liefern Augen, Ohren und zahlreiche Sensoren im Mundraum. Sie spüren unverdauliche Fremdkörper auf, melden »zu hart«, »zu zäh«, »rau«, »klebrig« oder »alles genau richtig«. Wie knackt der Keks, wie prickelt das Getränk? Der Trigeminusnerv übermittelt weitere Infos über Hitze, Kälte und Schärfe. Dazu kommen Rückmeldungen der Kaumuskeln und viele weitere Sinneseindrücke rund ums Essen.

Wenn Sie Limbis Gesamtkunstwerk der Sinneseindrücke klug nutzen, können Sie mit deutlich weniger Kalorien satt werden. Der Psychologieprofessor Charles Spence von der Universität Oxford verwendet bei übergewichtigen Patienten mit Erfolg die »multisensorische Stimulation«. War das Essen schön dekoriert, farbig und abwechslungsreich, kamen seine Schützlinge mit kleineren Portionen aus. Versuchspersonen empfanden Joghurt aus einer dickwandigen Porzellanschüssel als nahrhafter, aßen ihn langsamer und waren schneller satt, als wenn sie ihn direkt aus dem wackeligen Plastikbecher löffelten.

Die Augen essen mit

9.
TIPP

Mithilfe der optischen Wahrnehmung, das haben der kleinere Teller oder die dickwandige Dessertschüssel gezeigt, lässt sich Limbi gut steuern. Jeff Larson und Ryan Elder von der Brigham Young University haben bei einem Experiment einen weiteren Trick entdeckt. Sie zeigten Versuchspersonen viele Fotos von salzigen, ungesunden Speisen. Am Anfang hat das deren Appetit gesteigert, aber nach einer Art Überdosis an Bildern verloren sie die Lust und waren gar nicht mehr erpicht auf die angebotenen Erdnüsse. Beim rein optischen Genuss werden die gleichen Re-

gionen Limbis angeregt wie beim tatsächlichen Essen, und nach intensivem Bilderkonsum ist Limbi dann auch satt.

Das können Sie ausprobieren, wenn Sie abends einmal an einer besonders hartnäckigen Heißhungerattacke auf Tiramisu, Toffeebonbons oder Tortellini in brodo leiden. Überfüttern Sie Limbi mithilfe von Googles Bildersuche! Jetzt verstehen Sie sicher auch, warum in den abendlichen Werbespots der Nahrungsmittelhersteller die eigentlichen Köstlichkeiten nur auffallend kurz zu sehen sind. Müssten Sie 10 Minuten lang ununterbrochen Großaufnahmen von Geflügelwurstbrötchen oder Camembertcroissants ansehen, wäre Limbi mit dem Schauen allein schon zufrieden.

TIPP

10. Der Nase folgen

Die wichtigsten und differenziertesten Nahrungsnachrichten empfängt Limbi über sein aufwändiges Geruchssystem. Dessen Erforschung bescherte Limbi 2004 einen weiteren Nobelpreis, diesmal den für Medizin. Linda Buck und Richard Axel entschlüsselten den Mechanismus, wie die Sinneszellen in der Nasenschleimhaut ihre Signale an Limbis kolbenförmiges Riechhirn weiterleiten.

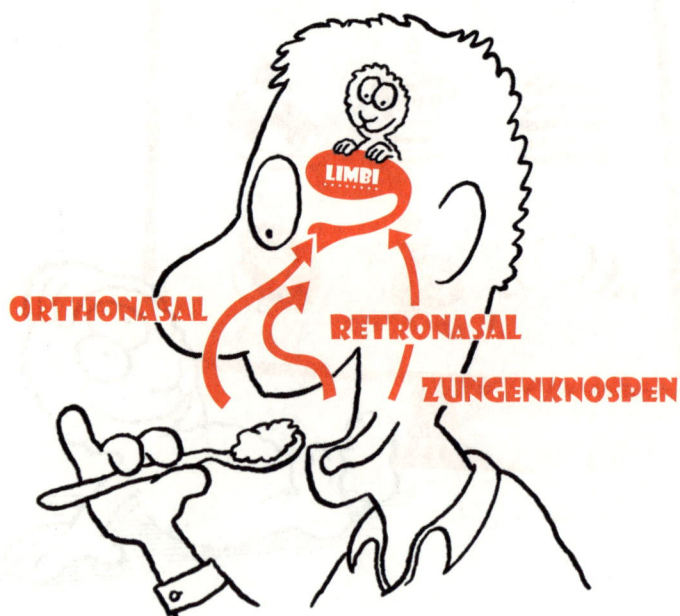

Limbi prüft dabei doppelt: Beim orthonasalen Riechen gelangen Geruchsmoleküle direkt von der Nahrung an die Riechzellen: Kaffeeduft, Fruchtaromen, die Dämpfe warmer Mahlzeiten. Als retronasales Riechen bezeichnet man die Informationen, die Limbis Geruchssystem beim Ausatmen aus den bereits im Mund befindlichen Speisen bezieht. Wie etwa die typischen Eindrücke von Paprika, Curry, Vanille, Kirsche und vielen tausend anderen Aromen, die in ihrer Kombination sehr genaue Eindrücke vermitteln.

Direkt bei Limbis Riechkolben scheint sich ein spezielles Geruchsgedächtnis zu befinden, das vor allem Sinneseindrücke aus der frühen Kindheit speichert. Ihre persönlichen Abneigungen und Vorlieben beim Essen gehen zurück auf dort archivierte Geschmackserlebnisse: Omas leckere Eier in Senfsauce, der berühmte würzige Duft von Weihnachtsgebäck oder die schrecklichen zerkochten Bohnen bei der unsympathischen Tante Martha.

Das ist wieder eine Limbi-Eigenart, die sich für die Nahrungsaufnahme der schlauen Art ausnutzen lässt. Der niederländische Ernährungsforscher René de Wijk hat in seinen Studien herausgefunden, dass sich Limbi schneller satt fühlt, wenn die Nahrung den Geruchssinn stärker anregt. Verwenden Sie aromareiche Früchte wie Ananas und Zitronen, arbeiten Sie mit stark duftenden Gewürzen und Kräutern. Frisches Basilikum, Koriander, Curry und Konsorten sorgen für eine hohe Aufmerksamkeit in Limbis Lieblings-Reizzentrum. Das Resultat: Die Meldung »Ich bin glücklich, ich bin satt!« wird schneller ausgegeben als bei schwächlich riechender Pampe.

Gemeinsam essen

11.
TIPP

Wenn Sie schon einmal eine Diät der schärferen Art durchgezogen haben, kennen Sie das Problem des »sozialen Drucks« beim Essen. Während Sie an Ihrem Magerquark löffeln, duften auf den Tellern der Mitmenschen goldbraune Schnitzel und knusprige Pommes. Das ist eine harte Probe für Limbi und sein ausgeprägtes Gemeinschaftsgefühl.

Wenn Sie das Gleiche auf dem Teller haben wie Ihre Tischgenossen, sich aber vorgenommen haben, weniger zu essen, wird Ihr Limbi unweigerlich mitgezogen – nach dem Motto »Gemeinsam schmeckt's besser«. Da helfen ein paar Großhirnrinden-Regeln: Seien Sie besonders höflich und nehmen Sie sich immer als Letzter, und zwar ausgesucht bescheidene Portionen. Hören Sie als Erster auf zu essen. Widerstehen Sie nötigenden Aufforderungen zum Weiterspachteln – aber bitte nur mit einem feinem Nein-danke-Lächeln. Unterlassen Sie wortreiche Kommentare à la »Ich darf nicht mehr!«, denn die fordern so manchen Kameraden auf, Sie doch noch zu überreden.

Vereinbaren Sie mit Ihrem Limbi, beim Thema Essen egoistisch zu sein und an die eigene Figur zu denken. Er soll sich keinerlei Gedanken machen, was mit dem übrigbleibenden Essen geschieht. Oder was die Gastgeberin denkt, wenn Sie sich nur eine schmale Scheibe von dem riesigen Laib Käse abschneiden. Sie wissen ja: Limbi ist Ihr bester Verbündeter. Da soll er sich gefälligst mit Ihnen verbünden und nicht mit den Vorstellungen der anderen Typen am Tisch!

Die Power der Gemeinschaft können Sie bei Abnehmprogrammen wie Weight Watchers oder Myline nutzen: Es ist einfach ein Riesenanreiz für Limbi, beim nächsten Gruppentreffen (das stets mit einem Auf-die-Waage-Stellen beginnt) weniger zu wiegen als beim letzten Mal.

Gähn! — Erholsam schlummern

Rein statistisch beträgt die Wahrscheinlichkeit, dass Sie zu viel Körpergewicht mit sich herumschleppen, weit über 50 Prozent. Bei etwa 30 Prozent liegt die Wahrscheinlichkeit, dass Sie dauerhaft zu wenig schlafen. In den Industrieländern hat während der letzten drei Jahrzehnte die durchschnittliche Länge des Nachtschlafs um eine volle Stunde abgenommen. Es ist ein typisches Kampfthema zwischen Limbi und Großhirnrinde: Limbi möchte noch so gerne liegenbleiben, aber die gesammelten zivilisatorischen Verpflichtungen lassen irgendeinen Apparat neben Ihrem Bett ein lautes Geräusch machen, damit Limbi seinen gesunden Schlummer abbricht.

Wenn Sie sich immer wieder einmal müde fühlen, kann das sehr unterschiedliche Ursachen haben. Im Folgenden finden Sie eine Auflistung der Symptome samt möglicher Gegenmittel.

1. SYMPTOM

Immer kurz vorm Einschlafen

Wenn Sie gehen, wollen Sie anhalten. Wenn Sie stehen, wollen Sie sitzen. Wenn Sie sitzen, wollen Sie liegen. Sie sind einfach platt, klare Gedanken fallen schwer, über allem liegt trüber Nebel.

Möglicher Grund: Sie schlafen nicht genug. Sie gönnen sich nachts weniger als sieben Stunden echten Schlaf. Napoleon oder Alexander von Humboldt, haben Sie einmal gehört, kamen mit weniger als vier Stunden Schlaf aus. Aber solche Menschen sind extreme Ausnahmen. Sie hingegen gehören eher zur überwältigenden Mehrheit, die sieben bis neun Stunden benötigt, und das regelmäßig.

Auch Ihre Großhirnrinde arbeitet auf Sparflamme. Komplizierte Zusammenhänge kapiert sie nicht mehr wie früher, anstrengende Tätigkeiten wie das Lesen längerer Texte vermeidet sie ganz. Ab 21 Uhr schickt Limbis biochemische Abteilung das Schlafhormon Melatonin durch Ihren Körper und bereitet ihn damit auf den Nachtschlaf vor. Wenn Sie versuchen, die dadurch entstehende natürliche Müdigkeit zu bekämpfen, wird es extrem anstrengend. Chronische Kopfschmerzen, Sehstörungen und viele andere ominöse Krankheiten belästigen Sie dann – die doch eigentlich eine ganz simple Ursache haben.

Das sollten Sie für Limbi tun: Stellen Sie ihm nicht nur längere, sondern auch regelmäßigere Bettzeiten zur Verfügung. Die Woche über zu wenig Schlaf und am Wochenende dafür extra viel – das funktioniert nicht. Nur wenn Sie alle sieben Tage einer Woche zur jeweils gleichen Zeit schlafen gehen und aufstehen, passt Limbi seine Melatoninproduktion wieder den Bedürfnissen Ihres Körpers an. Es dauert mindestens drei Wochen, bis er den alten Rhythmus wieder verinnerlicht hat. Aber dann wird Ihre Großhirnrinde samt Limbi tagsüber wieder herrlich wach sein und Ihr Körper fit.

Müde trotz Schlaf

Obwohl Sie genug geschlafen haben müssten, fühlen Sie sich am Morgen unausgeruht und malade.

Möglicher Grund: Sie schlafen nicht richtig. Sind Ihre Atemwege in der Nacht blockiert (Apnoe), kommen Sie nicht ausreichend oft in den wirklich erholsamen Tiefschlaf. Zu wenige rote Blutkörperchen (Anämie) führen zu einer Unterversorgung mit Sauerstoff. Die relativ häufig auftretende Schilddrüsenunterfunktion (Hypothyreose) verursacht dauerhafte Müdigkeit und macht sich unter anderem durch Haarausfall bemerkbar. Der beginnt meist in den Achselhöhlen und fällt zunächst kaum auf.

Das sollten Sie für Limbi tun: Gehen Sie zum Arzt und lassen Sie sich durchchecken. Vor allem sollten Sie Ihre Blutwerte überprüfen lassen. Müdigkeit ist ein ernstzunehmendes Symptom für allerlei Erkrankungen, die unbedingt behandelt werden sollten.

Müde vor Sinnlosigkeit

Sie empfinden Aktivitäten, die Sie eigentlich gern tun, zunehmend als sinnlos. Selbst nach erfreulichen Ereignissen fühlen Sie sich gelangweilt und sind durchzogen von einer allgemeinen geistigen Müdigkeit. Manche beschreiben diesen Zustand auch mit »Ich stecke fest« oder »Ich fühle mich total ausgelaugt«.

Möglicher Grund: Stress. Limbis Biochemie ist durcheinander, durch berufliche Zwänge, Zeitmangel, Ärger mit dem Ehepartner, finanzielle Sorgen oder Ähnliches. Als Antwort produziert Limbi das allgemein aktivierende Stresshormon Cortisol. Gedacht ist es eigentlich für einen kurzen rettenden Spurt, um der Säbelzahnkatze zu entkommen. Wird es aber auf Dauer in den Organismus eingespeist, gerät es in Konflikt mit den anderen Neurotransmittern. Die produziert Limbi, um Sie in den dringend benötigten Entspannungsmodus zu bringen. Sie fühlen sich hin- und hergeschubst, erfüllt von einer diffusen Angst und unterschwelligen Unzufriedenheit.

Das sollten Sie für Limbi tun: Schlafen Sie ausreichend, aber verkriechen Sie sich nicht zu sehr ins Bett. Werden Sie unangenehme Verpflichtungen unter allen Umständen los. Unternehmen Sie etwas Fröhliches und Aufregendes, um die Angst zu verjagen. Sprechen Sie mit Freunden, gönnen Sie sich und Ihrem Limbi einen Radausflug, einen Spaziergang unter freiem Himmel oder etwas anderes Erfreuliches. Sobald Sie sich auf etwas Positives konzentrieren, fährt Limbi das Stresshormon Cortisol herunter. Nach einiger Zeit kommen Ihre Neurotransmitter ins Gleichgewicht zurück. Sie können tiefer schlafen und wachen erholter auf.

4. Zu müde fürs Schlafen

Sie sind erschöpft und fallen ins Bett, können aber eine gefühlte Ewigkeit nicht einschlafen. Wenn Ihnen das schon länger so geht, zögern Sie das Zu-Bett-Gehen vermutlich so lange wie möglich hinaus und geraten mit Ihrer Schlafbilanz vollends in die Miesen.

Möglicher Grund: Stress der höheren Art. Sie machen sich – meist schon seit längerer Zeit – Sorgen über Menschen oder Sachverhalte, die Sie nicht ändern können. Limbi befördert angesichts Ihrer mental bedingten Schlaflosigkeit das gesamte Gehirn in einen permanenten Alarmzustand. Die Neurotransmitter bringen alle Überwachungssysteme in Hab-Acht-Stellung. Dadurch wird ausgerechnet das verhindert, was Sie am nötigsten bräuchten: Schlaf.

Das sollten Sie für Limbi tun: Verordnen Sie sich fürs Einschlafen ein strenges mentales Programm. Lassen Sie in den zwei Stunden vor dem Einschlafen den Fernseher und auch den Computer ausgeschaltet. Lösen Sie Kreuzworträtsel, lesen Sie einen Roman oder machen Sie einen Abendspaziergang. Damit beim Einschlafen nicht die schlafraubenden Sorgenszenarien ablaufen, beschäftigen Sie Ihr Gehirn mit völlig nichtemotionalem Stoff. Zählen Sie beispielsweise in 3er-Schritten von 300 an rückwärts. Addieren Sie die Werte aller Euroscheine und -münzen (tolles Resultat!). Stellen Sie sich vor, Sie wären der Mond und würden um die Erde kreisen. Dadurch lässt Ihre Großhirnrinde die Ängste los und die Chancen steigen, dass Sie endlich einschlafen.

Zu guter Letzt werde ich Ihnen Limbis besten Einschlaftrick verraten: ausgiebig lächeln – auch ohne Grund. Wenn es Ihnen gut geht, lächeln Sie. Das funktioniert auch umgekehrt. Eine vielfach gesicherte wissenschaftliche Erkenntnis lautet: Selbst wenn Sie sich zum Lächeln zwingen, sind Sie besser drauf. Die Voraussetzung ist lediglich, dass Sie das freiwillig tun – und nicht, weil Sie von Ihrem Arbeitgeber zu einem künstlichen Kunden-Angrinsen verdonnert wurden.

Am besten ausprobieren können Sie das abends beim Einschlafen, wenn das Licht aus ist und niemand zuschaut. Bitte tun Sie es wirklich! Der Effekt ist nämlich großartig. Am Anfang wird es Ihnen (trotz Dunkelheit) reichlich schwachsinnig vorkommen, aber nach kurzer Zeit forciertem Lächeln werden Sie bemerken, dass Ihre Grundstimmung tatsächlich heiterer wird. Wie von selbst werden Sie nicht mehr an die Probleme des vergangenen und die Sorgen des nächsten Tages denken wollen.

Der Grund für diesen Mechanismus ist die Kommunikation zwischen Limbi und dem Rest Ihres Körpers. Sie funktioniert,

wie schon im ersten Kapitel erwähnt, über die somatischen Marker. Wenn sich Limbi über etwas freut, veranlasst er bestimmte Gesichtsmuskeln dazu, sich zusammenzuziehen. Dadurch werden in der Schläfengegend Sensoren gedrückt, die der Großhirnrinde signalisieren: Entspann dich! Heiterkeit! Entwarnung, das ist ein Guter!

Sie müssen natürlich nicht bis zum Abend warten, sondern können es sofort ausprobieren (solange niemand zuschaut). Beim ersten Mal wird Ihr kontrollierender Verstand das sehr kritisch beobachten. Aber wenn Sie durchhalten und standhaft weiterlächeln, gibt die kontrollierende Großhirnrinde irgendwann ihren Widerstand auf und überlässt Limbi das Feld – es kommt zum Stimmungsumschwung. Mit gezieltem Einsatz der Lächelmuskeln können Sie ab jetzt Ihre Grundstimmung kontrollieren wie Ihre Handschrift oder Ihren Aufschlag beim Tennis.

Bewegt durchs Leben

»Mehr Bewegung!« Diese diffuse Empfehlung gehört zum Standardrepertoire aller Mediziner und Lebensberater. Sie steht auch auf vielen Listen mit guten Vorsätzen fürs nächste Jahr. Denn uns Menschen in der Zivilisation geht es ähnlich wie Tieren im Zoo: Wir haben dank der guten Betreuung eine viel höhere Lebenserwartung als unsere Artgenossen in der gefährlichen Wildnis. Unser Alltag ist bequemer, wir haben Zeit für sorglosen Müßiggang – aber wir sind nicht geschaffen für diese gammelige Art von Dasein.

»Vogel fliegt, Fisch schwimmt, Mensch läuft«, sagte der tschechische Langstreckenläufer und fünffache Olympiasieger Emil Zatopek auf die Frage, warum er Läufer geworden sei. Der Mensch ist ein Bewegungstier, das steckt auch ganz tief in Limbis Verhaltensmustern. Der Mensch kann enorm lange Strecken auf zwei Beinen zurücklegen und hat das in den Jahrtausenden seiner Entwicklung auch immer getan – bis auf die letzten gut 100 Jahre. Vorher hatte Limbi selten eine Alternative, aber seit der Erfindung von Eisenbahn und Auto gibt es für ihn körperschonende Möglichkeiten, sich fortzubewegen. Wer will es ihm verübeln, wenn er diese Angebote nutzt?

Auf den ersten Blick mag es Ihnen so erscheinen, als wollten Sie (also Ihre Großhirnrinde) gerne gesünder leben, aber Ihr bequemer Limbi lasse Sie nicht. Nein, so ist es gar nicht! Der entscheidende Knackpunkt ist die Erkenntnis, dass Limbi nicht faul ist, auch wenn es Ihnen manchmal so vorkommen mag. Im Gegenteil, er will Ihnen ein gesundes Bewegungsprogramm verordnen, um Ihnen ein langes Leben zu ermöglichen. Diese Absicht wird allerdings oft ausgebremst – von vielen praktischen Erfindungen wie dem Automobil oder der Fernbedienung für den Fernseher. Es fehlen schlicht die Gelegenheiten für die körperliche Betätigung, die Limbi so sehr mag.

Entschuldigen Sie sich bei Limbi, falls Sie ihm Unrecht getan haben. Danach überlegen Sie gemeinsam, mit Hirn und Herz, Vernunft und Vergnügen, wie Sie zu einem normalen und be-

wegungsreichen Alltag zurückfinden. Sie werden sehen, dass das gar nicht so schwer ist.

Hier finden Sie eine Auswahl der häufigsten, vermeintlich logischen Argumente gegen die tägliche Fitnessdosis und Tipps, wie Sie (mal mit Limbi, mal mit der Großhirnrinde) die schlauen Sprüche überwinden.

»Das Training bekommt mir nicht.«

Gutes Argument. Denn es geht ja um Gesundheit, und wenn Sie sich nicht gesund dabei fühlen, sollten Sie nicht weitermachen. Meistens ist der Grund für Ihr Unwohlsein ganz einfach: Sie haben sich überfordert. Bei guten Vorsätzen in Sachen Fitness steigen viele extra hart ein, nach dem Motto: »Ran an den Speck! Ich habe so lange keinen Sport gemacht, jetzt muss ich aber echt

mal ranklotzen!« Tun Ihnen nach dem Joggen alle Knochen weh, und jeder noch so kleine Muskel zwickt energisch, haben Sie es schlicht und einfach übertrieben. Schon Paracelsus, der Medizin-Popstar des Mittelalters, wusste: »Alle Dinge sind Gift. Allein die Dosis macht's, dass ein Ding kein Gift sei.«

95 Prozent aller Freizeitsportler überfordern sich beim Training, meint der Sportwissenschaftler Dominik Schammne. Durch Kategorisierungen wie »Anfänger«, »Fortgeschrittene« und »Profi« wird ein Leistungsdruck aufgebaut, dem Sie sich unbedingt entziehen sollten. Sport soll vor allem Spaß machen. Dann ist Limbi auch mit Feuereifer dabei!

Abhilfe: *Vielleicht haben Sie die falsche Art von Bewegung für sich ausgewählt. Der eine Limbi liebt Radfahren und wird krank vom Laufen, beim anderen ist es umgekehrt. Wenn Ihr Limbi mit der aktuellen Sportart unglücklich ist, lautet das Motto ab sofort: »Öfter mal was Neues.« Schwimmen, Fitnessstudio, Tennis, Golf, Tischtennis, Bergwandern – Hauptsache, Sie bewegen sich!*

»Bei dem Mistwetter nach draußen? Nee, das ist voll ätzend …« Erinnern Sie sich an den klugen Spruch: Es gibt kein schlechtes Wetter, nur unpassende Kleidung. Machen Sie Limbi Laune, indem Sie sich vorstellen, wie Sie selbst bei schlechtem Wetter Ihr Sportpensum absolvieren, während all die anderen Weicheier zu Hause vor der Glotze sitzen bleiben.

Abhilfe: *Motivieren Sie sich mit dem tollen Gefühl, das Sie durchströmen wird, wenn Sie Ihr Training geschafft haben. Wecken Sie schon vor dem Loslaufen die Vorfreude auf die heiße Dusche danach. Limbis Motivations- und Belohnungszentrale im Nucleus accumbens versorgt Sie schon bei den Gedanken allein mit Serotonin und Dopamin. Das sind Stoffe, die dafür sorgen, dass Sie sich besser fühlen. Am besten funktioniert das, wenn Sie schon am Morgen eine Runde*

laufen oder radeln. Das miese Wetter wird Sie danach auch den Rest des Tages kein bisschen mehr runterziehen können. Im Gegenteil: Sie sind frisch, erholt und hellwach.

»Ich habe das Training schon so oft ausfallen lassen, jetzt bringt es auch nichts mehr.«

Das ist totaler Quatsch! Sportliche Betätigung bringt immer etwas. Wenn Sie erst einmal angefangen haben, will Limbi umso lieber weitermachen. Trainingsausfälle kommen auch bei den Sportstars vor, das ist längst kein Grund zur Kapitulation.

Abhilfe: *Der beste Zeitpunkt, um wieder mit Sport anzufangen, ist jetzt! Egal aus welchem Grund Sie das Training haben schleifen lassen: Ein Wiedereinstieg ist jederzeit möglich. Gehen Sie die Sache langsam an und überfordern Sie sich nicht, so bleiben Limbi und Großhirnrinde motiviert.*

»Sport hat keinen Zweck, ich nehme kein Gramm ab!«

Diesem Irrtum unterliegen viele: Sie verwechseln Fitness und Abnehmen. Doch das findet nicht unbedingt gleichzeitig statt. Oft wird erst einmal wieder Muskelmasse aufgebaut, bevor die Fettverbrennung auf Touren kommt. Bleiben Sie auf jeden Fall dran! Haben Sie Geduld mit Ihrem Körper. Manchmal stagniert das Gewicht auch eine Weile, bevor endlich wieder die Pfunde purzeln. Ihr Wohlstandsbäuchlein haben Sie sich auch nicht über Nacht angefuttert!

Abhilfe: *Mit der Aussicht, dass Sie in sechs Monaten oder einem Jahr ordentlich abgenommen haben werden, kann Limbi wenig anfangen. Er will jetzt, sofort und auf der Stelle Ergebnisse sehen und für die harte Arbeit belohnt werden. Heute Sport gemacht, aber keine Veränderung auf der Waage? Aha, die Anstrengung bringt nichts, schließt Limbi daraus. Um ihn bei der Stange zu halten, muss Ihre Großhirnrinde mithelfen. Machen Sie Limbi andere Erfolgserlebnisse deutlich: Dass Sie nach zwei Stockwerken Treppensteigen nicht mehr so außer Puste sind; dass Sie beweglicher geworden sind und das schon beim Schuheanziehen merken; dass Sie sich frischer fühlen und vielleicht schon jemand eine positive Bemerkung über Ihr Aussehen gemacht hat.*

Es gibt eine Menge Fitnessarmbänder und Fitness-Apps, die Limbis Spieltrieb anregen und zum Weitermachen anspornen: Das Armband blinkt in bunten Farben, wenn Sie Ihr selbst gesetztes Tagespensum erreicht haben. Sogar Laufschuhe haben zum Teil bereits Mitteilungsbedarf und übertragen Daten über Ihre Fußbelastung an die App im Smartphone.

10.005 Schritte

Vor allem wenn Sie in einem größeren Gebäude arbeiten, können Sie während Ihrer Arbeitszeit mehr fitnessfördernd zu Fuß laufen, als Sie ahnen. Installieren Sie eine kostenlose Schrittzähler-App auf Ihrem Smartphone. Das wird Sie motivieren, die gesunden 10 000 Schritte pro Tag zu erreichen.

»Dafür habe ich zu wenig Zeit.«

Wieder so ein unüberlegter Spruch der Großhirnrinde. Limbi macht sich, wie Sie aus Kapitel 2 wissen, über die Zeit herzlich wenig Gedanken. Doch selbst aus Sicht des Neocortex ist dieser Satz unterm Strich eine falsche Rechnung. Schon zehn Minuten Walking machen Sie so viel glücklicher und frischer, dass Sie über den Tag ein Vielfaches dieser Zeit einsparen – weil Sie weniger durchhängen und motivierter arbeiten. Das gilt genauso für Phrasen wie »Mein Beruf lässt mir dafür keinen Raum«. Ihr Chef und Ihre Kunden werden begeistert sein, wenn Sie besser gelaunt an die Arbeit gehen, weniger krank werden und – dank Limbis wiederentdeckter Bewegungsfreude – auf Dauer leistungsfähiger sind.

Abhilfe: *Ein bisschen was geht immer! Schon zehn Minuten am Tag sind besser als gar nichts. Klappen Sie das Buch hier und jetzt zu und gehen Sie zehn Minuten ins Freie.*

Für Fitnessübungen brauchen Sie keine festen Uhrzeiten. Viele Übungen lassen sich nahtlos in den Alltag einbauen und dauern gar nicht lange. Gert von Kunhardt, Gesundheitstrainer und ehemaliger Leistungssportler, hat genial einfache Übungen entwickelt, die Sie perfekt in den Tagesablauf integrieren können.

AUS DEM ALLTAG

Fitness ohne Studio

In den meisten Jobs wird viel herumgesessen: am Schreibtisch, im Konferenzsaal, in der Kantine, bei der Besprechung, im Auto oder in der Bahn. Nutzen Sie jede Art von Sitzerei für isometrische Übungen. Die bestehen aus fünf bis zehn Sekunden Muskelanspannung mit anschließender Entspannung. Damit päppeln Sie verkümmerte Muskelmasse wieder auf, ohne dass die Übung für Außenstehende groß sichtbar wird.

Drücken Sie zum Beispiel in einem Meeting Ihre Arme zehn Sekunden ganz fest an den Körper, dann wieder loslassen. Heben Sie die Füße einen Zentimeter vom Boden ab. Testen Sie mit aller Kraft, was der Stuhl unter Ihnen aushält, indem Sie ihn mit den Armen seitlich zusammendrücken. Das geht in ähnlicher Weise auch mit dem Tisch vor Ihnen. Erfinden Sie zusammen mit Limbi weitere Übungen. Das kann ein riesiger Spaß werden, und Ihr Limbi wird sich vielleicht sogar auf das nächste langweilige Meeting freuen.

Jede Art von Wartezeit lässt sich mit solchen Übungen limbifreundlich auffüllen. Kneifen Sie in der Warteschlange an der Supermarktkasse die Pobacken ganz fest zusammen. Fast überall gibt es Gelegenheiten für die Venenpumpe, eine Wohltat für die Blutgefäße in den Beinen: Heben Sie Ihre Fersen schnell und so weit wie möglich vom Boden hoch. Danach stellen Sie sich auf die Fersen und strecken die Fußspitzen möglichst weit nach oben.

Schmerz lass nach!

Oh je, einmal voller Elan die Treppe hochgerannt (statt bequem den Aufzug zu nehmen), und Sie lehnen, von fiesem Seitenstechen geplagt, keuchend am Geländer. So eine miese Kondition! Warum plagt Sie beim Bücken dieses Ziehen im Rücken, das Kopfweh am Morgen, das Stechen in der Lunge nach dem kurzen Sprint zum Bahnsteig oder irgendein Zwicken in den Gelenken? Das darf doch nicht wahr sein!

Viele Menschen empfinden ihren Körper als ein widerspenstiges Tier, das erzogen werden muss. Sie wissen inzwischen, woher diese Vorstellung kommt: Im Zentrum Ihres Gehirns sitzen tatsächlich sehr animalische, urtümliche Kräfte, denen ich in diesem Buch den Namen Limbi gegeben habe. Limbi ist untrennbar mit dem Körper verbunden. Die menschliche Großhirnrinde (die natürlich selbst Teil dieses Körpers ist) kann jedoch etwas, zu dem kein anderes Lebewesen fähig ist: Sie kann sich den Körper bewusst machen und Urteile fällen. Sie kann über das Kopfweh am Morgen klagen, sich Heilmittel dagegen ausdenken und Pläne schmieden, wie es am nächsten Morgen vielleicht zu vermeiden ist.

Auf den Gedanken, nicht mit Limbi zu kämpfen, sondern mit ihm zu kooperieren, kam ich zum ersten Mal, als ich von Monty Roberts gehört habe. Er wurde als der »Pferdeflüsterer« berühmt. Unter diesem Titel wurde sein Leben sogar verfilmt. Monty sah in seiner Kindheit, wie Cowboys mit Bestrafung, Gewalt und Unterwerfung wilde Mustangs zähmten. Aber Monty Roberts bemerkte, dass die Pferde untereinander in einer feinen Gebärdensprache miteinander kommunizieren. Wenn Menschen diese Sprache erlernen könnten, dachte er sich, würden die Tiere möglicherweise mit den Menschen zusammenarbeiten. Er entwickelte eine Methode, mit der sich auch sehr widerspenstige Pferde in 30 Minuten auf sanfte Weise führen und reiten ließen.

Geben Sie Limbi also keine Befehle, sondern hören Sie aufmerksam in sich hinein. Stellen Sie sich den Gedankenstrom bildlich vor, den Sie ständig an Ihren Körper senden, am besten

in einer Reihe von Sprechblasen: »Warum bin ich so dick?«, »Ich habe kalte Füße.«, »Mein Rücken tut weh.«, »Meine Augen sind so müde.«, »Ich brauche ein Aspirin.«, »Ich hasse meine Nase.« …

In Versuchen hat man Menschen gebeten, diese Kurznachrichten an den eigenen Körper aufzuschreiben. Die Testpersonen waren erstaunt, wie viele vollkommen destruktive Botschaften Sie während eines einzigen Tages an ihren Körper gesendet hatten – dieses lebenswichtige Wesen, mit dem sie so eng verbunden sind.

Am klarsten und wichtigsten ist dieser Prozess, wenn Sie Schmerzen empfinden. Leidet ein Teil Ihres Körpers, senden Schmerzrezeptoren ein Alarmsignal an Limbi, und der gibt es blitzschnell weiter an den Rest Ihres Gehirns, damit die richtigen Maßnahmen getroffen werden: die Hand schnell von der heißen Herdplatte wegziehen; die Körperhaltung ändern, damit der Rückenschmerz nachlässt; beschließen, heute Abend früher ins Bett zu gehen, damit Sie nicht wieder mit diesem stechenden Kopfschmerz aufwachen.

Beim Thema Schmerz bekommt die Grundidee dieses Buches eine neue Dimension. Mit Limbi zu kooperieren, ist dann nicht mehr nur eine leichte Veränderung Ihrer alltäglichen Gewohnheiten. Es ist eine radikale Neuaufstellung und eine enorme Zumutung.

Machen Sie es im Umgang mit den Schmerzen wie der Pferdeflüsterer

Hören Sie aufmerksam und liebevoll, was Ihnen Limbi im Auftrag Ihres Körpers sagen möchte. Versorgen Sie ihn mit aufmunterndem Lob. Sagen Sie, was Sie Ihrem Körper verdanken, auch wenn er Ihnen noch so schäbig vorkommen mag: Ihre Arme, deren schlaffe Haut und unterentwickelte Muskelkraft Sie vielleicht hassen, können wunderbar Ihr Auto lenken. Die Nase, deren Form Sie sich anders wünschen oder die immer wieder mit Absonderungen verstopft ist, vermittelt Ihnen beim Essen einen herrlichen Genuss. Ihr rechtes Knie, das seit Jahren so schrecklich wehtut, hat Ihren Körper so lange getragen, hat Ihnen großartige Erlebnisse in der Natur ermöglicht und trägt Sie auch jetzt, trotz der Schmerzen, geduldig weiter.

Ermutigen Sie Ihren Körper, wie Sie ein Pferd beim Training motivieren würden: »Jawohl, Arm! Weiter so, Nase! Sehr gut, Knie!« Auch wenn Ihnen das vielleicht absurd vorkommen mag – bitte, probieren Sie es aus. Der Effekt ist grandios. Wenn ein Körperteil ganz besonders wehtut, behandeln Sie es wie einen Menschen, den Sie ganz besonders lieben. Das ist am Anfang schwer. Sie hassen Ihren Rücken, weil er Sie mit diesen Schmerzen quält. In Schmerzseminaren kommt es vor, dass Patienten weinen, wenn sie zum ersten Mal in ihrem Leben für das Organ, das ihnen so unsägliche Schmerzen bereitet, Liebe empfinden. Patienten lernen nach einem Herzinfarkt in der Reha-Klinik, die Hand auf ihr Herz zu legen, um zu spüren, wie es schlägt, und sich bei ihm für seine unermüdliche Arbeit zu bedanken.

Solche Übungen können Ihnen auch dabei helfen, das Rauchen aufzugeben oder übermäßigen Alkoholgenuss zu drosseln.

Aktivieren Sie durch Nachdenken Limbis Körpergedächtnis

Erinnern Sie sich bei Schmerzen an die guten Momente. Stellen Sie sich mitten in den wahnsinnigen Rückenschmerzen vor, wie dieser Rücken früher vollkommen schmerzfrei war – und es eines Tages wieder sein wird. Mir ist klar, dass das eine enorme Zumutung ist. Aber damit öffnen Sie Limbis Schatztruhe und aktivieren geheime Kräfte Ihres Körpers. Es gibt Berichte von Schlaganfallpatienten, die durch die Aktivierung ihres positiven Körpergedächtnisses Lähmungen besiegen konnten. Der reine Schmerz und die Angst vor Schmerz sind eng miteinander verbunden. Sehr deutlich wird das bei dem manchmal unglaublichen Phänomen des Placebo-Effekts.

Limbi und der Placebo-Effekt

Wie stark Schmerzen empfunden werden, hängt ganz wesentlich von Limbis Erwartung ab. Sie kennen das möglicherweise aus der Zahnarztpraxis. Angespannt bis verkrampft liegen Sie auf dem Behandlungsstuhl und warten, dass demnächst ein stechender Zahnschmerz durch Sie hindurchjagen wird. Was passiert? Limbi setzt die Schwelle für Schmerzempfindungen herunter und reagiert dadurch auf geringe Berührungen, die er sonst gar nicht bemerken würde.

Den gegenteiligen Effekt erleben Sportler: Sie sind so fokussiert auf das Ziel, den Sieg oder den Gegner, dass sie selbst starke Schmerzen ertragen und sich weiter durchbeißen. Gerade noch lag Bastian Schweinsteiger nach einem Foul schmerzgekrümmt am Boden, doch dann rappelt er sich auf und stürzt sich in den nächsten Zweikampf. Sein Limbi ist auf ein größeres Ziel eingestimmt und ordnet den auftretenden Schmerz diesem Ziel unter. Dadurch wird, soweit man das durch Messungen herausfinden konnte, tatsächlich die Schmerzempfindung geringer. Jede Meldung der vielen Schmerzsensoren in Ihrem Körper landet zunächst bei Limbi. Er entscheidet darüber, wie der Schmerz auf einer Skala von »Zwickt ein bisschen« bis »Absolut unerträglich!« eingestuft wird.

- Am deutlichsten wird Limbis Aufgabe bei der Schmerzempfindung, sobald Placebos zum Einsatz kommen. Das Geheimnis ihrer Wirkung ist in der Bezeichnung selbst enthalten. Placebo ist die erste Person Futur des lateinischen Verbums »gefallen«. Es heißt »ich werde gefallen« oder »es wird mir nichts ausmachen« – eine in die Zukunft gerichtete Eigenschaft, eine mentale Vorbereitung auf etwas, was kommen wird. Das ist bei den meisten Placebos zunächst der geringer werdende Schmerz.

- Der Placebo-Effekt kann von bunten Tabletten ohne Inhaltsstoffe ausgehen, genauso aber auch von Menschen oder Situationen. Wenn Sie überzeugt sind, dass dieser einfühlsame und sehr gut ausgebildete Zahnarzt Ihnen keinen Schmerz zufügen wird, senkt Limbi den Level seiner Schmerzerwartung. Der Effekt ist keine Einbildung. Es liegt eine (inzwischen durch aufwendige Technik messbare) veränderte Bewertung der Signale von Schmerzrezeptoren vor.

Am Karolinska Institut in Stockholm wurden Versuchspersonen mit einer 48 Grad heißen Metallplatte berührt, während Sie in einem Scanner lagen. Gleichzeitig wurde ihnen ein Schmerzmittel intravenös verabreicht – den einen wirklich, bei den anderen wurde es nur behauptet. Im Gehirn gibt es Areale, die das Eintreffen von Schmerzmitteln anzeigen. Die Wissenschaftler staunten, als sie sahen: Diese Areale waren bei beiden Versuchsgruppen aktiv. Einzige Erklärung: Das Gehirn hatte bei denen, die Schmerzmittel erwarteten, aber nicht bekamen, das Medikament selbst erzeugt!

Eine waghalsige Theorie, die sich in anderen Versuchen bestätigte. Wenn ein Mensch, der starke Schmerzen hat, von einem anderen Menschen liebevoll umarmt und getröstet wird, produziert sein Limbi Opioide – Ihr Limbi hat also eine eingebaute Apotheke!

Die in Harvard lehrende Psychologin Ellen Langer untersuchte im Jahr 2007 eine Gruppe Zimmermädchen, die in einem Hotel tätig waren. Der einen Gruppe versicherte sie, dass die Bewegungen während ihrer Arbeit gesund für ihre Rückenmuskulatur sind. Diese Gruppe hatten nach nur einem Monat signifikant weniger Rückenschmerzen als ihre Kolleginnen, denen man keine entsprechenden Informationen gegeben hatte.

Ihre Schmerzen werden durch Limbis Erwartungshaltung gesteuert. Limbi kann dadurch körperliche Beschwerden lindern, aber auch hervorrufen. So befragte man die Bewohner eines Hauses, auf deren Dach eine neue Mobilfunkanlage installiert worden war, nach Ihrem Befinden. Viele gaben an, seit der Installation an dauerhaften Kopfschmerzen, Übelkeit und Niedergeschlagenheit zu leiden. Die Anlage war allerdings noch gar nicht in Betrieb! Der Fachbegriff für diese negative Variante des Placebo-Effekts heißt Nocebo (von lateinisch »Ich werde schaden«).

Immer der Nase nach

Schade, dass die Zeichnungen in diesem Buch Limbi nicht in Bewegung zeigen können. Sonst würden Sie auf einen Blick sehen, dass er ein Schnuppertier ist. Wie bei Mäusen, Kaninchen oder Hamstern ist sein Näschen in ständiger Bewegung, damit möglichst viel Luftmoleküle an seinem Riechorgan vorbeiziehen.

Ein Strauß Rosen, übergelaufene Milch, ein zischendes Steak auf dem Grill, frisch gewaschene Bettwäsche, der ungeduschte Sitznachbar in der U-Bahn – Gerüche sind allgegenwärtig. Manche davon nehmen Sie mit Genuss wahr (»Hmm, duftet das herrlich!«), bei manchen rümpfen Sie angeekelt die Nase (»Bäh! Das stinkt!«).

Achten Sie beim Schnuppern auf Ihre Emotionen: Es gibt fast keine »neutralen« Gerüche. Sie empfinden einen Duft entweder als angenehm oder unangenehm, als wohltuend oder abschreckend, als betörend oder schrecklich. Diesen Effekt verdanken Sie Limbi. Kein anderes Sinnesorgan ist über einen so kurzen Nervenweg mit Limbi verbunden wie die Nase.

Auf Ihrer Nasenschleimhaut befinden sich etwa 30 Millionen Riechzellen, deren feine Härchen in die Nasenhöhle ragen. Diese Sensoren arbeiten wie Schloss und Schlüssel – jeder reagiert nur auf ein einziges bestimmtes Molekül. Es gibt 350 verschiedene solcher Rezeptoren, die spezialisiert sind auf Buttersäure, Moschus, Vanille und viele andere Gerüche. Aus der Kombination mehrerer Riecheindrücke erarbeitet sich das Gehirn – mit Limbis Hilfe – verschiedenste Geruchserinnerungen.

Zum Vergleich: Ein Hund besitzt über 200 Millionen Riechzellen, die komplexer als beim Menschen miteinander verschaltet sind und dadurch je nach Geruchsstoff eine millionenfach feinere Unterscheidung als die menschliche Nase ermöglichen. Aber nur kein Neid: Das menschliche Geruchsorgan ist auch nicht schlecht und zudem perfekt abgestimmt auf Ihre Bedürfnisse.

Achten Sie auf Ihre Geruchseindrücke

Ahnen Sie, warum in Supermärkten der Stand mit dem frischen Gebäck in der Nähe des Eingangs ist? Warum an Bonbonständen in der Fußgängerzone mit einer kleinen Maschine Anisduft in die Luft geblasen wird? Schnüffeln Sie immer wieder einmal an besonders starken Geruchsspendern, etwa einer Flasche Essig. Nimmt Ihre Nase noch alles wahr?

Drei bis fünf Prozent aller Deutschen, so schätzen Fachleute, leiden an einem kompletten Verlust ihres Riechvermögens, der sogenannten Anosmie. Bis zu 20 Prozent aller Menschen haben irgendeine Art von Riechstörung, besonders im höheren Alter. Das fällt im Alltag selten auf.

Oft führt eine Erkältung oder Allergie zu einem zeitweisen Verlust des Riechvermögens. Manchmal kehrt es auch nach dem Abklingen der Krankheit nicht mehr zurück. Da hilft, das ergaben mehrjährige Studien von Michael Damm, Professor an der HNO-Uniklinik Köln: Training! Etwa ein Drittel der Patienten mit schweren Riechstörungen konnte nach ein paar Monaten Nasenschulung wieder einen normalen Geruchssinn entwickeln. Man nimmt an, dass durch die Stimulierung das Wachstum neuer Riechzellen gefördert wird. Ist der Geruchssinn seit mehr als zwei Jahren ausgefallen, ist das Training jedoch erfolglos. Thomas Hummel vom Riechzentrum der Uni Dresden empfiehlt außerdem Duftöle als wirksames Anti-Aging-Training. Bei Männern geht ab 50 das Geruchsvermögen stärker zurück als bei

Frauen, deshalb sollten vor allem die Nasen männlicher Limbis trainiert werden.

Trainieren Sie Ihr Schnuppergedächtnis

Besorgen Sie sich mindestens vier der folgenden Duftöle: Nelke, Zitrone, Zimt, Lavendel, Eukalyptus, Rose. Riechen Sie – ruhig intensiv – jeden Tag morgens und abends ein paar Minuten an diesen Fläschchen. Der Duft sollte deutlich und »überschwellig« sein, damit er einen kräftigen Eindruck bei Limbis Schnuppergedächtnis hinterlässt.

Eine gute Ergänzung zu diesem Training ist das »Lernen« von Düften. Riechen Sie am Morgen an einem Parfüm, einem Putzmittel oder Ähnlichem, und versuchen Sie sich den Tag über an diesen Geruch zu erinnern. Mit etwas Übung werden Sie immer mehr Düfte unterscheiden, ihre Bestandteile analysieren und beschreiben können. Das verbessert den Kontakt zwischen Großhirnrinde und Limbi.

Eine entscheidende Rolle spielt der Geruchsinn bei der Partnersuche. Männer stellen in Versuchen stets eine Verbindung her zwischen schönen Frauen und solchen, die angenehm duften. Ein Versuch wies nach: Wenn Männer eine Mischung aus Pink Grapefruit und floralen Düften zuerst bei jungen, schlanken Frauen kennen gelernt hatten, wirkten ältere, rundlichere Frauen, die das gleiche Parfum auftrugen, auf sie etwa sechs Kilogramm leichter und sechs Jahre jünger. Umgekehrt ließ sie ein schwerer Duft wie Chanel No. 5 älter wirken.

Bei Frauen spielen Limbis Geruchsempfindungen bei der Partnerwahl vor allem eine Rolle als K.-o.-Kriterium. Wenn ihnen der Körpergeruch eines Mannes unsympathisch ist, helfen alle anderen positiven Eigenschaften des Kandidaten nichts.

Ehrlich duftet am längsten (besonders wichtig für Männer)

Bestimmen Sie eine Vertrauensperson, die Ihnen verlässlich und vorbehaltlos die Wahrheit über Ihre körperlichen Ausdünstungen sagt. Das kann Ihr Ehepartner sein oder ein guter Freund.

Wenn umgekehrt ein Mensch aus Ihrer Umgebung unangenehm riecht, sprechen Sie ihn oder sie vorsichtig darauf an. Manchmal kann es auch abstoßend wirken, wenn sich jemand übermäßig parfümiert. Der oder die Betroffene merkt es selbst nicht und wundert sich vielleicht, warum sich andere abwenden.

Im Hippocampus, Limbis Türsteher für den Zugang zum Gedächtnis, spielen Duftmoleküle eine wichtige Rolle. Erinnerungen werden am besten im Speicher verankert, wenn sie mit besonders angenehmen oder unangenehmen Gerüchen verbunden sind. Dieses Phänomen wird als »Proust-Effekt« bezeichnet. Der Dichter Marcel Proust beschreibt in seinem berühmten (aber schwer lesbaren) Buch *Auf der Suche nach der verlorenen Zeit*, wie ihn der Geruch von Sandkuchen und Lindenblütentee in seine frühe Kindheit zurückversetzt.

Begeben Sie sich auf die Spuren Ihres Geruchsgedächtnisses

Erleben Sie die enormen Erinnerungsfähigkeiten Ihres Riechhirns. Schnuppern Sie in einem Drogeriemarkt an Babypuder, Penaten-Creme und ähnlichen typischen Duftstoffen aus Ihrer frühesten Kindheit. Bei den meisten Menschen werden dabei Erinnerungen an die Zeit wach, als die eigenen Kinder noch klein waren, oder Sie bekommen sogar direkte Verbindungen zum eigenen Kinder- und Säuglingsalter.

Schreiben Sie Ihre persönliche Duftchronik. Beginnen Sie jeden Satz mit »Ich erinnere mich ...«, und dann folgt das Geruchserlebnis. Am Anfang werden Sie noch etwas überlegen müssen. Doch ich verspreche Ihnen: Nach kurzem Anlauf werden die Erinnerungen nur so hervorsprudeln. Limbis Geruchsgedächtnis ist umwerfend!

LIMBI
AKTIV

Wie riecht das?

Schreiben Sie alles auf, was Ihnen dazu einfällt.
Wählen Sie dazu die passenden Adjektive und
anschauliche Bilder.

*Abheften &
Duftalbum
erstellen*

An was erinnert mich das?

An welche persönliche Situation müssen
Sie bei dem Geruch denken, und welche
Erlebnisse verbinden Sie damit?

Limbis dufte Doppelseite

Keine andere Sinneswahrnehmung führt so direkt zu Limbi wie der Geruchssinn. Was viele nicht wissen: Dieses Organ lässt sich trainieren! Hier ist Ihr erstes Übungsblatt. Extrafleißige Limbis kopieren diese Seite mehrmals und machen sich daraus ein Duftalbum.

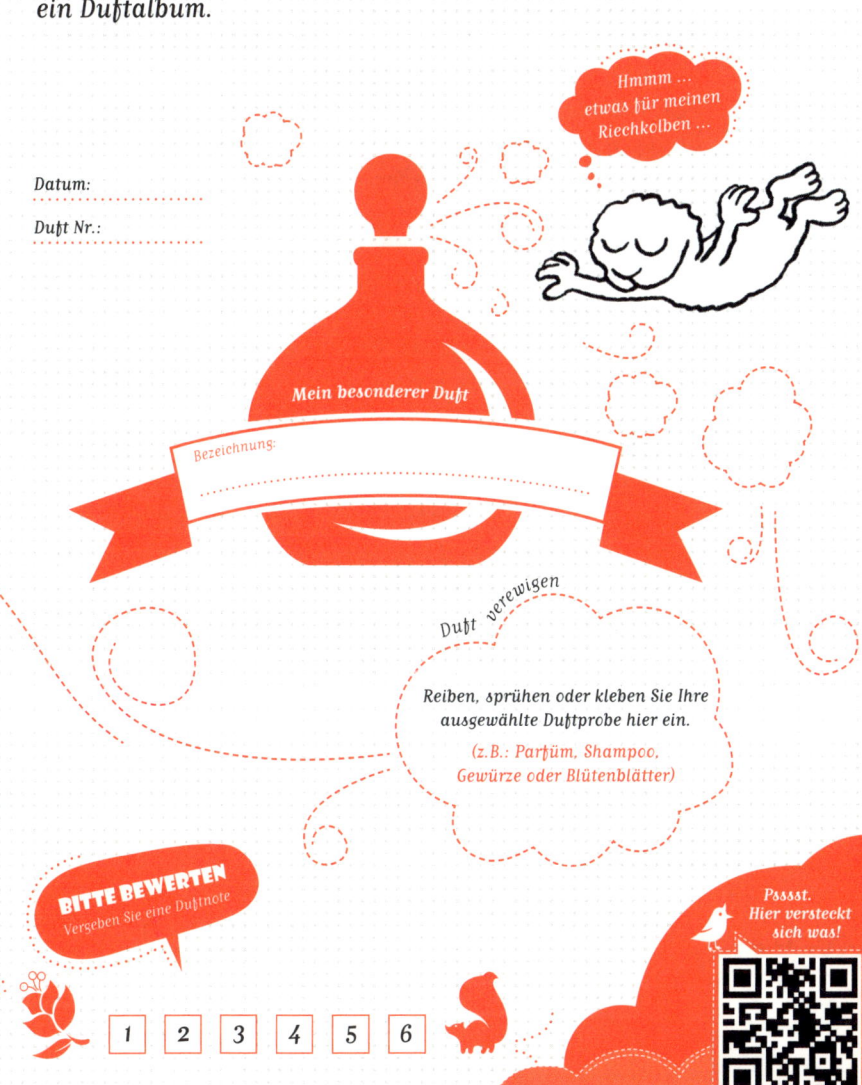

Hmmm … etwas für meinen Riechkolben …

Datum: ....

Duft Nr.: ....

Mein besonderer Duft

Bezeichnung: ....

Duft *verewigen*

Reiben, sprühen oder kleben Sie Ihre ausgewählte Duftprobe hier ein.

(z. B.: Parfüm, Shampoo, Gewürze oder Blütenblätter)

BITTE BEWERTEN
Versehen Sie eine Duftnote

Pssst. Hier versteckt sich was!

| 1 | 2 | 3 | 4 | 5 | 6 |

Immer wieder neu

*Ihr Buch soll nicht duften? Diese Seite kopieren oder unter **www.limbi-welt.de/downloads** herunterladen.*

http://tinyar.com/kk

Fast vergessene Düfte

Ich habe mich eigentlich nie für einen besonders ausgeprägten Nasenmenschen gehalten. Aber während der Arbeit an diesem Buch war ich erstaunt, wie viele Erinnerungen bei mir wach wurden, die mit Gerüchen verbunden sind.

Mein Vater starb, als ich sieben Jahre alt war. Eines der wenigen Details, an die ich mich erinnere, war sein Rasierwasser Pitralon, eine damals gängige Marke. Als ich selbst im Teenageralter war und irgendwann endlich die ersehnten ersten Bartstoppeln sprossen, habe ich mir gleich Pitralon besorgt – und war bitter enttäuscht. Denn der Hersteller hatte in der Zwischenzeit den Geruch »verbessert«. Der alte Zauber war leider dahin.

Solche Duftenttäuschungen habe ich öfter erlebt. Die ersten Edding-Filzschreiber hatten einen sehr intensiven, markanten Geruch. Er wurde in den 1970er Jahren verboten, weil der würzige Inhaltsstoff gesundheitsschädlich war. Ich erinnere mich, dass ich mir damals schnell noch ein paar von den alten giftigen Exemplaren besorgt habe, weil ich den Geruch nicht missen wollte.

Als Kind habe ich Autofahrten gehasst, weil mir von dem scharfen Plastikgeruch innerhalb von Sekunden übel wurde. Ich weiß noch, dass ich, als ich zum ersten Mal in einem teuren Auto mitfahren durfte, sehr darüber staunte, dass es dort höchst angenehm roch. Heute landet bei vielen Männern die Duftnote »neues Auto« bei Nasentests auf den vordersten Plätzen. Da hat die Autoindustrie enorme Fortschritte gemacht. Verglichen mit früher kann ich eindeutig sagen: »Meinem Nasenlimbi gefällt es heute besser.«

Ein Gläschen in Ehren ...

Als unser Sohn Simon in Oklahoma studierte, mitten in den USA, war er verwundert über die offen zur Schau getragene Waffenbegeisterung seiner Kommilitonen. Eine Studentin fuhr mit ihrem gigantischen Pick-up-Truck auf den Campus, an der Rückwand hinter dem Fahrersitz hing ein ebenso riesiges Gewehr. Darauf angesprochen, drückten die Amerikaner gegenüber dem Stipendiaten aus Bayern ihre Verwunderung über das Münchner Oktoberfest aus. Die offen zur Schau gestellte Begeisterung für ein gefährliches Rauschmittel fanden sie abstoßend.

So verschieden geht es in den Köpfen zu: Die einen sehen es als selbstverständliches Grundrecht an, eine Schusswaffe zu besitzen und mit sich herumzutragen. Die anderen empfinden es als selbstverständlich, jederzeit, öffentlich und in hoher Menge Alkohol zu sich zu nehmen.

So verrückt es klingt: Statistisch gesehen ist die Verwunderung der Amerikaner einleuchtender als unsere europäische Besorgnis über den Waffenbesitz. Durch Waffengewalt sterben – Kriegshandlungen nicht mit eingerechnet – weltweit jährlich rund 200 000 Menschen. Durch Alkoholkonsum kommen im selben Zeitraum 2,5 Millionen Menschen ums Leben.

Das ist eine makabre Statistik, mit logischen Macken. Natürlich wird auch in den USA Alkohol konsumiert, mit den gleichen verheerenden Folgen wie überall. Außerdem hängen beide Zahlen zusammen: Der überwiegende Teil aller Gewaltverbrechen wird unter Alkoholeinfluss begangen.

Aber die unfaire Gegenüberstellung der beiden Todesursachen illustriert eine typische Limbi-Täuschung. Wie immer wurde sie von der cleveren Großhirnrinde ersonnen. Die einfallsreiche Vernunft zeigt mit dem Finger auf andere Übeltäter, um von der eigenen Gefährdung abzulenken. Nein, die täglichen Bierchen und Schnäpschen sind nicht so harmlos, wie sie gern in unserer Trinkkultur dargestellt werden.

Beim Alkohol funktioniert es wie bei allen Gewohnheiten: Ist Limbi erst einmal entsprechend programmiert, fällt es verflixt schwer, die Macht der Gewohnheit zu brechen. Dass mit Alkohol nicht zu spaßen ist, wissen Sie – und »passen auf«. Und doch kann es auch Ihnen passieren, durch übermäßigen Alkoholkonsum in die Sucht zu rutschen – ganz unmerklich und nebenbei. Denn Sie leben an der Kante. Ihre Umgebung wird Sie nicht warnen.

Deutschlands Süchtlinge sind wissenschaftlich bestens erforscht. Seit 1980 führt das Institut für Therapieforschung im Auftrag der Bundesregierung den Epidemiologischen Suchtsurvey durch. Er erfasst den Konsum und Missbrauch psychoaktiver Substanzen: Tabak, Alkohol, Medikamente und illegale Drogen. Die Zahlen sind alarmierend: 7,4 Millionen Bundesbürger haben ein Alkoholproblem, mehr als 1,7 Millionen davon werden als alkoholabhängig eingestuft.

Alkohol ist ein Gift. Ein kleines Kind spuckt es unter Husten und Protest aus. Etwa mit 14 Jahren beginnt Limbis kulturelle Umschulung. Er lernt, dass es schmeckt. Er lernt außerdem, die angenehmen Nebeneffekte des Gifts zu nutzen. Alkohol verstärkt die Wirkung der körpereigenen hemmenden Neurotransmitter: Ihre Gedanken und Körperbewegungen werden ruhiger und langsamer. Das fühlt sich erst einmal ganz gut an, »man kommt runter«. Aber der Alkohol bringt Limbis ausgetüfteltes System der Botenstoffe ziemlich durcheinander. Am nächsten Morgen spüren Sie die negativen Nebenwirkungen: Brummschädel, Niedergeschlagenheit, Durst. Wenn Sie danach fürsorglich mit Ihrem Körper umgehen und ein wenig Geduld haben, kommen Limbis Botenstoffe bald wieder in Balance.

Führen Sie den Rauschzustand allerdings regelmäßig herbei oder machen gar gleich am nächsten Morgen damit weiter, drosselt Limbi die Produktion der besänftigenden Botenstoffe. Dadurch gerät das System dauerhaft aus dem Gleichgewicht. Ein schrecklicher Abstieg, den Sie so früh wie möglich stoppen müssen.

Stellt sich die Frage, wie viel Alkohol denn noch gesund ist. Eine Expertenkommission der Bundeszentrale für gesundheitliche Aufklärung hat das Limit für »risikoarmen Alkoholkonsum« folgendermaßen festgelegt: bei Männern 24 Gramm reiner Alkohol pro Tag, bei Frauen die Hälfte. Eine Halbliterflasche Bier enthält etwa 19, ein Viertelliter-Glas Wein etwa 22 Gramm reinen Alkohol. Außerdem sollten Sie an mindestens zwei Tagen der Woche gar keinen Alkohol zu sich nehmen.

Helmut Seitz, Professor für Gastroenterologie in Heidelberg, weist auf Forschungsergebnisse hin, nach denen ein geringer bis

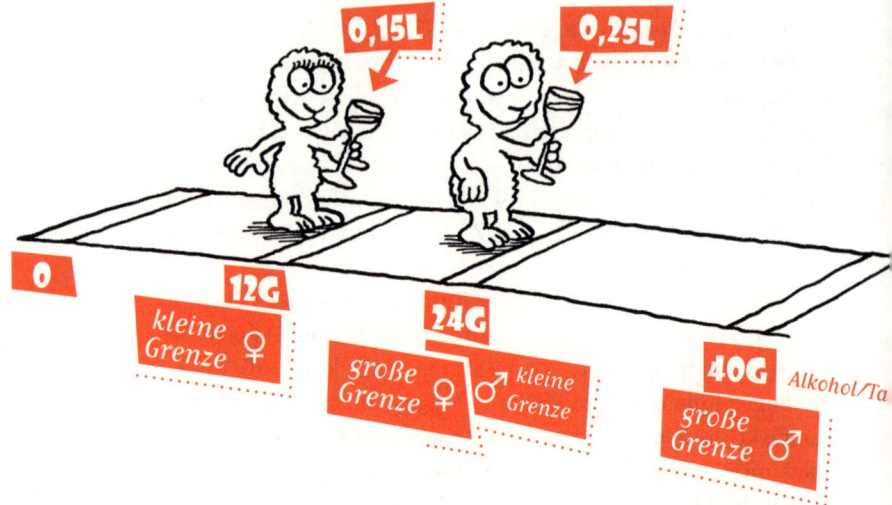

moderater Alkoholkonsum von zehn bis 20 Gramm pro Tag sogar einen günstigen Effekt auf das Herz-Kreislauf-Risiko hat. Eine – inzwischen weltberühmte – Studie des Instituts für Präventivmedizin der Universität Kopenhagen hatte 1995 gezeigt, dass ein Glas Rotwein täglich vor Herzinfarkt schützen kann. Es beeinflusst die Blutfließ- und Gerinnungseigenschaften positiv, fördert den Abbau des schlechten LDL-Cholesterins und reduziert die Thrombosegefahr. Seitz warnt aber auch, dass der Grat zwischen positivem und negativem Alkoholeffekt sehr schmal ist. Die medizinische Grenze, ab der das Risiko für die Entwicklung einer fortschreitenden Lebererkrankung klar ansteigt, liegt für Frauen bei 20, für Männer bei 40 Gramm reinem Alkohol pro Tag. Das ist wenig und liegt weit unter dem Maß jeder lustigen deutschen Trinkfolklore.

Legen Sie unbedingt Alkohol-Fastentage ein (aus rein medizinischen Gründen)

Nutzen Sie die »Sieben Wochen ohne« in der Fastenzeit zwischen Aschermittwoch und Ostersonntag. Verbote sind jedoch für Limbi ein rotes Tuch – da wird er bockig und versucht mit allen Mitteln, anderweitig an sein Ziel zu kommen. Erlauben Sie ihm daher während Ihrer Abstinenztage drei Joker. Das sind außergewöhnliche Anlässe wie eine Geburtstagsfeier oder eine noble Einladung mit edlem Wein. Da dürfen Sie Limbi ein Gläschen gestatten. Wenn Ihnen aber für sieben Wochen drei Joker zu wenig sind oder Sie die Fastenzeit mittendrin abbrechen – dann ist das bereits ein Alarmzeichen.

Wenn Ihr Limbi sowieso keinen Alkohol mag (auch nicht die dänische Rotwein-Dosis): Glückwunsch! Lassen Sie ihn auch in Zukunft weg. Ihr Körper kommt bestens ohne ihn aus. Scheuen Sie sich nicht, auch bei festlichen Anlässen das Glas Prosecco höflich abzulehnen oder das (hoffentlich) danebenstehende Glas Sprudel oder O-Saft zu nehmen. Werden Sie zu Free Drinks eingeladen, bleiben Sie bei Wasser oder Apfelschorle. Lassen Sie sich nichts von anderen aufschwatzen: Sie allein entscheiden, was und wie viel Sie trinken!

Trinken Sie »bleifrei«

Wenn Sie vermeiden möchten, in einer feuchtfröhlichen Runde verspottet zu werden, nehmen Sie ein alkoholfreies Bier. »Sozialer Druck« lässt sich beim Trinken leichter vermeiden als beim Rauchen. Jeder Barkeeper, der das Mixen harter Cocktails beherrscht, bringt auch leckere alkoholfreie Drinks zustande, die genauso schick aussehen und pfiffig schmecken wie die hochprozentigen.

Limbi, das alte Gewohnheitstier, verknüpft gern wiederkehrende Gelegenheiten mit wiederkehrenden Angewohnheiten, und das in einer ziemlich stupiden Weise. Besiegen Sie ihn mit der kreativen Geistesschärfe Ihrer Großhirnrinde: Zum Fernsehen gibt es ab sofort Sprudelwasser.

Nutzen Sie Alkohol immer wieder als Stimmungsaufheller, zur Lockerung in stressigen Situationen, um sich Mut zu machen oder zu vergessen? Haben Sie schon einmal Frust und Ärger damit hinuntergespült? Fällt es Ihnen schwer, nach dem ersten Glas aufzuhören? Denken Sie beim Einschenken bereits an die Wirkung, die eintreten wird, wenn das Glas leer ist?

Dann wäre es an der Zeit, Ihr Trinkverhalten genauer unter die Lupe zu nehmen. Suchen Sie sich eine Vertrauensperson, mit der Sie über alles sprechen können. Alkohol ist ein völlig ungeeignetes Mittel gegen Ängste und Sorgen, die Sie plagen. Finden Sie heraus, welche persönlichen oder beruflichen Problemlagen der Auslöser für Ihren Griff zur Flasche sein könnten, und suchen Sie nach Lösungen in diesem Bereich. Falls sich herausstellt, dass der Alkohol selbst zum Hauptproblem geworden ist, holen Sie sich schleunigst professionelle Hilfe.

Führen Sie einen Monat lang eine (ehrliche!) Strichliste

Wie nah sind Sie an der 20/40-Gramm-Grenze, wie oft liegen Sie darüber? Kommen Sie pro Woche an mindestens zwei Tagen ganz ohne Alkohol aus? So eine Selbstkontrolle ist auch nützlich, um typische alkoholfördernde Situationen zu identifizieren: den Absacker nach der Arbeit, das Feierabendbier vor der Mattscheibe. Auch wenn die Großbrauerei die Übertragung des Fußballspiels gesponsert hat: Sie sind nicht zum Trinken ihres Biers verpflichtet! Beim Thema Alkohol ist Limbi ohne die Kontrolle Ihrer Großhirnrinde verloren.

Haben Sie Feuer?

Wenn Sie Nichtraucher/-in sind, brauchen Sie die nächsten Seiten eigentlich gar nicht zu lesen und dürfen weiterblättern (es sei denn, Sie möchten sich ein wenig daran weiden, wie einfach Ihr Leben im Vergleich zum Raucherdasein ist). Wenn Sie rauchen und niemals ans Aufhören dachten, ist Weiterlesen ebenso unnötig. Wenn Sie aber endlich Nichtraucher werden wollen (was sich laut Umfragen rund 90 Prozent aller Raucher wünschen), kommt nun ein wichtiges Gedankenexperiment auf Sie zu.

Stellen Sie sich vor, es gäbe eine Tablette, die Sie nur ein einziges Mal einnehmen müssten, und danach wären Sie Nichtraucher. Das Mittel hat keinerlei Nebenwirkungen, Sie haben nie wieder Lust auf eine Zigarette, finden den Rauch sogar unangenehm und den Geschmack abstoßend. Das Medikament ist erschwinglich: Es kostet etwa so viel, wie Sie in einem halben Jahr für Zigaretten ausgeben.

Würden Sie dieses Medikament einnehmen? Die Frage ist längst nicht so banal, wie sie klingt. Wie viele schöne Momente würden Ihnen fehlen! Nach einem guten Essen einen Espresso und eine Zigarette – herrlich! Sie treffen einen wildfremden Menschen, bieten ihm eine Zigarette an, sie rauchen zusammen, kommen ins Gespräch – wunderbar! Ein organisatorisches Problem ist zu lösen, eine scheinbar aussichtslose Situation oder irgendeine Schwierigkeit mit einem anderen Menschen. Dann zünden Sie sich eine an und sehen gleich viel klarer – perfekt! Oder die berühmte Zigarette nach dem Sex – ein Highlight! Auf all diese fantastischen Möglichkeiten müssten Sie nach der Nichtraucherpille verzichten. Würden Sie das wirklich in Kauf nehmen? Antworten Sie nicht sofort. Nehmen Sie sich ein paar Stunden Zeit für das Experiment, am besten schlafen Sie einmal darüber.

Ich bin sicher: Einige von Ihnen würden am nächsten Morgen beschließen, die Tablette lieber nicht zu nehmen. Der Abschied von all den vertrauten Gewohnheiten fiele Ihnen doch zu schwer. Falls Sie sich aber zur Einnahme der Nie-wieder-Raucher-Tablette entschlossen hätten, gehen Sie zu Ihrem Arzt, um sich das Mittel verschreiben zu lassen. Da überrascht Sie der Mediziner mit einer Alternative. Es gäbe, sagt er, jetzt völlig neuartige Zigaretten, die alle angenehmen Effekte des Rauchens bieten, aber keinen einzigen der bisherigen Nachteile mehr haben. Keine Angst vor Lungenkrebs, Herzerkrankungen und all den anderen schlimmen Folgen. Die neuen Zigaretten sind geruchlos, ohne störenden Rauch, das Geschmackserlebnis aber ist genau wie bei den alten. Würden Sie noch immer die Pille nehmen wollen oder doch die magischen Zigaretten?

Ping! Ende des Traums! Wachen Sie wieder auf! Der Hintergrund dieser Fantasiegeschichte: Die Zauberzigaretten gibt es nicht. Die Nichtraucherpille aber existiert. Okay, nicht in Tablettenform. Aber bis zum Ende dieses Kapitels können Sie den Effekt dieser Tablette bereits in mentaler Form bereits intus haben. Die Tabakentziehungskur ist verhältnismäßig einfach. Aber danach geht es Ihnen wie nach der Einnahme der erfundenen Pille: All die schönen Momente, die Sie vorher mit dem Rauchen verknüpft haben, kommen für Sie nicht mehr infrage. Die wollen viele Raucher aber nicht aufgeben. Das ist der entscheidende, vielleicht sogar einzige Grund, warum sich Raucher das Rauchen nicht abgewöhnen!

Die anderen Hürden auf dem Weg zum Nichtraucher haben Sie längst überwunden. Ihre Großhirnrinde ist in der Regel bereits überzeugt und kennt die medizinischen Statistiken. Falls nicht, können Sie sie hier kurz auffrischen:

In Deutschland rauchen 33 Prozent aller Männer und 20 Prozent aller Frauen. Zusammen verrauchen Sie 140 Milliarden Zigaretten pro Jahr. Ihre Lebenserwartung ist gegenüber Nichtrauchern um drei bis acht Jahre verkürzt. 90 Prozent aller Lungenkrebserkrankungen und 33 Prozent aller koronaren Herzerkrankungen sind durch Rauchen verursacht. Rauchen vergrößert das Risiko anderer Erkrankungen erheblich und gibt ihnen einen schmerzhafteren, quälenderen Verlauf. Die Hälfte aller lebenslangen Raucher wird an den Folgen des Rauchens sterben. Wie immer in der Statistik gibt es Einzelfälle, die dem Durchschnitt krass entgegenlaufen: einen 96-jährigen Kettenraucher wie den Ex-Bundeskanzler Helmut Schmidt oder Teenager, die im ersten Jahr ihrer Raucherkarriere an Lungenkrebs sterben.

Medizinisch gesehen lohnt es sich immer, das Rauchen aufzugeben, auch wenn Sie schon sehr lange Raucher sind. Umweltverschmutzung, Handystrahlen, Verkehrstod, mangelnde Bewegung, zu fettes Essen – all das spielt im Vergleich zum Rauchen

statistisch eine untergeordnete Rolle. Europaweit sterben jährlich rund 500 000 Menschen an Erkrankungen, die durch das Rauchen verursacht werden.

All diese Erkenntnisse sind jedoch nicht das Problem. Hinderungsgrund Nummer eins ist Limbi mit seinen lieb gewordenen Gewohnheiten. Es funktioniert erst, wenn Sie ihn überzeugt haben und gemeinsam zum festen Entschluss gekommen sind: Ja, wir werden auf diese glücklichen Zigarettenmomente in Zukunft und für immer verzichten, bis dass der Tod uns scheidet. Handschlag, Datum, Unterschrift.

Sie sind immer noch da? Sie haben nicht weitergeblättert? Glückwunsch, Sie scheinen es tatsächlich ernst zu meinen mit dem Wunsch, aufzuhören. Nun sind Sie bereit für die Wahrheit, die Raucher beharrlich bestreiten: Nichtraucher zu werden ist nicht schwer. Mit dem Rauchen aufzuhören ist für Limbi ein vergleichsweise kleiner Stress. Denn, und nun kommt der entscheidende Aha-Effekt: Der eigentliche Horror für ihn war es, das Rauchen zu erlernen!

Nikotin ist ein hochgefährliches Nervengift. Würden Sie es schaffen, fünf Zigaretten zu essen, wären Sie tot (andere behaupten, es genügen schon zwei, aber ausprobiert hat es hoffentlich noch niemand). Ihren Körper so weit zu bekommen, dieses Zeug hineinzulassen, war ein Stück Arbeit. Erinnern Sie sich: Am Anfang musste Limbi seine natürliche Blockade überwinden, ein bitter schmeckendes Luft-Feinstaub-Gemisch einzuatmen, das einen starken Hustenreiz verursacht. Als er das geschafft hatte und Ihnen der erste Lungenzug gelang, wirkte das giftige Nikotin über die Lungenbläschen und verursachte Übelkeit, Kopfweh und Schwindel. Die meisten Rauchanfänger schummeln ein bisschen und übertünchen die unschönen körperlichen Begleiterscheinungen mit Alkohol oder anderen Ablenkungen. Es dauert jedenfalls ein paar Wochen, bis sich Limbi und die von ihm verwalteten Körperfunktionen an das Nikotin gewöhnt haben.

Nikotin ist nach dem Einatmen in spätestens 16 Sekunden im Gehirn, schneller als jede Tablette oder Infusion. Es dockt dort an den nikotinischen Acetylcholin-Rezeptoren an (das müssen

Sie sich nicht merken, aber falls doch, können Sie damit schwer Eindruck schinden). Diese Rezeptoren gibt es auch im Nucleus accumbens, Limbis Belohnungs- und Motivationsbüro. Manche bezeichnen diesen Ort auch als den G-Punkt des Gehirns. Dort jedenfalls aktiviert das herbeieilende Nikotin die Freisetzung von Dopamin – der große Neuromodulator, die motivierende Karotte vor Ihrer Nase, Limbis reines chemisches Glück. Der dadurch hervorgerufene Effekt ähnelt dem von anderen Drogen wie Kokain oder Amphetaminen. Die Stimmung wird kurzzeitig so stark angehoben, dass Limbi die negativen Begleiterscheinungen des Rauchens gelassen hinnimmt.

Das ist der satanische Nikotin-Regelkreis. Er gleicht einer Maschine, die Ihnen einen Hammer auf den Daumen haut, Sie aber vor dem Schlag mit einer schmerzlindernden Infusion versorgt. Das Gerät hat oben einen großen roten Knopf. Wenn das Beruhigungsmittel langsam nachlässt und Sie den Schmerz im Finger immer stärker spüren, ist die Versuchung groß, auf den Knopf zu drücken: »Aah, wunderbar, der Schmerz lässt nach!« Wumm! »Und der Hammerschlag macht mir kaum noch etwas aus.«

Schon 1954 haben Wissenschaftler tatsächlich so eine ähnliche Apparatur gebaut. Ein legendäres Experiment, die Mutter aller Tierversuche. Die Verhaltenspsychologen James Olds und Peter Milner von der kanadischen McGill University setzten Ratten eine Elektrode ins Gehirn. Sie erwischten dabei (wohl eher zufällig) das Septum im medialen Vorderhirnbündel des limbischen Systems – eine Stelle, von der aus sich der Belohnungs- und Motivationskreislauf anregen ließ. Per Tastendruck konnte das Tier selbst ein künstliches Glücksgefühl bei sich auslösen. Die Laborratte kam schnell auf den Trichter und fand Gefallen daran. Sie drückte und drückte und drückte und wurde regelrecht süchtig nach dieser angenehmen Stimulation.

Dann aber kamen Olds und Milner auf die wirklich teuflische Idee: Vor den glücksauslösenden Knopf bauten sie ein unter Strom gesetztes Gitter ein. Kontrolltiere ohne Elektrode mieden das Elektrogitter wie die Pest, selbst wenn auf der anderen Seite leckeres Futter lockte und es sonst nichts zu Fressen gab. Die Tiere mit dem eingebauten Selbstbeglückungsmechanismus aber ertrugen all die Schmerzen des Stromstoßfußbodens, nur um an den glücksauslösenden Schalter zu gelangen.

Die gute Nachricht ist: So eine Laborratte besitzt im Kopf sehr viel Limbi und ziemlich wenig Großhirnrinde. Hiermit verkünde ich Ihnen die große frohe Botschaft beim Thema Rauchen: Sie sind keine Laborratte! Sie können den schrecklichen Apparatismus durchschauen, sich die Elektrode aus dem Kopf ziehen, müssen den blöden Elektroteppich nicht mehr betreten und können sogar aus dem fiesen Labor entfliehen! Der Großhirnrinde und seiner enormen Einsichtsfähigkeit in höhere Zusammenhänge sei Dank!

Inzwischen sind Sie vertraut mit dem interessanten Zusammenspiel von Limbi und Großhirnrinde. Da werden Sie vielleicht skeptisch fragen, ob sich Limbi nicht mit Leibeskräften gegen die Einmischungsversuche Ihres Neocortex wehren wird. Limbiwürgung, das hatten wir schon ganz am Anfang, bringt nichts. Guter Einwand! Es wäre in der Tat sehr schwierig, mit der denkenden Großhirnrinde allein Limbis starkes Verlangen nach der

nächsten Nikotindosis zu überwinden. Doch erinnern Sie sich an die Grundidee dieses Buches: Limbi nicht bekämpfen, sondern mit ihm kooperieren. Und das geht so:

Sie bringen Limbi auf Ihre Seite (also die Seite Ihrer Großhirnrinde), indem Sie ihn daran erinnern, wie schrecklich das Rauchenlernen damals für ihn war: »Weißt du noch, Limbi? Damals wolltest du mich vor dem Nervengift schützen, und ich habe dich so lange gewürgt, bis du die Dauervergiftung hingenommen hast. Damit ist jetzt Schluss. Du darfst wieder so sein, wie du eigentlich bist. Das wird sich eine Zeit lang unangenehm anfühlen. Aber danach haben wir es geschafft. Dann sind wir wieder das alte Dreamteam.« Sie dürfen sich darauf verlassen: Limbi ist Ihr bester Verbündeter beim Nicht-mehr-Rauchen. Er tut alles, um das Nervengift wieder loszuwerden.

Es wird viel gewitzelt über die gelben Quadrate auf den Bahnhöfen, innerhalb derer das Rauchen erlaubt ist. Die Europäische Krebsliga beklagt, dass Deutschland (wegen der starken Tabaklobby) beim Nichtraucherschutz auf dem vorletzten Platz liegt. Aber: Mit einem Raucheranteil von 26 Prozent der über 15-Jährigen sind die Deutschen auf einem Spitzenplatz. Der EU-Durchschnitt liegt bei 32 Prozent.

Die Einsicht der Gesellschaft ist gewachsen, und das wird Ihnen in Ihrem neuen Status als Ex-Raucher sehr helfen: Nichtrauchen ist normal, Rauchen ein Relikt aus finsteren Zeiten. Als ich Teenager war, stand ich unter starkem sozialen Druck, Raucher zu werden, und habe ihm glücklicherweise widerstanden – umgeben von lauter paffenden Altersgenossen. Für unsere Nichtraucherkinder war das kein Thema mehr. In unserem Freundeskreis gibt es kaum Raucher, und die wenigen verbliebenen verhalten sich viel rücksichtsvoller als früher.

Doch zurück zum Nikotinentzug: Nikotin ist ein Gift der schnellen Sorte. Es verbreitet sich innerhalb einer Viertelstunde im gesamten Organismus und ist nach zwei Stunden schon wieder zur Hälfte aus dem Körper ausgeschieden. Um die Konzentration von Nikotin aufrechtzuerhalten, braucht Limbi etwa jede Stunde eine neue Zigarette und reguliert dabei den Giftpegel ziemlich genau. Deswegen können Sie sich mit Light-Zigaretten das Rauchen nicht abgewöhnen – Limbi nimmt bei miesem Stoff entsprechend tiefere Züge.

Limbi will immer wieder neues Nikotin. Aber wie schlimm ist Nikotinentzug für Ihren Körper? Die verblüffende Antwort: gar nicht schlimm! Über Nacht sinkt die Nikotinkonzentration in Ihrem Körper praktisch auf die eines Nichtrauchers ab, doch selbst wenn Sie starker Raucher sind, wachen Sie davon nicht auf. Kettenraucher überleben einen Zwangsentzug, etwa auf einem 14-stündigen Interkontinentalflug. Sie werden nervös und seelisch ungenießbar, aber ihr Körper kann das ab.

Die Schmerzen beim Aufgeben des Zigarettenrauchens sind – verglichen mit denen beim Entzug von wirklichem Rauschgift – lächerlich gering. Keine Unterleibsschmerzen, kein Schwitzen, keine Schreianfälle, kein Nasenbluten, keine Ohnmacht, kein Durchfall, keine Ekzeme, nicht einmal ein Juckreiz. Alles, was Ex-Raucher spüren, ist eine leichte Leere und ein Gefühl der Unruhe. Manche beschreiben es als leichte Depression: Limbi ist krank. Es ist genau die Entzugserscheinung, die Sie als Raucher tausendfach durchlebten – aber jedes Mal durch die nächste Zigarette gemildert haben.

Kann man den Entzug mit Hilfsmitteln abmildern? Mit Nikotinpflastern, Elektrozigaretten oder Injektionen? Umstellen vom Eine-Schachtel-pro-Tag-Konsum auf Genussraucher, ein Zigarettchen pro Woche, eine edle Zigarre pro Monat? Vom westlichen Schnellraucher zum gelassenen orientalischen Wasserpfeifengourmet? Aus Limbis Sicht und mit Blick auf den teuflischen Nikotin-Regelkreis ist das alles keine Lösung.

Das Entwöhnungsverfahren *nichtraucher-in-5-stunden.de* des Mediziners Stefan Frädrich und viele andere Entzugsmethoden arbeiten ohne solche Maßnahmen. Aufgehört wird sofort, von heute auf morgen, ohne Netz und doppelten Boden. Es ist hilfreich, wenn Sie während der Entzugsphase nicht im schlimmsten beruflichen Stress stecken. Wichtig ist auch die Rücksichtnahme Ihrer Umgebung: Solange alle um Sie herum unvermindert weiterpaffen, wird es extrem schwierig. Aber nicht unmöglich. Beim Passivrauchen erhält Limbi nicht mehr die Giftkonzentration, die für eine neue Runde im Nikotin-Regelkreis nötig wäre.

Lassen Sie es sich von Ex-Rauchern bestätigen: Alle fiesen Begleiterscheinungen verschwinden nach einiger Zeit. Nach spätestens zwei Monaten sind alle Schlafstörungen, Depressionen, Magenprobleme und anderen zigarettenbedingten körperlichen

Malaisen vorbei. Falls Sie danach noch weiter krank sind, kommt das jedenfalls nicht vom Nikotinentzug.

Als frischgebackener Nichtraucher werden Sie über den Verzicht auf die Glimmstängel gut hinwegkommen, weil Sie im Gegenzug neue Annehmlichkeiten gewinnen: Die Geschmacksknospen auf der Zunge erholen sich. Ex-Raucher berichten begeistert über fantastische Erlebnisse beim Essen. Sie schmecken wieder etwas! Verwundert freuen Sie sich, dass die Wände in der Wohnung nicht alle fünf Jahre neu gestrichen werden müssen. Der Freundeskreis erweitert sich. Die gepflegte Tabakrunde mit geistreichen Gesprächen lässt sich ersetzen durch ein Teestündchen oder Konversation mit Kaffee.

LIMBI-
MOMENT

Nutzen Sie Limbis somatische Marker: gesund essen; bewusster schnuppern; beim Einschlafen lächeln; in Pausen die Muskeln bewegen; dankbar den eigenen Herzschlag hören ... Es müssen keine großen Gesundheitsprogramme sein. Limbi, das genügsame Urviech in Ihrem Inneren, wird jede Ihrer kleinen Aufmerksamkeitsmomente mit einem deutlichen Glücksgefühl erwidern. Nach und nach haben Sie genug Power beisammen, um auch die größeren Projekte anzugehen (Idealgewicht, saubere Lunge, fittes Herz, unbelastete Leber usw.).

LIMBI
und die anderen

Bisher konnte ich mich in diesem Buch auf die vielfältigen Erkenntnisse der modernen Neurowissenschaften stützen. Geht es aber um Limbis Beziehung zu anderen Limbis, reizt es mich, die naturwissenschaftlichen Pfade zu verlassen. Ich bin überzeugt, dass unsere Limbis untereinander verbunden sind – auf eine geheimnisvolle Weise, die weit über alle bisher messbaren und beweisbaren Methoden hinausgeht.

Immer in Verbindung

Wenn sich ein Limbi freut, freuen sich die anderen Limbis in der Umgebung mit. Wenn sich ein Limbi vor der Säbelzahnkatze fürchtet, bekommen auch die Limbis in der Umgebung Angst, die das Raubtier gar nicht gesehen haben. Wenn ein Familienmitglied Depressionen hat, es also einem Limbi in einer Gemeinschaft schlecht geht, dann sind die anderen Limbis ebenfalls niedergeschlagen – in einer unscharfen, typisch limbischen Weise.

Ich helfe mir mit der Vorstellung, dass unsere Limbis so etwas wie WLAN haben und so in Verbindung miteinander stehen. Damit wären wir bei dem grundsätzlichen Thema der Vergleiche mit der technischen Welt. Die Menschen, die Limbi erforschen, haben ihrerseits auch alle einen Limbi. Und der liebt Bilder und praktische Vergleiche – etwas, das mit den Augen zu sehen, mit den Händen zu greifen und mit der Nase zu riechen ist. Bei komplizierter werdenden Organismen (wie zum Beispiel uns Menschen) brauchen wir auch kompliziertere Vergleichsgegenstände. Da bietet sich die vom Menschen erfundene Technik an. Die ist zwar diffizil, aber als deren Erfinder haben wir das Gefühl, damit der Natur etwas besser auf die Schliche zu kommen.

Vor ein paar Jahrhunderten, als geschickte Handwerker kunstvolle Uhren und mechanisches Spielzeug bauen konnten, waren Metaphern aus der Mechanik en vogue. So ähnlich wie

diese mechanischen Meisterwerke seien wir Menschen auch, meinten damals einige Wissenschaftler. Der französische Arzt und Philosoph Julien Offray de La Mettrie (gestorben 1751) war ein besonders extremer Verfechter dieser Idee. Der Mensch, so versuchte er zu zeigen, sei nichts weiter als eine hochkomplizierte Maschinerie. Bei näherer Untersuchung könne man keine Grenze zwischen tot und lebendig erkennen. Es gebe kein Leben nach dem Tod, keinen Gott und schon gar keinen Grund für ein schlechtes Gewissen. Die Gelehrtenwelt spottete zwar über solchen Irrsinn, aber jeder las La Mettries Werk, auch Lessing und Goethe. Denn irgendwie war die Idee auch faszinierend: Wenn wir alles bis ins Kleinste auseinandernehmen, müssten wir doch ausnahmslos alles zu sehen bekommen, oder?

Diese Grundidee hielt sich, auch wenn der immer mikroskopischer werdende wissenschaftliche Blick in den menschlichen Körper ständig neue, noch kleinere und noch geheimnisvollere

Strukturen zutage förderte. Gleichzeitig machte die industrielle Technik enorme Fortschritte, und so verstehen viele Menschen ihr Gehirn inzwischen als eine Art biologischen Supercomputer. Neurowissenschaftler bedienen sich so mancher PC-Metapher beim Formulieren ihrer Untersuchungsergebnisse. Da »feuern« Nervenzellen »Daten« über neuronale »Leitungen«. Das Gehirn ist die »Hardware«, der Geist die »Software«, das Gedächtnis die »Festplatte«, auf der Erlerntes und Erlebtes »gespeichert« wird.

Doch es mehren sich die Vermutungen, dass es in unserem Kopf ganz anders zugeht als in den Mikroprozessoren unserer digitalen Begleiter. Einer, der schon immer gegen solche Computerbeispiele war, ist der britische Biologe Rupert Sheldrake. In seinem Buch *Der Wissenschaftswahn* kämpft er unter anderem gegen das unausgesprochene Dogma der Neurowissenschaft, dass alles in unserem Hirn gespeichert sei (»*It's all in the brain*«). Nein, meint er, die vielen Gedanken, Bilder, Erinnerungen und Verhaltensmuster sind nicht in uns, sondern um uns. In Form von Feldern, Wellen oder Energie, jedenfalls in einer Form, die sich bisher nicht wissenschaftlich nachweisen ließ.

Unser Gehirn mit seinen 86 Milliarden Nervenzellen und einer mindestens ebenso großen Zahl weiterer Zellen wirkt auf den ersten Blick riesig. Aber selbst wenn jede Zelle auf wunderbare Weise den Gegenwert von 100 Bit speichern könnte, ergäbe sich eine Gesamtkapazität unserer »Festplatte« von nur einem Terabyte. Für die immense Zahl von Bildern, Eindrücken, Abläufen, Klängen, Emotionen, die wir ständig verarbeiten und an die wir uns erinnern, erscheint mir das als viel zu wenig. Zumal nur ein kleiner Teil dieser vielen Zellen als »Speicher« verwendet werden kann, die meisten Neuronen sind Teil des »Prozessors« und der »Datenleitungen«. Das Gehirn wäre demnach kein Behälter oder Speicher, sondern viel eher ein Empfänger, eine Antenne – für etwas, das in »nicht physikalischer Form« um all die Moleküle und Zellen herum vorhanden ist.

Mich erinnert diese Vorstellung an die Technik, die mittlerweile allgegenwärtig ist: das mobile Internet. Während Sie diese Zeilen lesen, sind Sie umgeben von unsichtbaren Funkwellen, die

unvorstellbare Mengen von Informationen enthalten. E-Mails, Bilder, Filme, Websites, Datenbanken durchziehen den Raum, in dem Sie sitzen (falls Sie nicht gerade in einem Mobilfunkloch oder einem Flugzeug sind), und erreichen auch einen großen Teil Ihrer Körperzellen. Warum sollte es nicht schon seit Urzeiten ein Informationsfeld biologischer Natur geben, auf das die Zellen mit ihrer DNA und die Gehirnzellen mit ihren weitverzweigten, antennenartigen Dendriten und Axonen Zugriff haben?

Sheldrakes Lieblingsbeispiel sind die Haustiere, die prinzipiell ein gutes Anschauungsobjekt für unsere menschlichen Limbis darstellen. Er hat unzählige bestens belegte Fälle gesammelt, wie Hunde oder Katzen genau in dem Moment erwartungsvoll zur Haustür liefen, als Herrchen oder Frauchen viele Kilometer entfernt den inneren Beschluss fasste, sich auf den Heimweg zu machen. Oder denken Sie an Frauen, die auf die Minute genau gespürt haben, als ihr Ehemann in weiter Ferne im Krieg verwundet oder getötet wurde.

Ich denke, man braucht nicht zu warten, bis die offizielle Wissenschaft solche Berichte bestätigt. Wir können auch ohne knallharten Beweis davon ausgehen: Irgendwie sind unsere Limbis miteinander verbunden.

Mit Gefühl, bitte!

Immer und überall nehmen wir Verbindung auf. Menschliches Leben besteht aus zahllosen Gesprächen – mit Freundinnen und Freunden, Bekannten, Kundinnen und Kunden, Verkäuferinnen und Verkäufern, Unbekannten, Eltern, Kindern, Lehrerinnen und Lehrern, Chefinnen und Chefs, Mitarbeitern, Lieben und Liebsten.

Häufig fallen in solchen Situationen Sätze wie »Lassen Sie uns sachlich bleiben!« oder »Sei doch mal cool!«. Das geschieht bei vermeintlich besonders sachlichen Themen wie Anlageberatung, Versicherungsverträgen oder wissenschaftlichen Debatten. Es passiert aber auch bei abendlichen klärenden Gesprächen mit dem Lebenspartner oder Vereinbarungen mit den lieben Kindern (»Warum muss ich schon so früh nach Hause?«). Dabei hätten wir es spätestens seit Kahnemans Wirtschaftsnobelpreis wissen müssen: Nur sachlich geht gar nicht, Limbi ist immer dabei.

Ja, es ist sogar schädlich, wenn Sie versuchen, Limbi auszusperren. Sobald Ihr Limbi merkt, dass der andere Gesprächspartner seinen Limbi unterdrückt, wird Ihr eigener Limbi sauer. Das ist wohl die wunderbare geheime Solidarität unserer kleinen limbischen Säugetiergehirne.

Sachlich bleiben? Versuchen Sie es erst gar nicht!

Rein sachliche Gespräche gibt es nicht. Bringen Sie deshalb von Anfang an Ihre Emotionen mit ein. Spüren Sie, wenn Sie etwas erfreut, wenn Sie begeistert sind oder stinksauer, wenn Sie etwas ärgert oder antörnt, wenn Sie bei einem Thema Bauchschmerzen haben oder riesengroße Angst. Jedes Gespräch hat diese beiden Ebenen: Fakten und Feeling, Zahlen und Zweifel, Exaktheit und Emotionen, Großhirnrinde und Limbi.

Geschäftsleute, Verkäufer, Vertreter und viele andere Berufsgruppen geben in Gedanken Ihren Limbi an der Rezeption ab oder binden ihn draußen vorm Geschäft an. Bitte tun Sie das nicht! Emotionen sind das Salz in der Suppe Ihres Lebens und der Klebstoff Ihrer Geschäftsbeziehungen. Auch wenn Limbi bei einem Vertrag offiziell nicht mit unterzeichnet (als uraltes kleines Säugetier kann er vermutlich gar nicht schreiben) – allein dass der andere und Sie sich überhaupt trauen, nach einer Zeit des Abwägens und Diskutierens diesen endgültigen Schritt zu machen, hat mit Limbi zu tun. Von ihm stammt der Mut zu dieser Entscheidung, genauso wie das zögernde Muffensausen aus Ihrer limbischen Gehirnregion kam.

Damit ist nicht gemeint, »die Gefühle rauszulassen«. Das war vor einigen Jahrzehnten eine Parole, die (übersetzt in die Sprache dieses Buches) Limbi zum Alleinherrscher machen wollte. Frei nach dem Motto: Gefühle sind so herrlich natürlich und immer gut, der ganze verkopfte Überbau ist Mist. Ich denke, das eine ist so falsch wie das andere. »Sachlich bleiben« und »aus dem Bauch heraus entscheiden« müssen keine Gegensätze sein. Beides gehört zusammen.

Ohne Worte – Körpersprache

Wenn Sie einem unbekannten Menschen das erste Mal begegnen, bildet sich Ihr Limbi ein Urteil. Umgekehrt tut das auch der Limbi des anderen mit Ihnen. Einer der wichtigsten Aspekte, die Limbi dabei für seine Beurteilung heranzieht, ist der Körper – dafür ist er ja Spezialist. Wie sieht der oder die andere aus? Wie riecht er? Wie hört sich seine Stimme an? Wie bewegt er sich?

Unser Neocortex hat Limbis Verfahren längst durchschaut und versucht, die Sprache des Körpers zu beeinflussen. Menschen achten darauf, wie sie aussehen, wonach sie duften, wie sie sprechen und wie sie sich bewegen. Um diesen letzten Punkt soll es jetzt gehen: die Anordnung des Menschen und seiner Gliedmaßen im dreidimensionalen Raum. In gewissem Umfang können Sie Ihre eigene Körpersprache bewusst gestalten und die Körpersprache der anderen »hören«. Das kann in heiklen Situationen sehr hilfreich sein.

Öffnen Sie im Gespräch ab und zu den Mund, auch wenn Sie nichts sagen. Das entspannt die Nackenmuskulatur und das Gehirn. Fassen Sie sich dabei leicht an die Lippen, dann wird das Öffnen des Mundes als natürlich empfunden.

Setzen Sie sich so, dass Arme und Hände Platz haben und Ihre Worte mit Gesten unterstreichen können. Dadurch kommunizieren Sie nicht nur besser mit dem Limbi des anderen, sondern auch mit Ihrem eigenen.

Mit ein wenig Übung werden Sie bemerken, dass manche Ihrer Handbewegungen Äußerungen von Limbi sein könnten. Wenn Sie abwehrend die Hände heben, obwohl Sie eigentlich mit dem besprochenen Vertrag einverstanden sind, kann das ein somatisches Warnsignal von Limbis Bauchgefühl sein!

LIMBI
AKTIV

STIRNFALTEN: ALARM

• Achtung … •

... wenn beim Gegenüber die Stirnfalten die Richtung wechseln! Waagerecht: ehrliches Interesse, Senkrecht: Angriffshaltung

HÄNDE: VERSTÄRKER

• Frei und locker •

Handbewegungen freien Lauf lassen, nicht bewusst gestalten! Einstudierte Gesten wirken schnell unnatürlich.

AUGEN: DIE VERBINDUNG

• in Kontakt •

Sehen Sie dem anderen aufs Gesicht, nicht nur in die Augen! Starren erzeugt beim Gegenüber Unbehagen.

BEINE – ANGRIFF ODER VERTEIDIGUNG

• Aggressiv •

Die Sitzposition zeigt: Ich bin kampfbereit! Nur in kritischen Situationen sinnvoll.

• Abwehrbereit •

Besonders für Frauen hilfreich: Beine wegdrehen als Schutz vor verbalen Angriffen!

• Selbstbewusst •

Rücken an der Lehne, Beine geschlossen: diese Haltung wirkt souverän.

Mein Körpersprache-Spickzettel
für besondere Gelegenheiten

Nehmen Sie diesen Spickzettel mit zum nächsten Meeting. Benutzen Sie ihn nicht nur, um andere zu beobachten. Nehmen Sie selbst die eine oder andere Körperhaltung probeweise ein und checken Sie, wie sich das für Ihren Limbi anfühlt, und wie andere Limbis auf Sie reagieren.

SITZEN – WO BIN ICH IN DER HIERARCHIE?

• Unterwürfig •

Wer kaum wagt, den Stuhl zu benutzen und in gebeugter Pose sitzt, macht sich klein.

• Ablehnend •

Wer sich hinfläzt, zeigt seinem Gesprächspartner Ablehnung, macht sich gleichzeitig aber auch selbst klein!

• Auf Augenhöhe •

Selbst wenn der andere höher sitzt: Eine aufrechte Sitzhaltung zeigt »Ich hab keine Angst!«

POSITIONEN AM TISCH – MACHTFRAGE

• Chefposition •

Den Cheftisch zu berühren, ist mutig, sein Territorium zu betreten, eine deutliche Ansage.

• Verhandlungstisch •

Imaginäre Grenze in der Mitte — wer die überschreitet, wirkt aggressiv.

Psssst.
Hier versteckt sich was!

http://tinyqr.com/kl

Immer wieder neu

Gefährliche Begegnungen

Vielleicht waren Sie während der bisherigen Lektüre dieses Buches ab und zu skeptisch, ob Sie wirklich einen Limbi haben. Es gibt Situationen, in denen Sie kaum daran zweifeln können: wenn Sie einem oder mehreren unheimlichen Menschen begegnen, wenn Sie Zeuge einer Schlägerei oder gar Gewalttat werden. Dann haben Sie ein flaues Gefühl in der Magengegend, fangen an zu zittern, machen sich fast in die Hose oder empfinden einfach nur einen heftigen Stich in der Brust. Das sind lauter Begriffe für Limbis somatische Marker. Angst ist Limbis Spezialgebiet, er bringt Ihren Körper in gefährlichen Situationen blitzschnell in Abwehrstellung oder bereitet ihn zur Flucht vor. Wenn Gewalt droht, arbeitet gleichzeitig Ihre Großhirnrinde auf Hochtouren: Welches Verhalten ist jetzt am vernünftigsten? Bloß keinen Fehler machen! Da ist es gut, sich vorab im Neocortex ein paar intelligente Strategien für Notsituationen zurechtzulegen.

Bringen Sie sich nicht selbst in Gefahr
Spielen Sie nicht den Helden. Folgen Sie lieber Limbis Impuls, sich aus Konflikten herauszuhalten. Wenn eine Situation gefährlich erscheint, bleiben Sie in sicherer Entfernung. Aber setzen Sie einen Notruf ab (europaweit immer die 112) und halten Sie sich bereit.

Oft gibt ein Täter schon auf, wenn er merkt, dass er beobachtet wird. Folgen Sie aber bitte nicht Limbis zweitem Impuls, sich still zu verdrücken. Damit würden Sie mithelfen, dass Gewalt überhandnimmt, Opfer keinen Schutz mehr bekommen und Kriminelle tun können, was sie wollen.

Suchen Sie sich einen konkreten Helfer

Wird die Lage brenzlig, ruft Ihr Limbi um Hilfe. Die Erfahrung zeigt jedoch: Je mehr Menschen zuschauen, desto mehr verlässt sich jeder auf den anderen. Ergreifen Sie die Initiative. Um Hilfe zu erhalten, müssen Sie mit dem Limbi eines Einzelnen in Kontakt kommen. Sprechen Sie einen aus der Menge gezielt an, und bitten Sie ihn um Hilfe: »Sie in der blauen Lederjacke. Das Mädchen da vorn braucht Hilfe. Helfen Sie mir bitte!« Sprechen Sie dabei sehr laut. Die Stimme ist eine Waffe, die Sie immer bei sich tragen.

Ist die Situation zu unübersichtlich und können Sie keinen Zuschauer direkt ansprechen, überlegen Sie nicht lange, wie Sie Ihren Schrei formulieren. Manchmal ist der Ruf »Hilfe! Feuer!« am besten geeignet, um Mitmenschen schnell auf etwas aufmerksam zu machen. Immer wieder wurden Täter allein durch die Schreie der Passanten in die Flucht geschlagen.

Beobachten Sie genau

In Situationen, die von Limbis Angst bestimmt sind, ist Ihre Wahrnehmung getrübt. Zwingen Sie sich, den oder die Täter so genau wie möglich anzusehen. Was hat er an? Wie groß ist er? Welche Haarfarbe hat er? Wie alt könnte er sein? Hat er auffällige Kennzeichen? Wie spricht er? Wohin läuft er? Wenn der Täter in ein Auto steigt, notieren Sie das Kennzeichen. Wenn es die Lage erlaubt, filmen oder fotografieren Sie mit Ihrem Handy. Das alles sind später wichtige Hinweise für die Polizei. Auf diese Weise tragen Sie dazu bei, Gewalttaten dauerhaft zu reduzieren.

Benachrichtigen Sie so schnell wie möglich die Polizei oder beauftragen Sie einen anderen, das zu tun. Sagen Sie am Telefon genau, was wo passiert ist. Legen Sie dann nicht gleich auf, sondern warten Sie eventuelle Rückfragen der Polizei ab.

Stellen Sie sich als Zeuge zur Verfügung. Auch wenn viele Menschen das Geschehen beobachtet haben, Ihre Aussagen können entscheidend sein. Unterlassen Sie Ihre Zeugenaussage nicht aus falsch verstandenem Mitgefühl gegenüber dem Täter.

Kümmern Sie sich um das Opfer

Das kostet Limbi Überwindung, und er braucht den argumentativen Beistand der Großhirnrinde, am besten in Form des cleveren Gedankenspiels: »Wenn ich da läge, wie sehr würde ich mich über Hilfe freuen!« Dadurch versetzt sich Ihr Limbi

in den Limbi des anderen hinein und wird automatisch Erste Hilfe leisten. Wenn Sie sich fachlich nicht sicher fühlen, leisten Sie seelischen Beistand. Sprechen Sie mit dem Opfer. Sagen Sie ihm, dass Sie da sind und da bleiben. Die Zeit, bis Polizei, Feuerwehr oder weitere Helfer da sind, erscheint dem Opfer vermutlich wie ein halbe Ewigkeit.

Programmieren Sie Ihre Großhirnrinde schon jetzt auf eine mögliche Gewaltsituation, und verpflichten Sie sich gegenüber sich selbst: »Ich helfe unbedingt!« Auch wenn Sie das Zeit, Mühe und Überwindung kosten wird. Lassen Sie notfalls einen wichtigen Termin sausen. Man wird dafür Verständnis haben. Denken Sie von Limbi zu Limbi: Wenn Sie als Opfer in Not wären, hätten Sie bestimmt kein Verständnis dafür, dass der andere Sie liegen lässt, weil er zu einem Geschäftstermin eilen muss!

Bei drohendem Angriff von vorn: weiträumig ausweichen!

Kommt Ihnen auf der Straße in einem unfreundlichen Viertel ein aggressiv aussehender Zeitgenosse entgegen, schießen Ihnen vielleicht komplizierte Gedanken durch den Kopf: »Wenn der sieht, dass ich ihm ausweiche, greift er mich erst recht an.«

Die Erfahrung der Sicherheitsprofis zeigt aber: Aus dem Weg gehen, etwa auf die andere Straßenseite wechseln, ist immer die bessere Alternative.

Tun Sie es aufrecht und mit sicherem Schritt, als hätten Sie schon lange vorgehabt, dorthin zu gehen. Blenden Sie den potenziellen Angreifer aus, stellen Sie das WLAN Ihres Limbis nicht auf ihn ein. Lassen Sie Konfrontationen gar nicht erst entstehen. Der beste Kampf ist der Kampf, der ausfällt!

Jetzt haben Sie den Angstmacher vor sich, können den Abstand selbst regulieren und sein weiteres Verhalten beobachten. Ihr Limbi fürchtet sich dann viel weniger. War tatsächlich ein Angriff von hinten geplant, haben Ihr Blick und Ihr Stehenbleiben abschreckend gewirkt. Plante der andere, Sie nach Hause zu verfolgen, ist es damit vorbei.

Die Helden der Evolution: Teenager

Die meisten Menschen empfinden kleine Kinder als süß und liebenswert: In ihnen findet sich ganz viel Limbi und noch kaum bewusst reflektierende, selbstbeobachtende Großhirnrinde. Der erwachende Neocortex hat allerdings auch seinen hinreißenden Charme – wenn das kleine Kind zum ersten Mal gezielt zum Lachen gebracht werden kann, wenn es seinen Namen erkennt und bald versucht, selbst artikulierte Laute hervorzubringen. Im Kindergarten- und Grundschulalter erfreuen uns Kinder durch dramatische Lernfortschritte – auch wenn es sich nicht nur um die im offiziellen Lehrplan vorgesehenen Inhalte handelt.

Aber spätestens um das verflixte 13. Lebensjahr herum passiert etwas mit den lieben Kleinen. Sie werden unleidlich, unmotiviert und motzig. Fähigkeiten, die sie sich in den Jahren davor unter dem Beifall der Erwachsenen angeeignet hatten, scheinen verlernt zu sein. Anstandsregeln, Höflichkeit und eine gepflegte Sprache gehören der Vergangenheit an.

Zehnjährige sind richtig gut im Erkennen von Emotionen in den Gesichtern anderer. Sie haben gelernt, auch feine Nuancen von Missfallen zu beurteilen, und benehmen sich erstaunlich sensibel gegenüber Erwachsenen und Gleichaltrigen. Elfjährige können das schon nicht mehr so sicher, und ab dem zwölften Lebensjahr bricht die Leistungskurve dieser mentalen Kunstfertigkeit steil nach unten weg. Erst mit 18 Jahren haben Jugendliche diese emotionalen Fertigkeiten wiedererlangt, die sie bereits mit zehn Jahren beherrschten.

Die Folge: Zwischen zwölf und 18 Jahren wirken Jugendliche, die als Kinder doch so süß waren, unsensibel und ordinär. Die Erwachsenen verstehen das nicht, und die Teenies fühlen sich ihrerseits unverstanden. Was ist da los? Ist Limbi im Streik? Steht er unter Drogen? Lange Zeit schien das so. Man schrieb den pubertären Ausnahmezustand dem Aufruhr der Hormone zu, verursacht durch die heranrollende Geschlechtsreife. Mädchen sind heute mit knapp 13 Jahren fortpflanzungsfähig, Jungs ein halbes Jahr später. Zeitlich schien das zu passen.

Doch inzwischen weiß man: Das Gehirn ist in dieser Zeit eine Großbaustelle, es wird auf das Erwachsenwerden vorbereitet. Die Jugendlichen verstehen die Äußerungen der Erwachsenen tatsächlich viel schlechter, als sie das noch während ihrer Kindheit getan haben. Am Ende der Pubertät wird das Gehirn um bis zu sieben Prozent leichter sein als vorher. Viele ungenutzte Verbindungen zwischen den Neuronen werden nämlich stillgelegt. Das zentrale Denk- und Entscheidungsorgan wird dadurch schneller und leistungsfähiger. Es ist aber auch nicht mehr so flexibel wie davor.

Während des Umbaus ist Limbi buchstäblich von der Rolle. Die Verbindungen zwischen dem präfrontalen Cortex und den emotionalen Teilen des limbischen Systems sind während der Neuverdrahtung immer wieder mal unkontrolliert oder gänzlich gestört. Großhirnrinde und Limbi haben noch nicht den guten Draht zueinander, den sie spätestens ab dem 24. Lebensjahr haben werden. Kein Wunder also, dass Pubertierende ihren Gefüh-

len manchmal freien Lauf lassen, verbunden mit Türenknallen, Wutausbrüchen oder tränenreichen Selbstzweifeln.

Während dieser Neubauphase lässt die Leistungsfähigkeit von Limbi und Neocortex insgesamt nach. Vor allem das gleichzeitige Ausführen mehrerer Tätigkeiten bereitet dem pubertären Gehirn Schwierigkeiten. Es hat zwar den gegenteiligen Anschein, wenn Jugendliche, wild auf dem Smartphone tippend, vor dem Fernseher sitzen und gleichzeitig merkwürdige Nahrungsmittel zu sich nehmen. Untersucht man aber die dabei real erbrachten Leistungen, stellt sich heraus, dass höchstens eine der gleichzeitigen Tätigkeiten in ausreichender Qualität erbracht werden kann. 15- oder 16-Jährige mit guter Selbstbeobachtungsgabe überkommt ein Schauder bei dem Gedanken, dass sie mit 18 den Führerschein machen sollen: simultan kuppeln, schalten, lenken, den Gegenverkehr, Radfahrer, Fußgänger und das Navi beobachten, Blinker setzen und dabei gewissenhaft alle 480 neu erlernten Verkehrsregeln beachten ... gruslig!

Warum leistet sich die Natur eine für alle Beteiligten derart anstrengende Phase? Pubertierende sind, wie Anthropologen herausgefunden haben, die Helden der Evolution. Es ist für die Entwicklungsgeschichte einer Menschenhorde stets ausgesprochen wichtig gewesen, dass einzelne Draufgänger ihren Limbi von der Leine lassen und neue, auch gefährliche Wege und Methoden ausprobieren. Es lag nahe, dafür die jungen Mitglieder

der Gemeinschaft zu nehmen. Sie haben schon fast die volle Körperkraft und einen bereits gut entwickelten Limbi, müssen aber noch nicht für eigenen Nachwuchs sorgen. Während der Pubertät nimmt die Angstwahrnehmung ab. Bungeejumping, Fallschirmsprünge, halsbrecherische Tanzfiguren, risikoreiche Sportarten und sonstige körperliche Grenzerfahrungen sind unverzichtbare Bestandteile unseres erfolgreichen evolutionären Programms. Leider gibt es dabei zahlreiche Irrwege, die für den Fortbestand von Stamm und Menschheit eher wenig bringen: Alkoholexzesse, Drogen, Schlafmangel und so weiter.

Pubertierende haben ein herabgesetztes Angstempfinden. Sie trauen sich Mutproben zu, die sie vor dem zwölften und nach dem 20. Lebensjahr nicht wagen würden. Das ist eine direkte Folge von Limbis mangelnder Verbundenheit mit der Großhirnrinde während der pubertären Neuverdrahtung.

Wenn der 16-jährige Jungmensch flegelhafte Antworten gibt, liegt das nicht an mangelnder Erziehung, sondern an Limbis mangelnder Fähigkeit, sich vor den Konsequenzen zu fürchten. Kleiner Trost für alle Betroffenen: Die pubertären Ausraster Limbis sind nicht nur wichtig für die Entwicklung der Horde und des Stammes, etwa um neue Lebensräume zu erobern. Frechheit, Kühnheit und Wagemut sind auch hilfreich für die spätere eigene Entwicklung. Wer in der Pubertät viel riskiert hat, besitzt später eine höhere Kompetenz in Notsituationen – vorausgesetzt natürlich, dass er die halsbrecherischen Experimente seiner Pubertät überlebt hat.

Vollständig ausgereift ist das menschliche Gehirn erst mit 25 Jahren. Dann funktionieren auch anspruchsvolle Konzepte wie die Selbstbeobachtung der eigenen Emotionen. Wenn Sie die 25er-Marke überschritten haben, nutzen Sie diesen Moment, um dankbar zurückzusehen und Limbi zu sagen: »Wie gut, dass wir unsere Jugendzeit heil überstanden haben!«

Was können Sie als Nicht-mehr-Pubertierender Jugendlichen Gutes tun? Als Eltern – wenig. Sie sind zu nah dran. Mit übertrieben viel Verständnis würden Sie Ihrem pubertierenden Kind nicht helfen. Ihr Kind braucht Sie als Reibefläche und Gegenpart. Viele Eltern verzweifeln, weil sie von ihren Kindern in der Pubertät so oft angelogen werden. Das Konzept »Ehrlichkeit« ist ein komplexes Zusammenspiel von Großhirnrinde und Limbi. Dem pubertierenden Gehirn fällt die Umsetzung schwer. Wenn der Pubertierende ein paar Mal erfahren hat, wie wenig er von den Erwachsenen verstanden wird, wählt er lieber den Weg der kleinen Notlüge, um sich langwierige Erklärungen zu ersparen.

Stellen Sie sich als Zuhörer zur Verfügung

Vielleicht gibt es in Ihrem Freundeskreis oder sonstigem Umfeld Jugendliche, denen Sie sich als Zuhörer von Limbi zu Limbi anbieten können. Jungen Menschen in der Umbruchphase genügt oft ein einziger verständnisvoller, nicht gleich mit Werturteilen daherkommender Erwachsener, um sie vor den ganz schlimmen Kurzschlusshandlungen zu bewahren. Suizide sind neben Verkehrsunfällen die häufigste Todesursache bei jungen Menschen. Täglich töten sich in Deutschland statistisch gesehen zwei Heranwachsende, und etwa 20 versuchen es.

Fast immer ein Thema bei Problemen in der Pubertät: Schule und Lernen. Deswegen befassen wir uns im folgenden Abschnitt mit limbifreundlichen Lernstrategien. Die sind natürlich nicht nur nützlich für Jugendliche in der Ausbildung, sondern für jedes Alter geeignet. Am besten, Sie probieren sie selbst aus und geben Ihr Wissen weiter.

Lernen — fürs Leben gern

Können Sie eine Schleife machen? Eine Krawatte binden? Skilaufen? Ein Musikinstrument spielen? Ein Hemd bügeln? Einen Apfel so schälen, dass die Schale in einem einzigen Stück bleibt? All das sind großartige Leistungen, zu denen bisher kein anderes Lebewesen als der Mensch fähig ist. Limbis Fähigkeiten sind phänomenal. Er ist wirklich etwas Besonderes. Deshalb zeichne ich ihn in diesem Buch als Säugetier, das möglichst keinem anderen real existierenden Säugetier ähneln soll.

Lernen ist zuallererst Körpersache. In der menschlichen Entwicklungsgeschichte kam das Lernen von Schrift, Zahlen, Namen, mathematischen Formeln, Geschichtsepochen, chemischen Verbindungen, Telefonnummern oder Aufstellungen von Fußballmannschaften erst sehr spät. Über Hunderttausende von Jahren hinweg bestanden die wichtigsten Lerninhalte darin, den Körper zu beherrschen, Werkzeuge zu benutzen und neue zu erfinden.

Seit Sie auf der Welt sind, lernen Sie. Sie beherrschen, verglichen mit Ihren Urgroßeltern und noch älteren Vorfahren, hochkomplizierte Tätigkeiten ganz selbstverständlich. Der Hype um das »lebenslange Lernen« ist lächerlich. Es ist eine Selbstverständlichkeit.

Das Lernen wird Ihnen erst bewusst, wenn es einmal nicht mehr gelingt. Wenn Sie sich ein Wort, eine Zahl, einen Namen oder eine schwierige Grifffolge auf der Gitarre nicht sofort merken können. Es ist wie beim Fahren auf einer Straße: Dass da überhaupt eine Straße ist, bemerken Sie erst, wenn die Straße aufhört, ein Loch hat oder vor lauter Regen, Schnee oder Dreck nicht mehr zu sehen ist.

Angewandt auf Lernvorgänge heißt das: Lernen wird nur dann schwierig, wenn Limbi nicht mehr mitmacht. Deswegen brauchen wir hier nicht viel über das Lernen selbst zu sprechen, sondern vor allem über die (verhältnismäßig wenigen) Momente, in denen Limbi bockig wird.

»Du kommst hier nicht rein!« – Am Türsteher gescheitert

Wie schon im Abschnitt »Immer der Nase nach« erwähnt, steht Limbi als Kontrolleur am Zugang zu Ihrem Gedächtnis. Informationen, die ihm gefallen, lässt er problemlos rein. Das sind die vielen Sachen, die Sie fast wie von selbst gelernt haben: neue Zaubersprüche Ihres Helden bei World of Warcraft, die Namen der Fußballnationalspieler, das Lieblingsessen der attraktiven neuen Mitarbeiterin. Wenn Limbi einer Information den Eintritt verweigert, hat er dafür einen Grund: Sie langweilt ihn. Sie lässt ihn kalt, er sieht dafür keinen Zusammenhang und keine Verwendung. Kurzum: Er verbindet damit keine Emotion. Die Deutsche Elektrolyt-Kupfer-Notierung für Leitmaterial ist eine börsenabhängige Preisangabe für Kupfer zu Leitzwecken mit einer Reinheit von 99,5 Prozent und gilt als wichtige Kenngröße zur Berechnung des tagesaktuellen Preises. Bing! Genau diese Art von Information ist gemeint – die hat Ihr Limbi nicht einmal in den kleinen Zwischenspeicher hereingelassen, den Sie beim Lesen von Texten benutzen. Er verweigerte den Zugang, weil Sie zu Elektrolytkupfer keinerlei Emotion empfanden.

Limbi muss zu dem herannahenden Lernstoff eine Emotion haben. In Abwandlung eines Zitats von Wilhelm Busch ließe sich sagen: »Also lautet ein Beschluss, dass der Mensch was fühlen muss.« Am besten wäre Begeisterung. So tönt das Mantra der Debatte um das deutsche Schulsystem. Der Neurobiologe Gerald Hüther wiederholt es geduldig: Nur wenn man mit innerer Beteiligung lernt und der Inhalt für einen bedeutsam ist, werden im Gehirn jene neuroplastischen Botenstoffe ausgeschüttet, die die Verankerung von neuen Netzwerken fördern.

Mit jener inneren Beteiligung haben Sie das Laufen gelernt, Radfahren, Zählen, die Sprache und die Bedienung von Computerspielen. Aber es wird immer Lerninhalte geben, für die die meisten keine Begeisterung aufbringen können: die Neuregelung der Gewerbesteuerzerlegung nach Anlage N-GRE 2013, die Infinitesimalrechnung, die anatomischen Lage- und Richtungsbezeichnungen oder die Einrichtung eines mobilen Hotspots unter Android mit Tethering und WPA2-Verschlüsselung.

Bestechen Sie Limbi!

Trotzdem gibt es Limbis, die so etwas Dröges ins Gedächtnis lassen. Was ist da passiert? Ich verrate Ihnen das Geheimnis: Der Türsteher wurde bestochen! Das passiert sehr häufig und ist erstaunlich effizient. Der Limbi eines Wirtschaftsprüfers mit hohem Honorarsatz lässt staubtrockenen Lernstoff aus dem Bundesgesetzblatt ohne Einwände ins Gedächtnis. Ein Medizinstudent paukt nächtelang absurde Mengen lateinischer Fachausdrücke, und Limbi winkt sie in den Gehirnspeicher, weil irgendwo am Horizont ein komfortables Gehalt winkt.

Als 15-jährige Schülerin oder als idealistischer Student der Philosophie (ohne Aussicht auf festes Einkommen) brauchen Sie aber nicht zu verzweifeln. Glücklicherweise gibt es noch andere Wege, den Türsteher zu überzeugen.

Stimmen Sie sich auf das neue Lernfeld ein

Sehen wir uns noch einmal an, warum Limbi bestimmte Lerninhalte problemlos passieren lässt. Bei einer Promi-Disco kommen Sie am Türsteher vorbei, wenn Sie zum Publikum der Disco passen – also das richtige Alter haben und die richtigen Klamotten tragen. Lernen hat nicht nur mit Ihrem eigenen Kopf zu tun, es ist immer auch ein Gemeinschaftsereignis. Wenn Sie Französisch lernen, werden Sie Teil der französischen Kultur. Lernen Sie Klavierspielen, treten Sie ein ins große Feld der musizierenden Menschen. Lernen Sie Mathematik, nehmen Sie Verbindung auf mit der Welt des exakten analytischen Denkens.

Bei vielen Schülerinnen und Schülern scheitert es genau daran. Sie haben keinen Drang, in das Lernfeld »klassische gymnasiale Bildung« oder »Voraussetzungen für die Aufnahme in die Arbeitnehmerschaft« hineinzukommen. Sie fürchten außerdem, beim Eintritt in dieses Feld herauszufallen aus den sozialen Lernfeldern ihres Freundeskreises oder anderer gesellschaftlicher Gruppen, denen sie sich verpflichtet fühlen.

Eltern und Pädagogen verkürzen diese mangelnde Bereitschaft gern auf den Satz »Die wollen ja gar nicht lernen«. Da-

bei wollen sie durchaus, aber die Treue zu anderen Lernfeldern ist hoch. Oder sie fürchten sich vor dem unbekannten Feld. Sie brauchen Vertrauensleute, die ihnen den Zugang zu dem ungewohnten Lernfeld erleichtern – Menschen, die ihnen die Angst nehmen, dass sie mit dem Eintritt ins Neue alles Alte aufgeben müssten.

Suchen Sie Menschen, die Ihnen etwas zutrauen

Limbi passt auf Sie auf. Solange er auch nur die kleinste Sorge hat, Ihnen könnte zum Beispiel das Lernen der vielen umständlichen Krankheitsbezeichnungen für die Heilpraktikerprüfung nicht gut tun, verweigert er diesen Inhalten den Eintritt in Ihr Gedächtnis. Die Aufgabe eines guten Lehrers ist es, Limbis Sorgen zu zerstreuen und den Lernenden eine angstfreie, entspannte Atmosphäre zu bieten. Er macht Mut, ermuntert Schwächere und Langsamere, bietet ihnen von vornherein Möglichkeiten zum Aufholen.

Vor allem traut ein guter Pädagoge den ihm anvertrauten Schülerinnen und Schülern mit ehrlicher Überzeugung den Erfolg zu. Das Mittelalter war in pädagogischer Hinsicht nicht gerade eine vorbildliche Zeit. Aber in der deutschen Lateinschule war es üblich, dass sich der Lehrer zu Unterrichtsbeginn vor den Schülern verbeugte, weil er in ihnen die zukünftigen Doktoren und Führungskräfte sah. Ein Lehrer erzählte mir, dass er sich vor jeder Unterrichtsstunde innerlich verbeugt, seit er von diesem Brauch gehört hatte. Es falle ihm meist sehr schwer, gestand er. Aber jedes Mal verwandelt es ihn und die Unterrichtssituation.

Und wenn Sie keine solchen wunderbaren Lehrer finden? Wenn Sie einfach nur wissen: Irgendwie muss ich das in meinen Schädel hineinbekommen! Ich muss dieses Einfädeln in die Overlock-Maschine so lange üben, bis ich es kann, sonst bekomme ich den Job nicht. Ich muss diese vier Songs auswendig und mit Inbrunst singen lernen, damit mich die Jungs von der Band nicht rauswerfen.

Malen Sie vor Limbis Augen eine farbenprächtige Vision davon, wozu Sie das Gelernte befähigen wird. Machen Sie Limbi Lust darauf, Zeit und Energie dafür aufzuwenden. Leider nehmen sich Lehrer wie Schüler dafür zu wenig Zeit, oder sie glauben gar nicht mehr daran, was Lernen und Bildung für wunderbare Effekte haben können. Das ist wohl die größte Schwachstelle in einem Schulsystem, das auf Stoffvermittlung konzentriert ist. Aber wenn dieser Schritt gelingt, geht der Rest von allein. Disziplinprobleme verringern sich. Der Weg ist frei, um die besten Lernmethoden auszusuchen.

An den Sätzen mit den vertauschten Buchstaben können Sie erahnen, wie Ihr Gedächtnis arbeitet. Es erkennt die Bedeutung

von Wörtern durch eine Art Bildervergleich. Wie die Speicherung von Sprache, Schrift und Erkenntnissen aller Art in den Tiefen von Limbi und Neocortex genau funktioniert, ist nach wie vor ein Rätsel. Klar ist nur: Digital geht es dort nicht zu. Buchstaben oder Zahlen sind da nicht drin, eher Bilder, Bewegungen und Emotionen. Um sich beispielsweise Jahreszahlen zu merken, verknüpft sie das Gedächtnis auf hochkomplizierte Weise mit Empfindungen, Mustern und Bildern.

Finden Sie Limbis Lieblingslernmethode

Nehmen Sie zu lernenden Stoff so in sich auf, wie Ihr Limbi es am liebsten mag – und nicht so, wie es die Lehrer Ihnen vorschreiben. Limbi ist der Kontrolletti am Gedächtniseingang – sorgen Sie dafür, dass er sich wohlfühlt! Ist Ihr Limbi ein Radiofan und hört gerne zu, suchen Sie im Internet nach Audiopodcasts oder Online-Vorträgen zu Ihrem Thema. Zu jeder noch so kniffligen Frage in Mathe oder Physik gibt es Typen, die das genial gut in ihrem YouTube-Kanal erklären!

Hat Ihr Limbi die Sachen gerne geschrieben vor sich, besorgen Sie sich Bücher oder lesen Sie, was Sie dazu im Internet bei Wikipedia & Co. finden. Achtung: Auch ein Limbi, der gerne liest, kann eine Abneigung gegen die wuseligen Buchstaben auf einem Bildschirm haben. Geben Sie Ihrem Öko-Gewissen einen Ruck und drucken Sie sich den Text auf Papier aus. Das ist in der Regel limbifreundlicher, Sie können Wichtiges anstreichen und an einem beliebigen Ort lesen, der Limbi besser gefällt als der plattgesessene Stuhl vor Ihrem Monitor.

Nutzen Sie Limbis fantastische Fähigkeiten für die Orientierung im Raum. Bereiten Sie Inhalte als »Gehirnlandkarte« (Mindmap) auf. Verteilen Sie Lernkarten dreidimensional auf dem Tisch vor sich. Wenn es um Orte geht, schauen Sie sich auf Google Maps deren genaue Lage an. Achten Sie auf Details. Legt Ihr Limbi Wert auf angenehme Materialien und Gerüche, kann ein muffeliges Buch aus unsympathischem Papier für ihn bereits eine Lernblockade sein.

Was ist noch effizienter als Lernen?

Lehren! Suchen Sie sich jemanden, dem Sie das frisch Gelernte erzählen können. Wenn Sie es so rüberbringen, dass es der andere versteht, werden die Inhalte in Ihrem Hirn zusätzlich verankert. Vermitteln Sie den Stoff darüber hinaus so engagiert, dass sich Ihr Zuhörer dafür interessiert, haben Sie die wichtigste Hürde genommen: Limbi merkt, dass das Zeug emotional interessant ist und macht die Tore zum Langzeitgedächtnis sperrangelweit auf.

Schlafen Sie drüber!

Der Neurologe Terrence Seynowski hat experimentell nachgewiesen, dass unser Gehirn während des Schlafs Lernstoffe verarbeitet und optimiert. Zahlreiche Studien haben bestätigt, dass sich Gelerntes nach einer Nacht im Gedächtnis ver-

festigt. Wenn Sie vor einer Prüfung oder einer ähnlichen Herausforderung stehen, überfliegen Sie am Abend noch einmal Ihren (gut aufbereiteten!) Stoff. Nach dem Aufstehen sehen Sie sich den am Vortag gelernten Stoff kurz an. Mitglieder einer Testgruppe konnten sich am nächsten Morgen an fünfmal so viel erinnern wie am Vorabend!

Besser lernt es sich mit Musik

Kann Ihr Limbi singen? Dann haben Sie einen Zusatzvorteil: Die Kombination von Text und Melodie speichert Limbi besonders mühelos ab (ein Gedicht ohne Musik ist für ihn weit schwieriger zu lernen). Während meines Theologiestudiums hatte ich Hebräisch zu lernen, und der Lehrer brachte uns die Zahlen von eins bis zehn bei, indem wir sie auf die Melodie »Solang der alte Peter« gemeinsam sangen. Dadurch kann ich sie noch heute sicher (im modernen Hebräisch lauten die Zahlen genauso): »Ächad, schenajim, scheloschah, arbajim, chamischa, schischa, schebah, schemonah, tissa, assaraha.«

Limbifreundlich Zahlen lernen

So etwas Abstraktes wie Zahlen lässt Limbi nur in den Langzeitspeicher, wenn sie mit Bildern und Emotionen verknüpft sind. Hören Sie in den Nachrichten von einem »600 Quadratkilometer großen Ölteppich«, rauscht das an Limbi und dem Gedächtnis vorbei. Heißt es aber »etwa so groß wie der Bodensee«, hat die Information eine größere Chance, erinnert zu werden. Mit ein paar Vergleichszahlen im Kopf können Sie aus neutralen Nummern bildhafte Vorstellungen machen. Im Folgenden ein paar Beispiele als Einladung, selbst weiterzusuchen und als Merkhilfen in Ihrem Gedächtnis zu verankern:

- Die Fläche Deutschlands beträgt 357 022 Quadratkilometer. Bildidee für Limbi: Ein Jahr groß, pro Tag 1 000 Quadratkilometer. Das sind dann 365 000 und damit 8 000 Quadratkilometer zu viel, aber das ist schon ein ganz guter Wert. Ungefähr gleich groß ist übrigens Japan (377 800 Quadratkilometer).

- Das Saarland mit seinen 2 568 Quadratkilometern wird häufig für Vergleiche herangezogen. Bayern hat eine Größe von 70 547 Quadratkilometern. Bildidee für Limbi: Im Vergleich zu Deutschland (»ein Jahr groß«) ist das Saarland gerade mal zweieinhalb Tage groß, Bayern dagegen fast zweieinhalb Monate.

- Praktisch als Vergleichszahlen sind die Flächen von Seen. Der Bodensee hat 572 Quadratkilometer, der Starnberger See 56 Quadratkilometer. Bildidee für Limbi: Baden ist sexy – knapp sex-hundert Quadratkilometer hat der Bodensee, sex-zig der noble Starnberger See vor den Toren Münchens.

- Eine beliebte Vergleichszahl sind auch die zwölf Millionen Einwohner Bayerns. Bildidee für Limbi: Im frommen Bayern kommt auf jeden der zwölf Apostel eine Million Einwohner.

357.000 m²

JAHR
365 Tage

Einer der meistverwendeten Vergleiche ist einer der ungenauesten: Nach DFB-Regeln muss ein für Länderspiele taugliches Fußballfeld 100 bis 110 Meter lang und 64 bis 75 Meter breit sein. Für nationale Spiele sind die Regeln noch großzügiger. Die Größe schwankt ganz offiziell zwischen 4000 und 10000 Quadratmetern! Bildidee für Limbi: Merken Sie sich als Mittelwert die Glückszahl 7000 Quadratmeter, und nehmen Sie's bei der Angabe »so groß wie ein Fußballfeld« nicht zu genau.

Bei Jahreszahlen genügen ein paar wenige, an denen Sie andere verankern, etwa die Lebensdaten wichtiger Leute. Denn das Alter eines Menschen ist für Limbi anschaulich. Bei der Reformation 1517 wurde das 16. Jahrhundert 17 Jahre alt, war also mitten in der aufmüpfigen Pubertät (»Mit 17 hat man noch Träume …«). 17 Jahre vor dieser Jahrhundertwende (1483) wurde Martin Luther geboren. Er starb mit 62.

Die Französische Revolution fand 1789 statt (1, dann weiterzählen 7, 8, 9). Da war Goethe 40 (bestes Mannesalter), und er starb mit 82 (vergleichen Sie das mit dem Sterbealter eines Verwandten).

Die von den Reformern unseres Bildungssystems geforderte Lernbegeisterung hat ein Problem: Man kann sie nicht anordnen. »Sei doch mal begeistert!« funktioniert nicht. Natürlich wäre es wunderbar, wenn Schüler vor Freude außer sich sein würden, wenn sie die Kurvendiskussion oder die politischen Ursachen des Dreißigjährigen Krieges lernen dürfen. Es mag auch Lehrerinnen und Lehrer geben, denen es gelingt, solche Begeisterung hervorzurufen. Aber nicht ständig, und der erforderliche Aufwand ist hoch. Emotional positive Lernerfahrungen sind und bleiben ein Geschenk. Sie zählen zu den seltenen Glücksmomenten.

Kämpfen Sie gegen Begeisterungsblockaden
Viel einfacher dagegen ist es, Begeisterung zu verhindern. Eine einzige herabsetzende Bemerkung (»Du Idiot lernst das nie!«), und Limbi reagiert eingeschnappt. Deshalb sollten Sie seine sensiblen Stellen kennen.

Limbi braucht Ziele – eine Vision, ein inneres Bild, auf das er sich freuen kann. Dann produziert sein Belohnungs- und Motivationszentrum den antreibenden und fröhlich machenden Neuromoderator Dopamin. Der Effekt: Limbi rennt los, voller Elan und mit dem Wunsch, das Ziel zu erreichen.

Schreiben Sie ihm jedoch genau vor, auf welchem Weg er losrennen soll und an welche Lauftechnik er sich dabei halten muss, ist seine Begeisterung sehr schnell verflogen. Regelwerke, Ausführungsbestimmungen, Schritt-für-Schritt-Anleitungen und der Ausschluss von Wahlmöglichkeiten sind sogenannte Primärbestrafungen für Limbi. Sie wirken unmittelbar aufs limbische System, ohne vorher von der Großhirnrinde überprüft zu werden.

Lassen Sie Limbi Freiheit bei der Wahl seines Weges
Lassen Sie sich und anderen für die Wahl des Weges, auf dem das Ziel erreicht werden kann, so viel Freiheit wie

nur möglich. Offerieren Sie immer mehrere Möglichkeiten. Bieten Sie Produkte in mehreren Ausführungen an und Aufgaben in verschiedenen Schwierigkeitsgraden.

Erfolgreiche Unternehmen versuchen häufig, den erreichten Fortschritt durch Regularien und scharf definierte Abläufe zu sichern. Das funktioniert in der Regel am Anfang gut, aber auf Dauer sind die Limbis der Mitarbeiter genervt und ziehen sich zurück – und dann ist die Verwunderung groß, wenn die Konkurrenz viel kreativer und engagierter ist und an einem vorbeizieht.

Eine weitere sicher funktionierende Primärbestrafung für Limbi sind Verbote. Forscher vom Max-Planck-Institut für Ornithologie wollten wissen, ob der Umgangston von Hinweisschildern an ihren frei in der Natur aufgestellten Geräten Vandalismus und Diebstahl verhindern kann.

Dazu legten sie 60 Geräteattrappen in vier Münchner Stadtparks aus, versehen mit unterschiedlich formulierten Aufschriften: Von »Anfassen strengstens verboten!« über »Jeder Diebstahl wird angezeigt!« bis »Bitte nicht berühren, das ist ein Versuch von Studenten, wir haben nicht viel Geld.« Das Resultat war eindeutig: Sympathisch beschriftete Geräte wurden eher in Ruhe gelassen als solche mit einem Verbotsschild. Freundlichkeit hilft gegen Vandalismus!

Aus Limbis Sicht war das Ergebnis vorauszusehen. Bei einem Verbot wird er misstrauisch, oft sogar aggressiv. Es reizt ihn, die scharf gezogene Grenze doch einmal zu überschreiten.

Überlegen Sie sich dreimal, ob Sie etwas als Verbot formulieren sollen

Formulieren Sie daher auch Regeln, in denen es um etwas Ernstes geht, in einer Sprache, die um Verständnis wirbt. Wenden Sie sich an Limbi. Nur wenn Sie ihn auf Ihrer Seite haben, wird er Ihre Botschaft an die Großhirnrinde weiterleiten.

Gekonnt delegieren

Wie motivieren Sie Kollegen, Freunde oder Familienmitglieder zum Mitmachen? Ein Riesenthema! Wenn Sie jemanden bitten, schlägt Ihnen selten Begeisterung entgegen. Dann machen Sie es doch lieber selbst – aber das ist oft frustrierend, uneffizient, zu langsam und macht obendrein auf Dauer krank und unzufrieden.

Woher kommt dieses Problem? Wenn Sie mit einem anderen Menschen kommunizieren, haben Sie es zunächst mit seinem Limbi zu tun. Er entscheidet, ob Sie ein »Ja, ich helfe« zu hören bekommen oder ein »Nein, ich kann nicht«. Limbi lässt sich kaum mit klugen Begründungen überzeugen, er reagiert auf ziemlich archaische Signale. Einfache Schlüsselwörter oder von Ihnen ausgesandte nonverbale Botschaften veranlassen ihn zu spontaner Ablehnung. Deswegen ist der Einstieg entscheidend.

Ein Forscherteam der Universität von San Diego in Kalifornien hat das Thema »um Hilfe bitten« an drei- bis sechsjährigen Kindern erprobt und ist auf einen Dreh gekommen, den Sie sich unbedingt merken sollten. Die Psychologen unter der Leitung von Christopher Bryan baten über 150 Kinder mithilfe verschiedener Formulierungen, ihr Spiel zu unterbrechen und dafür einem Erwachsenen zur Hand zu gehen – um Ordnung zu machen, Spielzeug wegzuräumen oder einen Behälter zu öffnen. »Kannst du mir bitte helfen?« war dabei weit weniger erfolgreich als der Satz »Willst du mein Helfer sein?«. Der vermutete Grund: Das Substantiv ist stärker mit der Persönlichkeit verknüpft – richtet sich also direkt an Limbi.

Das funktioniert auch bei Erwachsenen. Dazu habe ich allerdings keine akademischen Studien gefunden, sondern kann nur auf Versuchsanordnungen in meinem privaten Umfeld zurückgreifen.

Bitten Sie in Substantiven

Sagen Sie zu Ihrer besseren Hälfte nicht »Kannst du mir bitte beim Kochen helfen?«, sondern »Schatz, ich brauche dich als Koch!«. Oder, je nach genauem Einsatzfeld, als Konditor/ Sommelier/Saucenspezialist/Pizzabäckerin/Käsekenner/Grillprofi/ Handwerker und so weiter. Spüren Sie, wie sich der angesprochene Limbi dabei innerlich aufrichtet? Vorausgesetzt natürlich, es handelt sich um eine positive Eigenschaft, auf die Ihr Gegenüber halbwegs stolz sein kann. »Ich hätte dich gern als Hilfsarbeiter« dürfte die Chance auf eine begeisterte Zusage senken.

Der Trick mit der groß geschriebenen Eigenschaftsbezeichnung funktioniert in vielen weiteren Bereichen. Im Berufsleben wäre die limbifreundlichste Einleitung beim Recruiting ein Satz nach dem Schema: »Wir hätten Sie gern in unserem Team als Statistikerin/Organisationstalent/Chemiker/Kommunikationsexpertin/Libero ...« Wahlkampfteams berichten, dass es wirksam ist, die Menschen zu bitten, »Wähler zu sein«. Die Aufforderung, bitte »zur Wahl zu gehen«, hat längst nicht so viel Kraft.

Auch bei der Selbstmotivation hilft die Substantivierung. »Ich spiele Gitarre« klingt schwächer als »Ich bin Gitarrist«. Bei »Ich singe in einem Chor« identifiziert sich Ihr Limbi viel weniger mit dieser schönen Fähigkeit als bei »Ich bin Sängerin«. Das gilt entsprechend für Selbstbeschreibungen wie »Ich bin Sportler/Bergsteiger/Marathonläuferin/Golffahrer/Tennisspieler/Kirchenmitglied/Rotarierin« und so weiter.

Die Power der nominalen Selbstbezeichnung ist besonders gut spürbar, wenn es um negatives Verhalten geht. Nach einem falschen Verhalten sagt der Betreffende über sich eher »Ich habe jemanden betrogen« und vermeidet das stärkere »Ich bin ein Betrüger«. Klar, denn darüber erschrickt Limbi mehr. Der bereits erwähnte Christopher Bryan bot in einer Testsituation erwachsenen Versuchspersonen Möglichkeiten zum Schummeln. Wenn er sie vorher ermahnte, »Bitte dabei nicht betrügen!«, hatte das so gut wie keinen Effekt. Formulierte er jedoch, »Bitte seien Sie dabei kein Betrüger«, reduzierte sich die Zahl der Falschspieler enorm.

Die Anonymen Alkoholiker nutzen die Hauptwortformulierung schon lange als Startpunkt zur Selbsterkenntnis und Motivation zum Handeln. In den Vorstellungsrunden werden die Teilnehmer dazu aufgefordert, am Ende nicht zu sagen »Ich trinke«, sondern ihren Limbi ganz klar das Bekenntnis aussprechen zu lassen: »Ich bin Alkoholiker.«

In fremder Umgebung

Kein Limbi ist wie der andere. Das merkt man schon am jeweiligen Level seiner Angst vor anderen Menschen. Der eine geht unbekümmert auf jeden Fremden zu, der andere bekommt Panik, wenn er einen Unbekannten nur anrufen soll – vom persönlichen Ansprechen ganz zu schweigen. Diese Unterschiede sind den Menschen schon früh aufgefallen. Seit Jahrtausenden haben sie versucht, ihre Limbis in verschiedene Kategorien einzuteilen. Zu welcher Kategorie Ihr Limbi gehört, ist vermutlich zum größten Teil angeboren. Innerhalb der genetisch vorgegebenen Grenzen kann er sich jedoch noch ganz schön verändern.

Ganz gleich, wie Ihr Limbi gestrickt ist: Er entscheidet blitzschnell, ob er jemanden sympathisch findet oder unausstehlich, ob er Angst vor allem Neuen hat oder ob er voller Zutrauen auf den nächstbesten Mitmenschen zugeht. Diese Schnelligkeit ist eine enorme Stärke von Limbi – und zugleich seine größte Schwäche.

Eine typische Limbi-Situation: Sie kommen neu in eine Arbeitsgruppe, auf einen Kongress oder eine Party – und alle Anwesenden scheinen sich schon seit Ewigkeiten zu kennen. Ihr Limbi gerät erst einmal in stille Panik: »Was, wenn mich keiner mag? Was, wenn ich etwas Falsches sage? Ob überhaupt jemand mit mir redet? Der eine guckt schon so komisch. Oh je, den da drüben kenne ich, aber mir fällt sein Name nicht ein!«

Bei Gedächtnisverlust, Kloß im Hals und anderen somatischen Markern aus Limbis Körperwerkstatt brauchen Sie Hilfe von Ihrer Großhirnrinde. Viele von Limbis Ängsten und Sorgen über die fies wirkenden Zeitgenossen im Raum sind wahrscheinlich völlig unbegründet. Aber im Mutterseelenallein-in-feindlicher-Umgebung-Moment hilft Ihnen diese Einsicht wenig. Damit das Dreamteam zwischen Ihren Ohren für solche problematischen Situationen gewappnet ist, bedarf es einiger Vorarbeit.

Ihr inneres Gefühl und Ihre eigene Außenwirkung passen häufig überhaupt nicht zusammen. Manche Menschen, deren

Limbi eher schüchtern ist und bei Begegnungen mit Fremden regelmäßig in Schockstarre verfällt, wirken auf ihre Umgebung arrogant. Andere sind gesegnet mit einem kontaktfreudigen Limbi, der heiter und herzlich auf Außenstehende zugeht – aber bei den lieben Mitmenschen kommt das als oberflächlich, aufdringlich oder schlichtweg nervig an.

TIPP

Lassen Sie sich von einer Vertrauensperson offen sagen, wie Sie auf andere Menschen wirken
Wozu sind gute Freunde da? Ermuntern Sie Ihr Gegenüber, schonungslos zu sein. Nur so können Sie Ihren Limbi kennen lernen.

Eine andere mögliche Vertrauensperson sind Sie selbst: Sehen Sie sich auf Video an, in Farbe und mit Ton, inklusive aller peinlichen Handbewegungen, Ähs und Stotterer. Solche Aufnahmen können Sie nur selten im richtigen Leben machen, am besten geht das in speziellen Trainings- und Seminarsituationen. Am Bildschirm können Sie manchmal auch die Reaktionen der Mitmenschen beobachten und sehen, wann Sie gut ankommen und wann weniger: Wirken Sie nervös oder souverän? Gehen Sie offen auf andere zu, halten Sie Blickkontakt oder schauen Sie verlegen im Raum herum? Ist Ihre Körperhaltung duckmäuserisch, selbstbewusst, angeberisch oder einschüchternd-aggressiv?

Sollten Sie anders wirken, als Sie sich fühlen – beispielsweise unfreundlicher, unnahbarer, ängstlicher oder polternder –, müssen Sie mit Ihrem Limbi trainieren. Vereinbaren Sie mit ihm: Beim nächsten Gespräch lächle ich bewusst mehr, als mir innerlich zumute ist. Ich rede leiser oder lauter, langsamer oder schneller, mit mehr oder weniger Handbewegungen, cooler oder begeisterter. »Bewusst« bedeutet, dass Sie Ihre Mimik nicht mehr allein Limbi überlassen, sondern Ihre Großhirnrinde korrigierend eingreifen soll. Das kann zunächst künstlich wirken, aber im Verlauf Ihres Trainings mit Limbi werden Sie auch das merken. Sie und Ihr Publikum stellen einen Regelkreis dar. Ver-

lassen Sie sich drauf, dass Sie nach den ersten folgenden kleinen Übungen rasch lernen werden, welche Art zu sprechen oder sich zu bewegen besser ankommt und welche schlechter. Nach einer Phase der übertrieben bewussten Selbstbeobachtung werden Sie ganz von selbst wieder natürlicher.

Mut lässt sich lernen!

Üben Sie Folgendes im anonymen Alltag: Grüßen Sie die Kassiererin im Supermarkt mit einem freundlichen Lächeln auf den Lippen, als hätten Sie schon zum hundertsten Mal mit ihr zu tun. Machen Sie Smalltalk mit der Bedienung im Restaurant, als wären Sie dort Stammgast.

Das fällt Ihrem Limbi noch schwer? Dann bauen Sie über einen längeren Zeitraum systematisch solche Stammkundenbeziehungen auf: Kaufen Sie mehrere Monate lang immer im selben Supermarkt ein. Essen Sie regelmäßig im selben Restaurant, tanken Sie an derselben Tankstelle, fahren Sie mit demselben Zug und steigen Sie an der gleichen Tür ein. Wechseln Sie mit Personen, denen Sie dort regelmäßig begegnen, ein paar Sätze. Dadurch verliert Ihr Limbi langsam, aber stetig seine Scheu vor fremden Menschen. Sie schaffen sich so Ihr persönliches Limbi-WLAN, in dem Sie sich wohlfühlen und Ihr Limbi Vertrauen üben kann.

Ich-kenne-den-Unbekannten-Trick

Vereinbaren Sie mit Limbi: »Während wir beide den Raum mit den vielen Unbekannten betreten, schaust du so, als würdest du einige der Fremden schon kennen.« Gehen Sie dann zügig auf einen der Unbekannten zu und begrüßen Sie ihn wie einen langjährigen Stammkunden, wie Ihren Nachbarn oder einen Bekannten aus der Schulzeit. Nein, Sie sollen nicht lügen wie beim alten Verkäufertrick: »Erinnern Sie sich nicht mehr an mich?« Es geht nicht um

Betrug, sondern um die offene Einstellung Ihres Limbis, die auf den Limbi des anderen überspringt.

Der Angesprochene reagiert auf eine derart vertraute Behandlung möglicherweise verwirrt, aber selten unfreundlich. Hinter seiner Stirn fängt es vielleicht an zu rattern: Woher kenne ich diesen Menschen bloß? Aber in jedem Fall werden Sie ab jetzt herzlicher wahrgenommen. Ihre Begegnung erreicht (verglichen mit dem hölzernen Smalltalk oder verdrucksten Schweigen von früher) eine neue Qualität.

Limbis Aufmerksamkeitsscheinwerfer

So ein gezielter Einsatz Ihrer Großhirnrinde ist nicht nur sinnvoll, um zurückhaltenden Limbis Mut zu machen. Vielleicht ist es bei Ihnen ja umgekehrt: Sie sind bei anderen berühmt für Ihr aufbrausendes Temperament und möchten gelassener werden. Vereinbaren Sie mit Limbi: »Sobald in einer Debatte in mir der Zorn hochkocht, schaust du so, als wärst du komplett entspannt.« Greifen Sie dann irgendeine Äußerung auf, mit der Sie halbwegs einverstanden sind, und loben Sie den, der das gesagt hat. Nein, Sie brauchen sich nicht zu verstellen. Sie lenken nur den Scheinwerferkegel von Limbis Aufmerksamkeit weg vom Kriegsschauplatz in ein friedliches Wäldchen.

Auch hier werden Ihre Mitmenschen vielleicht verwundert reagieren und sich denken: »Was ist denn nun los? Normalerweise müsste er längst auf 180 sein. Sonst gehen wir doch immer im Streit auseinander!«

Das Phänomen, das Sie hierbei anwenden, heißt in der Neuropsychologie Neubewertung. Ihre Großhirnrinde kann Limbi nicht direkt steuern, würgen oder unterdrücken. Sie kann ihm aber einen anderen Ausschnitt der Wirklichkeit zu sehen geben: Sie lenken seinen Blick nicht mehr auf die vielen ablehnend

wirkenden fremden Leute im Raum, sondern auf die wenigen halbwegs freundlichen. Statt der vielen möglichen Auslöser für Limbis Zornausbrüche lenken Sie seine Aufmerksamkeit auf die wenigen Meinungen, mit denen er einverstanden ist.

Übrigens: Das mit »viel« und »wenig« stimmt oft gar nicht. Es ist Limbis subjektive Einschätzung, dass alle im Raum gegen ihn sind. Mithilfe der Neubewertung kommen Sie in vielen Fällen der objektiven Wahrheit näher: Die Menschen in dem Raum haben gar nichts gegen Ihren Limbi; ist das Eis erst einmal gebrochen, ist er bei ihnen herzlich willkommen. Die Diskutanten in der Gruppe sind mit Ihrem Limbi weitgehend einer Meinung; nach einer mentalen Abtastphase wird er glänzend mit allen zusammenarbeiten. Das muss zwar nicht immer so ausgehen, aber es ist viel öfter möglich, als Limbi allein (ohne die Hilfe der Großhirnrinde) bisher dachte.

Unfallvermeidung mit Neocortex und Limbi

Ein sehr einleuchtendes und praktisches Beispiel für eine Neubewertung ist eine Übung aus Fahrsicherheitstrainings, wie es Autohersteller und Automobilclubs anbieten. In solchen Kursen trainieren Sie richtiges Fahrverhalten in gefährlichen Situationen wie dieser: Sie kommen auf rutschiger Straße mit Ihrem Auto von der Fahrbahn ab und schlittern auf eine Reihe dicker Bäume zu. Die normale Reaktion ist schlichtweg Panik! Vor lauter Angst, gegen den Stamm zu knallen, starren Sie auf den Baum. Zum klugen Abwägen aller möglichen Alternativen hat Ihre Großhirnrinde unter solchen Stressbedingungen keine Zeit.

Für Situationen wie diese haben Sie Limbi. Ihr schnelles, uraltes und emotionales Säugetierhirn ist spezialisiert auf rasche Entscheidungen bei Lebensgefahr. Als es entwickelt wurde, gab es allerdings noch keine Autos, die mit über 100 Kilometern pro Stunde durch die Landschaft rasen. Limbi allein wäre als Fahrer im herumschleudern-

den Auto überfordert. Die Lösung besteht in einer intelligenten Zusammenarbeit von Neocortex und Limbi.

*Die Experten bläuen Ihnen im Sicherheitstraining ein: »Schau
nicht auf Bäume, sondern auf die Zwischenräume!« Die Übung heißt
bei den Fachleuten »Suche die Lücke!« – und zwar die nächstbeste!
Bitte nicht groß nachdenken, ob es vielleicht noch eine bessere Lücke
gäbe!*

Der Hintergrund: Limbi fährt in solchen Stresssituationen stur
dorthin, wo Sie hinschauen. Sie verankern durch eine logische
Einsicht Ihrer Großhirnrinde vorsorglich ein Notfallprogramm
in Ihrem Gedächtnis: »Wenn wir in einer schlimmen Lage sind,
schauen wir nicht auf die schlimme Lage, sondern auf den
nächstbesten Ausweg.« Sie programmieren sich prophylaktisch
auf eine Neubewertung. Sie verschieben den Scheinwerferkegel
von Baum auf Zwischenraum.

Wenn im Nebel plötzlich ein Reh vor Ihnen auf der Straße
steht oder ein Mensch, dann schauen Sie nicht das Reh oder
den Menschen an, sondern den freien Raum daneben. Ein jun-

ger Mann hat mir einmal erzählt, wie er dank dieses Trainings einem Menschen das Leben gerettet hat.

Der Grundsatz, der im Motto »Suche die Lücke« enthalten ist, eignet sich nicht nur zur Vermeidung von lebensgefährlichen Autounfällen. Wenn Sie mit etwas Schlimmem konfrontiert werden, empfiehlt es sich grundsätzlich, sich nicht auf die Gefahr zu konzentrieren, sondern auf die Lösung. Das ist nicht nur eine nette Idee oder ein guter Rat, sondern eine messbare Verbesserung Ihrer Lebensqualität.

Ärzte berichten, dass sich die Heilungschancen bei einer Krankheit nachweislich erhöhen, wenn der Patient nicht zu sehr auf seine Krankheit blickt, sondern auf seine inneren Heilungskräfte. Leider arbeitet die moderne Medizin selbst oft in entgegengesetzter Richtung, fast zwangsläufig. Wenn Sie mit einer schlimmen Prognose konfrontiert werden, werden alle Beteiligten, vom Arzt bis zur Krankenschwester, viel über diese Krankheit sprechen. Sie selbst werden sich in Gesprächen, durch Literatur und Internet detailliertes Wissen über Ihre Erkrankung aneignen. Das ist natürlich und verständlich. Aber nach einer Phase der intensiven Beschäftigung mit dem Problem sollten Sie sobald wie möglich ebenso intensiv an das positive Potenzial denken, das in Ihnen steckt. Auch bei der bedrohlichsten Krankheit ist noch Lebenspower in Ihnen. Es kann anstrengend sein, inmitten von Angst und Sorge eine Neubewertung durchzuführen. Aber sie ist immer einen Versuch wert. Limbis Kraft und die Klugheit Ihrer Großhirnrinde zusammengenommen können kleine, manchmal sogar große Wunder bewirken.

Im Meeting glänzen

Was ist das: Viele Menschen gehen rein, und es kommt wenig dabei heraus? Richtig, eine Besprechung! Meetings, das Lieblingswerkzeug aller Führungskräfte, sind zu einer Seuche geworden. Der österreichische Personaldienstleister Robert Half führt regelmäßig Studien zum Thema Meetings durch. Eine Befragung von 6 000 Personal- und Finanzmanagern in 20 Ländern ergab: Über 40 Prozent aller Treffen sind ungenügend vorbereitet. Das können Sie auf die Schnelle auch nicht ändern. Aber: Sie können dafür sorgen, dass Sie vorbereitet sind!

»Was zum Kuckuck habe ich eigentlich hier verloren?«, fragt Ihr Limbi genervt, wenn es in einer Besprechung um ein Spezialthema geht, das Sie nicht betrifft und zu dessen Lösung Sie kaum etwas beitragen können. Einfach den Sitzungsraum verlassen? Das ist nur in den seltensten Fällen eine Option. Vielleicht findet Ihr Limbi ja doch noch etwas Spannendes, und Sie beteiligen sich an der Diskussion. Um zu vermeiden, dass Sie in so ein Planlos-Meeting geraten, sorgen Sie am besten vor.

Ist dieses Meeting für Sie sinnvoll?

Definieren Sie vor jeder Besprechung, an der Sie teilnehmen sollen, Ihre emotionale Rolle, die Sie dabei spielen möchten. Vollenden Sie den Satz »Nach dem Meeting ist mein Limbi zufrieden, wenn ...«. Sollte Ihnen nur »... es schnell zu Ende geht« einfallen, bemühen Sie sich, nicht teilnehmen zu müssen.

Wer leitet eigentlich das Meeting? Das ist eine für Limbi wichtige, aber oft nicht gestellte Frage. Leitet der Ranghöchste? Oder die Person, die das Treffen angeregt hat? Kommt die Leitungsaufgabe auf Sie zu? Existiert neben dem offiziellen noch ein heimlicher Leiter? Oder gar keiner? Dann gäbe es niemanden, der dafür sorgt, dass es konkrete Ergebnisse gibt.

Wieso, weshalb, warum?

Klären Sie für sich, was für eine Art Meeting das sein wird und welche Rolle Sie dabei spielen. Geben Sie dem Treffen eine Überschrift: »Chefin vergibt Arbeitsaufträge« oder »Kaffeerunde zur Erhöhung unseres Gruppengefühls«.

Auch Meetings ohne Ergebnis können sinnvoll sein. Sie stärken den Zusammenhalt der versammelten Limbis. Dann sollten sich die Versammelten das aber eingestehen. Manchmal kann es auch sinnvoll sein, die Limbi-Networking-Phase vom sachlichen Teil abzutrennen, also »15:00 Uhr Getränke, 15:30 Uhr Sitzungsbeginn«.

Die Themen eines Meetings sind meist allen klar. Aber die Teilnehmer haben oft völlig unterschiedliche Vorstellungen, was am Ende herauskommen soll. Ein bloßer Informationsaustausch? Konkrete Beschlüsse? Die Verteilung konkreter Aufgaben? Machen Sie es wie die Politiker: Bevor sie offiziell verhandeln, haben sie meist schon bei den Beteiligten vorgefühlt und vorab die wichtigsten Entscheidungen geklärt. Wenn Sie jemanden für ein Amt oder eine größere Aufgabe suchen, fragen Sie nicht erst während des Treffens in die Runde der ratlosen Limbis »Wer würde denn ...?«. Sprechen Sie vorher gezielt jemanden an, der Ihnen geeignet erscheint. Wenn eine Entscheidung zu fällen ist, bitten Sie zuvor jemanden, die dafür nötigen Daten zu beschaffen. Wenn Sie unsicher sind, ob Ihre Ideen Zustimmung finden werden, bringen Sie sie den Meinungsmachern im Teilnehmerkreis schon vorher nahe.

Formulieren Sie die Ziele des Treffens

Legen Sie nicht nur die Themen des Meetings schriftlich fest, sondern auch die Ziele. Nehmen Sie diese von Anfang an für alle sichtbar in die Agenda auf. Dazu müssen Sie nicht Leiter des Meetings sein. Plätschert eine Besprechung planlos dahin, kön-

nen Sie auch als Teilnehmer auf Zielorientierung hinwirken: »Nehmen wir uns doch zehn Minuten Zeit, um Ideen zu sammeln, und stimmen wir dann darüber ab.«

Über der inhaltlichen Vorbereitung wird häufig der äußere Rahmen vergessen. Scheinbare Äußerlichkeiten können großen Einfluss auf die Limbis der Teilnehmer haben. Ist der große graue Besprechungstisch nötig? Fällt die Tischbarriere zwischen den Teilnehmern weg, verschwindet auch so manche Gesprächsbarriere. Der Zusatzvorteil: Niemand kann unauffällig per Smartphone nebenbei seine E-Mails checken.

Verändern Sie die Umgebung

Ein Ortswechsel bringt die Dynamik noch stärker in Gang: das eigene Büro anstelle des Besprechungszimmers, Ihr Wohnzimmer anstelle der Vereinsgaststätte. Oder, die maximale und limbifreundlichste Alternative: Machen Sie aus der Sitzung eine Gehung. Verordnen Sie den versammelten Meetingprofis eine halbe Stunde Spaziergang, in Grüppchen, mit Diskussionsaufgaben. Das bringt die eingeschlafenen Limbis wieder auf Touren!

Reden voller Begeisterung

»Benutzen Sie PowerPoint, oder haben Sie etwas zu sagen?«, lautet ein oft gehörtes Bonmot, das klarstellt: Präsentationen sind der Inbegriff von Langeweile geworden. Dank Limbi wissen Sie, warum: Diese Art von Vortrag beruht auf der Schnapsidee, es säßen lauter Großhirnrinden vor Ihnen. Falsch! Damit ein Vortrag gut wird, müssen Sie vor allem die versammelten Limbis ansprechen und begeistern!

Ich bin immer wieder geschockt, wie viele Referenten von ihrem eigenen Thema angeödet sind – und das sogar noch im Vortrag herausposaunen: »Leider muss ich Ihnen jetzt viele langweilige Zahlenkolonnen zumuten ...« Außerdem scheinen viele überzeugt zu sein, dass ein ernstes Thema für die armen Zuhörer anstrengend sein muss. Dass die versammelten Limbis dann gedanklich abschweifen, ist kein Wunder.

Stellen Sie sich die Limbis Ihrer Zuhörer vor

Revolutionieren Sie Ihre Sichtweise der Situation. Stellen Sie sich vor, alle vor Ihnen sitzenden Großhirnrindenbenutzer hätten ihren Limbi auf dem Schoß. Ihr Job ist es, diese Limbis zu begeistern. Das funktioniert natürlich am sichersten und einfachsten, wenn Ihr eigener Limbi von der Sache entflammt ist.

Das sind Themen, auf die Ihr eigener Limbi abfährt. Es ist verständlich, wenn Sie von den »Perspektiven des Schraubengroßhandels in Osteuropa« nicht spontan begeistert sind. In der Regel haben Sie sich auch nicht freiwillig gemeldet, um endlich einmal eine Präsentation über »Die Gesetzesnovelle über die Aussetzung der Beteiligung an den Bewertungsreserven bei Kapitallebensversicherungen« zu halten. Ist doch klar, meist wurden Sie von Ihrem Vorgesetzten dazu »gezwungen«. Aber sagen

Sie das auf keinen Fall! Damit versetzen Sie bloß alle anwesenden Limbis in Alarmstimmung.

Lernen Sie, Ihr Thema zu lieben!
Der folgende Rat klingt abartig, ich weiß: Zwingen Sie sich, Ihr Vortragsthema total toll zu finden! Denn Sie wissen längst, dass sich Limbi zu nichts zwingen lässt. Aber vertrauen Sie auf Limbis Genügsamkeit. Oft reicht ihm schon ein winziger Krümel Kuchen auf einem leergefutterten Teller.

Suchen Sie an Ihrem großen grauen Vortragsbrocken einen winzigen Farbtupfer, mit dem sich Ihr Limbi anfreunden kann. Wenn Sie den gefunden haben, beginnen Sie Ihre Rede mit genau diesem Detail und blasen es groß auf: »Als 1762 in London die erste Lebensversicherung auf den Markt kam, war das eine soziale Revolution.« Oder suchen Sie sich jemanden, der einen für Ihr Thema engagierten Limbi hat, und lassen Sie sich von seiner Begeisterung anstecken. Stöbern Sie auf YouTube nach inspirierenden Vorträgen, oder fragen Sie in Ihrem Unternehmen herum. Trauen Sie sich, dessen Elan frech auszuleihen: »Für den Verkaufstrainer Martin Limbeck ist Großhandel die spannendste Sache der Welt.«

Über Körpersprache und Auftreten haben Sie ja schon einiges erfahren und wissen, dass die anwesenden Limbis ein gutes Gespür dafür haben. Ein ganz großes No-Go bei der Präsentation ist daher ein Start mit Selbstabwertung à la »Eigentlich sollte hier Dr. Durchblick stehen, aber nun müssen Sie mit mir vorlieb nehmen« oder »So etwas Interessantes wie mein großartiger Vorredner kann ich Ihnen nicht bieten …«.

Beginnen Sie mit Trommelwirbel und Fanfare
Verkneifen Sie sich solche Sprüche, Sie ziehen damit nicht nur Ihren eigenen Limbi, sondern auch all die anderen

runter und entziehen Ihrem Vortrag unnötigerweise Energie. Sagen Sie sich (leise): »Jetzt komme ich! Mit mir beginnt etwas Neues, Einmaliges, und wenn der Dalai Lama höchstpersönlich vor mir dran war!« Welche Redner finden Sie toll, wer hat großen Eindruck bei Ihnen hinterlassen? Schauen Sie sich Vorträge live oder im Internet an, und schauen Sie sich von den Profis schamlos etwas ab.

Immer schlecht ist der seufzende Auftakt »Ja ...«. Auch die abgegriffene Floskel »Willkommen auch von meiner Seite!« törnt die Limbi-Gemeinde ab. Immer gut als Start ist ein freundlicher Dank, dass Sie hier sprechen dürfen, dass Sie eingeladen wurden, dass man Sie so nett vorgestellt hat. Spätestens danach aber kommt das Thema, der Paukenschlag, Ihr Engagement!

Wagen Sie es, lustig zu sein

Würzen Sie ernste Themen mit einem Scherz, das lockert die anwesenden Limbis auf. Falls der Witz nicht ankommt, keine Panik – dann hat er wenigstens Ihren eigenen Limbi etwas in Stimmung gebracht. Witzige Einstiege in Vorträge gehören in anderen Ländern längst zum guten Ton, hierzulande kommt man mit etwas Verzögerung gerade auf den Geschmack.

Ihnen will partout keine amüsante Anekdote und auch kein Witz zum Thema einfallen? Dann klauen Sie! Aus dem Internet, aus Vorträgen Ihrer Kollegen, aus Erzählungen von Geschäftspartnern oder Kunden. Geben Sie ruhig zu, dass der Gag nicht von Ihnen ist: »Professor Hüther erzählt dazu gerne folgende kleine Geschichte ...« Wenn im Saal erst einmal eine vergnügliche, positive Stimmung herrscht, haben Sie die erste Hürde geschafft: Die anwesenden Limbis sind gut drauf und bereit, Ihren weiteren Ausführungen aufmerksam zu folgen.

Viele Leute glauben, bei einem Vortrag ginge es um Perfektion. Sie wollen keinen Fehler machen und bereiten ein minutiöses Skript vor. Die Wahrheit aber lautet: Ein Vortrag wendet sich zu mindestens 70 Prozent an die Limbis und höchstens zu 30 Prozent an die anwesenden Großhirnrinden – sonst würden die Leute Bücher und Skripte lesen, sich aber nicht die Mühe machen, auf Stühlen in einem Raum zu hocken!

....

Lesen Sie nie, NIE, NIE(!) ab!

Halten Sie bei Ihrem Vortrag unbedingt Blickkontakt mit Ihrem limbischen Publikum. Das geht nur, wenn Sie gut vorbereitet sind. Dazu kann gehören, dass Sie Ihre Rede vorher aufgeschrieben haben – komplett oder in Stichwörtern. Aber nicht zum Ablesen, sondern zum Einüben!

....

Wenn Sie ein Skript haben, legen Sie es zum Üben vor sich hin und formulieren Sie frei an dem Geschriebenen entlang. Sie werden sich mit der Zeit immer besser vom Skript lösen können, gleichzeitig aber die Sicherheit behalten. Wenn Sie mit Stichpunkten arbeiten, testen Sie auch hier, sich vom Papier zu lösen. Benutzen Sie am besten Karteikärtchen, das wirkt professioneller als raschelnde DIN-A4-Zettel.

Vermeiden Sie bei PowerPoint-Schrifttafeln Dopplungen von gesprochenem Text und sichtbaren Wörtern. Steht an der Wand »Gewinn 2013«, sagen Sie »Hier die Ergebnisse vom letzten Jahr«. Dadurch werden Großhirnrinde und Limbi auf ihrem jeweils eigenen Empfangskanal angesprochen und sind beeindruckt.

Jedes »Äh«, »Ähm« oder sonstiges Pausenzeichen wirkt sich negativ auf die anwesenden Limbis aus. Junge Menschen bestätigen am Ende eines Satzes gern ihre eigene Aussage mit »Äh, ja, genau!« Eine Marotte bei Rednern und Rednerinnen mit schulmeisterlicher Attitüde ist ein um Zustimmung werbendes »Ja?« nach jedem Absatz. Jede dieser Störbotschaften führt zu einem messbaren Rückgang der Aufmerksamkeit – selbst wenn den Zuhörern das nicht bewusst ist.

Verschlucken Sie Ihre Ähs und Ähms

Um Ihren Sprachmarotten auf die Spur zu kommen, nehmen Sie Ihren Vortrag mit Ihrem Smartphone auf und hören Sie sich dann selbst zu. Sobald Sie Ihre Verzögerungslaute mit eigenen Ohren wahrnehmen, machen Sie es beim nächsten Mal automatisch besser. Ein Profitrick ist das »stumme Äh«: Atmen Sie einmal kurz ein und aus, statt »Äh« zu sagen. So haben Sie die gewünschte Denk- und Sprechpause, aber keiner außer Ihnen merkt es.

PowerPoint oder nicht? Die Frage ist schnell geklärt: Wenn Ihre »Folien« (das Wort stammt noch aus der Zeit der Overhead-Projektoren) nur aus Buchstaben bestehen, können Sie sie getrost weglassen. Bei kleineren Gruppen erfüllt ein vervielfältigter Zettel mit den wichtigsten Daten den Zweck meist besser.

Bilder statt Text

Ersetzen Sie bei Ihrer Präsentation Schrift durch Bilder, der Text sind Sie! Wenn Sie von dem neuen Werk in Brasilien erzählen, wollen die Menschen es sehen! Das Fünf-Punkte-Programm kommt viel besser an, wenn Sie dazu fünf knackige Bilder oder Symbole zeigen.

Wenn es nichts zu sehen gibt, schalten Sie den Beamer auf schwarz. So lenken Sie die Aufmerksamkeit wieder auf sich. Bei PowerPoint (und seinen Nachbauten) geht das mit der Taste B (für »black«). Oder Sie legen sich die Fernbedienung des Beamers zurecht, dort gibt es auch oft eine »Black«-Taste.

LIMBI-
MOMENT

»Suche die Lücke« gilt an vielen Stellen des Lebens. Wenn Sie etwas Schlimmes hören – schlechte Nachrichten in Beruf oder Familie, in den Medien Krisen, Kriminalität und Kriege – starrt Ihr Limbi voller Panik auf diese Bedrohung. Gefahren zu vermeiden ist sein Job, deswegen ist er spezialisiert auf Negatives. Helfen Sie ihm mit der klaren Kraft Ihres Verstandes, dass er sich von der Faszination des Scheiterns nicht zu sehr in den Bann ziehen lässt. Zeigen Sie ihm, wie weit er bereits gekommen ist, wie viele Gefahren er schon überstanden hat und wofür er ehrlich dankbar sein darf.

LIMBI
und die Liebe

Lassen Sie uns die Reise ins geheimnisvolle Land der Liebe mit einem Gedankenausflug beginnen. Versetzen Sie sich viele hundert Millionen Jahre zurück. Damals gab es auf der Erde noch keine Tiere, kaum Pflanzen, aber Meere, eine Atmosphäre und viele Vulkane. Haben damals die Vulkane beim Ausbruch Geräusche gemacht?

Diese Frage ist ein naturwissenschaftlicher Klassiker, genau wie die Antwort. Sie lautet: Der Ausbruch eines Vulkans, das Umstürzen eines Baums oder heftige Gewitter in der jungen Atmosphäre der Erde – das alles hat keine Geräusche verursacht. Es wurden zwar Schallwellen erzeugt, die Luft hat sich rhythmisch verdichtet, aber ein Geräusch entsteht erst, wenn es auf ein Trommelfell trifft, dort Nervenimpulse verursacht, die zu einem Gehirn weitergeleitet und dort wahrgenommen werden. Geräusche, Klänge, Töne gibt es erst, seit es Lebewesen gibt.

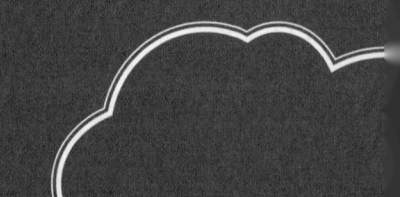

Liebe ist Kopfsache

So ähnlich wie mit den Vulkanen ist es auch mit der Liebe. Wagen Sie deshalb noch ein Gedankenexperiment, wieder verbunden mit einer Zeitreise: Sie befinden sich irgendwo in der frühen Steinzeit, gehören zu einer Vorstufe der Spezies Mensch, in Ihrem Kopf befindet sich ein vollendetes limbisches System, aber noch so gut wie kein Neocortex. Sie sehen vor sich einen attraktiven Artgenossen vom anderen Geschlecht. Sie spüren in sich heftige Erregung, Ihrem Gegenüber geht es genauso. Sie gehen aufeinander zu, berühren sich, umarmen sich, dringen ineinander ein und erleben jeder einen heftigen Orgasmus. Empfinden Sie das als schön?

Die Antwort ist ähnlich wie beim Vulkanausbruch im Präkambrium: Nein. Bei der sexuellen Erregung verändern sich Aktionspotenziale in den Dendriten Ihrer Nervenzellen, Schwellkörper füllen sich, die Pupillen erweitern sich, im Nucleus accumbens und vielen anderen Regionen des limbischen Systems sind höchste Aktivitäten zu verzeichnen. Aber als schön, angenehm oder »Wow! Der großartigste Moment in meinem bisherigen Leben!« können Sie das ohne Neocortex nicht empfinden.

Das ist die zentrale Weisheit dieses Kapitels: Liebe ist ein Gemeinschaftsunternehmen von Großhirnrinde und limbischem System. Für Limbi sind Sex und Liebe biologische Prozesse, bei denen die Ausschüttung von Dopamin und Endorphin Höchstwerte erreicht, verbunden mit den außergewöhnlichsten und stärksten somatischen Markern. Die Großhirnrinde allein kann Liebesgeschichten lesen, Gedichte schreiben, sich den Traumpartner vorstellen – aber ohne die Informationen von Limbis emotionaler Sensorik bliebe alles graue Theorie.

Was macht eine gute Partnerschaft aus? Egal, was Sie darauf antworten – Ihre Eltern und vor allem Ihre Großeltern stellten sich darunter etwas ganz anderes vor als Sie. Jahrtausendelang war der Mensch nur als Paar überlebensfähig. Einen Menschen zu finden, mit dem man ein ganzes Leben lang zusammen sein und gemeinsame Kinder haben würde – so eine schwerwiegende Entscheidung hat man nicht Limbis spontaner Eingebung überlassen. Früher hat man deshalb Ehen arrangiert. Den passenden Partner haben die Eltern herausgesucht. Erst vor zwei, drei Jahrhunderten setzte sich dabei die Idee durch, dass es ein zusätzlicher Vorteil wäre, wenn sich die beiden auch lieben und vom Typ her zueinander passen. Es gibt keine Studien darüber, ob die Ehen dadurch glücklicher geworden sind. Aber in der Literatur aus dieser Zeit finden sich jede Menge Berichte über den ständigen Spagat zwischen Zweckmäßigkeit und Zuneigung.

Erst seit ein, zwei Generationen sind die Erwartungen an den Partner oder die Partnerin fürs Leben regelrecht explodiert. Erwartungen sind bekanntlich Limbis Spezialität und – auch beim Thema Partnerglück – mal wieder der Schlüssel zum Erfolg. Limbi steuert mithilfe seiner Zentralapotheke im Nucleus accumbens, dem Motivations- und Belohnungszentrum, ob Sie eine Beziehung als glücklich empfinden oder nicht. Früher haben die Ehen wohl schon deswegen länger gehalten, weil sich Mann und Frau keine Illusionen machten über die Härte des Lebens. In ihrem Nucleus accumbens gab es längst nicht so glühende Visionen vom Partnerglück wie heute.

Eine Frau war froh, wenn sie einen Mann finden konnte, der ihr Schutz und Lebensunterhalt gewährte. Ein Mann war dankbar, eine Frau zu bekommen, die den Haushalt sowie die Aufzucht und Pflege der Kinder übernahm. Ich merke schon beim Schreiben dieses Satzes, mit wie vielen Tabus diese Aussage inzwischen belastet ist. Kein Mann und keine Frau dürfte es heute laut sagen, solche Erwartungen an eine Ehe zu haben.

TIPP

Revolutionieren Sie Ihre Erwartungen

Stellen Sie sich nicht den idealen Partner vor, sondern die ideale Beziehung! Die Medien berichten über wunderschöne Frauen mit Idealfigur und smarte, erfolgreiche Männer – lauter unerreichbare Vorbilder. Aber Körper lassen sich operieren, Haare färben und einpflanzen, Fotos retuschieren. Beim Thema vorbildliche Partnerschaften dagegen sieht es viel realistischer aus. Welcher Star

bekommt über einen längeren Zeitraum eine glückliche Ehe hin? Gehen Sie in Ihrer Verwandtschaft und Ihrem Freundeskreis auf die Suche nach Paaren, von denen Sie sagen können: »So wie die will ich mit meinem Mann/meiner Frau zusammenleben.« Da wird schnell klar, dass Traumfrau und Supermann keine Garantie für eine funktionierende Partnerschaft sind.

Das Dreieck der Liebe

Um den richtigen Partner zu finden, hat Ihnen die Natur ein seit Jahrtausenden funktionierendes Navigationssystem mitgegeben. Es besteht aus drei Komponenten. Der Psychologe Robert Sternberg nennt es die »Dreieckstheorie der Liebe«, die sich ganz gut auf die drei Arten von Limbis Freude aufteilen lässt.

Leidenschaft

Sie besteht aus Limbis automatischen Prozessen rund um das erotische Begehren. Zum Teil angeboren, zum Teil erlernt, enthalten sie Ihre sexuellen Vorlieben – die Magneten, die für die geschlechtliche Anziehungskraft sorgen. Sie bestehen aus dem für Limbi typischen komplizierten Mix von Sinneswahrnehmungen. Der weibliche Limbi fährt ab auf seinen knackigen Po, den Klang seiner Stimme, die Farbe seiner Augen ... sein Limbi auf ihre sinnlichen Brüste, den Schwung ihrer Hüften und ihrer Lippen ... Hinzu kommen noch all die Düfte und anderen Details, wie Schuhe, Kleidung, Haare, Tattoos, Piercings, Schmuck ...

Limbis sexuelles Begehren ist irrational. Er ist süchtig nach dem Endorphinrausch mit dem Wahnsinn-jippie-toll-auweia-ist-das-schön-Erlebnis. Bei diesem herrlichen Gefühl der Euphorie wird die rationale Kontrolle abgeschaltet. Beim weiblichen Orgasmus konnte das sogar durch Messungen im funktionellen Magnetresonanztomographen nachgewiesen werden: Der präfrontale Cortex geht in den Stand-by-Modus, vernünftige Entscheidungen sind jetzt unerwünscht. Das waren wirklich Heldinnen der Forschung, die da im Höllenlärm des fMRT-Supermagnetfelds zum Sinnenrausch kamen! Beim männlichen Orgasmus sind solche Messungen übrigens bislang gescheitert. Die zeitliche Auflösung der Messmethode reicht nicht aus, denn der veränderte Zustand im männlichen Gehirn dauert nur so lange an wie der männliche Höhepunkt: vier Sekunden!

Herr oder Frau Supersex ist nicht unbedingt der Partner fürs Leben

Es ist wunderbar, wenn ein Mensch Ihre sexuellen Vorlieben teilt. Doch wenn Sie Ihre erotischen Träume und Wünsche gedanklich vor sich ausbreiten, werden Sie feststellen: Es ist unwahrscheinlich, dass es einen Menschen gibt, bei dem Ihr hochkomplizierter Schlüssel genau ins Schloss passt. Limbi, ansonsten genügsam, hat beim Thema Erotik so manchen verschrobenen Faible, der einem anderen Menschen nur schwer vermittelbar ist. Drehen Sie auch hier Limbis Erwartungsbarometer nach unten. Wenn ein paar Ihrer vielen erotischen Magneten beim geliebten Gegenüber Anziehungskraft verursachen, ist der Zweck doch schon erreicht. Nicht alle Ihre erotischen Fantasien müssen befriedigt werden. Denn die gute Nachricht ist: Eine gute Partnerschaft wird durch weit mehr zusammengehalten als durch die Erotik. Höchste Zeit, dass wir zur zweiten Komponente kommen.

2. Sympathie

Den idealen Partner sollten Sie nicht nur begehren, sondern auch mögen und gut finden, damit die langfristigen Perspektiven stimmen. Der Evolutionspsychologe David Buss von der Universität Texas befragte über 10 000 Männer und Frauen weltweit nach ihren Partnervorlieben. Das klare Ergebnis: Frauen suchen nicht den attraktiv aussehenden Beau, sondern den wohlhabenden, mächtigen und überlegenen Mann. Männer bevorzugen Merkmale bei Frauen, die auf gelingende Geburt, gesunde Kinder und deren liebevolle Pflege schließen lassen. Der enorme Erfolg der Gattung Mensch beruht nämlich auf einer in der Natur beispiellos intensiven Betreuung des Nachwuchses. Deshalb muss eine verlässliche Beziehung her. Nicht jeder oder jede Beliebige kommt infrage, sondern nur dieser oder diese Eine!

Bis zur breiten Einführung der Antibabypille ab 1960 war die Vereinigung von Mann und Frau immer mit einer möglichen Schwangerschaft verbunden. Sex ist ein Grundbedürfnis von Limbi, um Nachkommen zu erzeugen und die Art zu erhalten. Damit stehen wir erstmals vor der Situation, dass sich eine der stärksten Energien Limbis vom ursprünglichen Zweck losgelöst hat. Was das für die menschliche Seele bedeutet, lässt sich wahrscheinlich noch gar nicht erahnen. Bisher gilt jedenfalls: Auch Menschen, die gar keine Kinder in die Welt setzen wollen, suchen ihren Sexualpartner nach dem alten Fortpflanzungsfähig-oder-nicht-Muster aus.

Im Jahr 2000 legten die Neurowissenschaftler Semir Zeki und Andreas Bartels vom University College in London 17 frisch Verliebte in den Kernspintomographen. So konnten sie sehen, in welchen Hirnarealen sich die Aktivität verstärkte, wenn die Probanden Fotos von der geliebten Person oder anderen Menschen anschauten. Das Ergebnis: Fiel der Blick auf fremde Gesichter, waren Limbis Regionen für Angst und kritische Bewertung aktiv. Sahen die Probanden dagegen ein Foto der geliebten Person, ging es in Limbis Motivations- und Belohnungszentrale rund. Die Areale für Angst und Vorsicht waren weniger durchblutet als sonst. Das Erregungsmuster ähnelte dem von Suchtkranken, die Bilder von Ihrer Droge betrachteten, egal ob Alkohol oder Kokain. Schuld daran ist der von Limbi erzeugte Neuromoderator Dopamin, die Motivationskarotte. Dopamin stellt langfristig die

Energie bereit, um am ersehnten Partner dranzubleiben und alles zu tun, damit die Beziehung zustande kommt.

Nach der lebenslang verlässlichen Beziehung, so die Ansicht der Evolutionsforscher, streben vor allem Frauen. In den Männern steckt dagegen immer noch der Wunsch, viele Partnerinnen zu haben. Die US-Psychologen Russell Clark und Elaine Hatfield versuchten, das experimentell nachzuweisen. Sie schickten eine attraktive junge Frau aufs Unigelände, die wildfremden Männern ins Ohr flüsterte: »Willst du heute Abend mit mir schlafen?« 75 Prozent der zufällig ausgesuchten Versuchspersonen waren sofort dazu bereit. Danach sandten die Forscher einen gutaussehenden Mann los, der Frauen das gleiche Angebot machte. Gerade einmal sechs Prozent der Angesprochenen waren bereit, mit ihm aufs Zimmer zu gehen, aber keine einzige wollte ihm Sex versprechen.

Trotzdem bleiben Männer (statistisch gesehen) erstaunlich brav bei ihrer Partnerin. Warum das so ist, fand die Psychiaterin Donatella Marazziti von der Universität Pisa heraus: Der Serotoninspiegel sinkt bei Verliebten deutlich ab. Ausgerechnet das Glückshormon wird zurückgefahren. Das ist ein kluger Schachzug der Evolution: Glücklich bleiben die beiden nur, wenn sie zusammenbleiben! Noch einen weiteren Trick der Natur entdeckte Marazziti: Normalerweise kreist durch den männlichen Körper deutlich mehr vom Sexhormon Testosteron als bei Frauen.

Während der Verliebtheit aber sinkt der Testosteronspiegel bei Männern plötzlich ab, der von Frauen steigt hingegen an. Männer werden weiblicher, Frauen männlicher. Die für die Partnerfindung notwendige Aggressivität wird zurückgefahren und die für langfristige Bindung hilfreiche Angleichung der Geschlechter wird eingeleitet.

Wundern Sie sich nicht über Veränderungen Ihres Partners

Warum ist sie jetzt oft so fordernd? Wieso reagiert er bei einem Vorwurf so empfindlich? Das ist ein Resultat des Testosteronausgleichs: Frauen werden in der Liebe dominanter, Männer bekommen die große Beißhemmung. Das verblüfft meist beide. Er würde ihr einmal so gern die Meinung sagen, bringt es aber nicht übers Herz. Und sie meint es oft gar nicht so zickig, wie es aus ihr herausbricht. Jetzt wissen Sie wenigstens, warum das so ist: Es ist Limbi!

Entscheidung

Wir bleiben zusammen! Das ist ein Entschluss der beiden beteiligten Großhirnrinden, zusätzlich unterstützt von Limbi in Form seines Bindungs- und Kuschelhormons Oxytocin. Es sorgt dafür, dass beide auf Dauer mehr wollen – ja, auch mehr Sex mit dem Partner, aber auch mehr Bindung, mehr Geborgenheit, mehr von diesen schönen Emotionen, die Sie miteinander erlebt haben. Sie wollen zusammenbleiben und gemeinsam etwas schaffen. Oxytocin sorgte am Beginn des Menschenlebens für eine leichte Geburt, auf der langen Strecke sorgt es für die kleinen und großen Glücksmomente. Bei Wärme, Streicheln, gemeinsamen Mahlzeiten und beim Orgasmus steigt der Oxytocinspiegel im Blut.

Eine Arbeitsgruppe um Beate Ditzen von der Universität Zürich erforschte den Einfluss von Oxytocin während des Partneralltags. Sie verabreichte Ehepartnern oxytocinhaltiges Nasenspray und forderte sie auf, ein Thema zu diskutieren, über das

sie häufig in Streit geraten. Die Ergebnisse waren erstaunlich: Oxytocin-Paare verhielten sich positiver. Sie gingen kooperativer und freundlicher miteinander um und machten sich weniger Vorwürfe als die Kontrollgruppe. Daraufhin brachte eine US-Firma oxytocinhaltiges Körperspray mit dem schönen Namen »Liquid Trust« (flüssiges Vertrauen) heraus, das Zehn-Milliliter-Fläschchen für 35 Euro. Die Erfahrungen der Anwender sind allerdings allesamt enttäuschend. So einfach scheint es dann doch nicht zu sein, Limbis Biochemie zu beeinflussen.

Sehnsucht ist ein gutes Zeichen

Beruhigen Sie Limbi, wenn Ihr neuer Partner sich nicht wie verabredet meldet. Ihren Limbi überkommen durch den Hormoncocktail übertrieben schnell Sehnsucht und Einsamkeitsgefühle. Sorgen Sie umgekehrt dafür, dass sich der andere keine Sorgen machen muss. Rufen Sie ihn immer wieder einmal an. Wenn Sie unterwegs waren, teilen Sie mit, wenn Sie gut angekommen sind. Das sind Kleinigkeiten, mit denen Sie für die Stärkung Ihrer gegenseitigen Verbindung Großes tun können.

Vorsicht beim Begriff Liebe

Was den Umgang mit den drei Komponenten von Limbis Navi erschwert, ist unsere Sprache. Denn mal wird Nummer eins, mal Nummer zwei, mal Nummer drei als »Liebe« bezeichnet. Als meine Frau und ich 2004 das Buch simplify your love *geschrieben hatten, wurden wir in die USA zu einem großen Workshop zum Thema Liebe und Partnerschaft eingeladen. Abends an der Bar fasste ein Amerikaner seine (ziemlich maue) Ehe in einmalig knapper Art zusammen: »She loves me: Yes. She likes me: No.« Sie liebt mich, aber sie mag mich nicht. Die erotische Leidenschaft und die Entscheidung zum Zusammenbleiben waren wohl noch vorhanden, aber nicht mehr die Sympathie. Daran lässt sich sehen: Wenn im Liebesdreieck etwas fehlt, tut das weh, aber es muss die Beziehung noch nicht zer-*

stören. Wenn Ihnen der Gedanke »Er liebt mich nicht mehr« oder auch »Ich liebe ihn nicht mehr« durch den Kopf geht, analysieren Sie anhand von Limbis drei Navi-Komponenten genauer, was Ihr Herz und Ihr Verstand damit meinen.

Um Limbis Liebes-Navi benutzen und sich im Erfolgsfall in einen Partner verlieben zu können, müssen Sie natürlich erst einmal an einen geeigneten Kandidaten geraten. Prinzipiell gibt es überall welche: am Arbeitsplatz, im Freundeskreis, Sportverein, Kirchenchor, in der Disco, in öffentlichen Verkehrsmitteln, im Supermarkt um die Ecke oder im Urlaub am anderen Ende der Welt. Doch die Chancen sind mikroskopisch klein, dass Herr oder Frau Richtig genau im richtigen Moment neben Ihnen zu stehen kommt. Es ist auch nicht jedermanns Sache, attraktive Unbekannte am Kühlregal, im Hotelpool oder in der Seilbahngondel anzusprechen. Deswegen betreiben immer mehr Menschen die Partnersuche mit Methode. Sie nutzen eine der vielen Partnerbörsen im Internet, bei denen mithilfe psychologischer Fragebögen passende Personen schneller zueinander gebracht werden sollen.

An sich ist das keine schlechte Idee. Sich über das World Wide Web auf Partnersuche zu machen, erhöht auf jeden Fall die Anzahl möglicher Partner, die ebenfalls auf der Suche sind. Über sieben Millionen Nutzer tummeln sich monatlich auf deutschen Online-Singlebörsen. Laut einer Umfrage des Bundesverbands Digitale Wirtschaft von 2013 scheinen solche Plattformen vor allem für Menschen ab 30 interessant zu sein: 15 Prozent waren zwischen 30 und 39 Jahre alt, rund 27 Prozent entfielen auf die 40- bis 49-Jährigen und über 30 Prozent der Nutzer sind 50 bis 59 Jahre alt. Der Anteil der über 60-Jährigen liegt unter 20 Prozent. Dabei sind über 70 Prozent der Partnerbörsennutzer auf der Suche nach einer festen Beziehung, über 60 Prozent hoffen darauf, hier ihren Partner fürs Leben zu treffen.

Bei der Beantwortung der Fragen im Anmeldebogen bei der Online-Partnerbörse geht es vorwiegend großhirnrindenmäßig zu. Hier werden Kriterien abgefragt, die Sie und Ihren Traumpartner betreffen. Anschließend berechnen Algorithmen, wer am besten zu Ihnen passt. Gefällt Ihnen das vorgeschlagene Profil, kommt es zur Kontaktaufnahme, meist per E-Mail. Die Entscheidung, ob der oder die andere Ihnen antwortet, hängt jetzt an einem seidenen Faden. Wenn Sie sich schriftlich nicht ausdrücken können oder wollen, wird Online-Dating nicht Ihr Fall sein. Ihr Limbi sollte Freude daran haben, mit dem anderen über Distanz eine Mail-Beziehung aufzubauen.

Bleiben Sie online ehrlich

Wenn Sie Online-Dating nutzen, antworten Sie grundsätzlich aufrichtig. Die Versuchung ist groß, erst einmal tüchtig zu flunkern. Aber es hat keinen Sinn, sich im Fragebogen oder per E-Mail schönzumogeln, damit machen Sie nur das System an sich ineffizient. Partnersuche auf einer Online-»Börse« hat etwas erschreckend Wirtschaftliches. Sie müssen sich gut »verkaufen« und den anderen »taxieren«. Sie werden es mit einer Menge Schummler und Schummlerinnen zu tun haben. Drehen Sie Limbis Erwartungsschraube weit herunter und seien Sie auf Enttäuschungen gefasst.

Bleiben Sie offline geduldig

Ob Ihr Limbi eine Love-Connection mit jemandem eingehen will, entscheidet sich erst beim persönlichen Treffen. Trotz aller Vorbereitung per E-Mail oder Telefon schlägt Limbis blitzschnelles Entscheidungsorgan zu. Weil diese Art von Begegnung sehr aufregend ist, steht der Erwartungsregler im Nucleus accumbens auf »extra empfindlich«. Sie haben sich vom Partner ein inneres Bild gemacht, und Limbi vergleicht es überkritisch mit der Realität. Also, auch wenn beim ersten Sehen bei Ihnen innerlich die Klappe herunterfällt: Geben Sie dem oder der anderen noch eine Zusatzchance!

Wollen Sie Ihren potenziellen neuen Partner lieber gleich von Angesicht zu Angesicht kennenlernen, kommen spezielle Angebote wie Speed-Dating, Face-to-face-Dating oder Menu-Dating infrage. Ständig werden neue Formen entwickelt, die Sie durch die Internet-Suchanfrage »offline Dating« und den Namen Ihres Wohnorts finden können. Vorteil: Bei diesen Veranstaltungen sind nur Menschen zugegen, die auf der Suche nach einem neuen Partner sind.

Bei solchen Anlässen dürfen Sie, so das Forschungsergebnis von Paul Eastwick und Eli Finkel, durchaus wählerisch sein und das auch zeigen. Die beiden US-Forscher haben Kandidaten bei Speed-Dating-Treffen untersucht, bei denen sich neun Frauen und neun Männer je fünf Minuten lang interviewen und dann auf einer Liste auswählen sollten, mit welchen der neun sie sich gern noch einmal treffen würden. Wer nur ein paar Namen ankreuzte, war für die anderen Teilnehmer interessanter als solche, die nicht so wählerisch waren. Halten Sie es also mehr mit Ihrem kritischen Neocortex als mit dem genügsamen Limbi. Finkel warnt aber davor, sein Forschungsergebnis als Einladung misszuverstehen, das nervige »Ich-bin-schwer-zu-kriegen«-Spiel zu spielen.

Behalten Sie immer Ihren Humor

Wenn Sie auf einer Party, am Arbeitsplatz, während einer Fortbildung oder eben beim Speed-Dating viele potenzielle Partner treffen, wählen Sie klug aus, mit wem Sie sich näher befassen. Machen Sie Menschen, die Sie interessieren, den Zugang zu sich leicht – und allen anderen schwer. Der Autor und Partnercoach Phillip von Senftleben empfiehlt als Einstieg für ein Gespräch grundsätzlich: Humor. Sagen Sie etwas Freundliches, was Ihr Gegenüber zum Lächeln bringt. Damit hat Limbi schon mal die Zugbrücke seiner Burg heruntergelassen.

Behalten Sie neben Ihrem Humor vor allem Ihren Optimismus. Überall lässt sich nach wie vor der Partner fürs Leben finden. Umfragen zeigen, dass sich auch im Zeitalter der riesigen Partnervermittlungsindustrie über ein Viertel aller Paare über den Freundeskreis kennenlernt. Auf Platz zwei des Liebesmarkts liegt mit gut zehn Prozent der Arbeitsplatz. Singlebörsen bringen (wohl je nach Auftraggeber der Umfrage) nur zwei bis fünf Prozent der Pärchen zusammen. Wenn Sie mitgerechnet haben, merken Sie: Die meisten Menschen finden auf Wegen zusammen, die sich von den Statistikern gar nicht erfassen lassen. Liebe ist einfach herrlich fantasievoll.

Abschied von Wolke sieben

Die Phase der Verliebtheit geht irgendwann vorüber, und die beiden müde geknutschten Limbis fürchten sich vor dem grau am Horizont aufziehenden Gruselwort »Routine«. Dabei ist es gar nichts Schlechtes, wenn dieser Zustand in die Beziehungskiste einzieht. Gemeinsame Routine bedeutet, dass sich die beiden Limbis und auch die beiden Großhirnrinden aufeinander eingespielt haben. »Synchronisation« ist die wissenschaftliche Bezeichnung für diesen höchst erstrebenswerten Zustand.

Gestalten Sie so früh wie möglich auch den Alltag

Frisch verliebte Paare sagen: Wir lieben uns, wir verstehen uns gut und werden den Rest auch schaukeln. Ganz nach dem Motto »Der Weg ist das Ziel«. Doch die Wissenschaft sagt: Wichtiger als der Weg ist die Vorbereitung. Langfristig funktioniert eine Beziehung nur, wenn beide Partner mit Limbi und Neocortex zusammenarbeiten können. Damit Sie auf lange Sicht glücklich werden, müssen Sie nicht nur romantische Abende und traumhafte Urlaube meistern, sondern auch alltägliche Aufgaben wie Wäschewaschen, Putzen, Einkaufen und die Kontakte zu den lieben Verwandten, Kollegen und sonstigen Mitmenschen koordinieren können. Kann sich der eine in seiner Zeitplanung und Organisation auf den anderen einstellen? Deshalb gilt heutzutage längst nicht mehr der erste gemeinsame Sex als Start für eine ernsthafte Beziehung, sondern der erste gemeinsame Besuch bei Ikea!

Nutzen Sie Limbis amouröses Ortsgedächtnis

Im Alltagstrott mit müdemachendem Arbeitspensum passiert es Paaren nicht selten, dass die Erotik zu kurz kommt und die Leidenschaft einschläft. Um Limbis Erotiksensor wieder flottzumachen und die Lust neu zu entfachen, dürfen Sie Limbi zur

Nostalgie ermuntern. Was fanden Sie an Ihrem Partner schon immer verlockend und anziehend? Erinnern Sie sich an die Anfangszeit Ihrer Beziehung zurück. Was könnte Limbi wieder in diese romantische Stimmung zurückversetzen? Gönnen Sie sich einen Tapetenwechsel, im Wellnesshotel oder einen Romantikurlaub zu zweit. Besuchen Sie ruhig einen Ort ein zweites Mal, an den Sie gute gemeinsame Verliebtheitserinnerungen haben. Limbi hat ein wunderbares Kombigedächtnis für Orte und Gefühle.

Verabreden Sie sich

Erinnern Sie sich noch, wie schön es war, sich zu treffen? Das ist eine weitere Möglichkeit, Limbis emotionales Ortsgedächtnis zu nutzen. Bereiten Sie sich getrennt auf Ihr Date vor. Machen Sie sich in verschiedenen Räumen ausgehfertig. Gehen Sie nicht gemeinsam aus dem Haus, sondern treffen Sie sich: an einer Straßenecke oder erst im Restaurant, im Theater, im Café, im Fußballstadion. Dieser besondere Mechanismus in Limbis Emotionsspeicher wird auch verwendet, wenn der Bräutigam vor der Hochzeit die Braut nicht sehen darf, sondern erst in der Kirche oder vorm Standesamt auf sie trifft.

Nutzen Sie Limbis somatische Marker

Berühren Sie sich! Scheuen Sie sich nicht, den anderen darum zu bitten. Helfen Sie Ihrem Partner, indem Sie in Worte fassen, was die Berührung in Ihnen auslöst: »Wenn du mich so streichelst, kribbelt es bei mir überall. Das ist total schön.« Erweitern Sie Ihr Repertoire an liebevollen Berührungen außerhalb des Betts. Gehen Sie nie ohne Umarmung aus dem Haus. Küssen Sie sich wie Liebende, nicht im Schnellverfahren. Kuscheln Sie sich auf dem Sofa aneinander. Gehen Sie Hand in Hand spazieren. Legen Sie Ihre Hände auf die Schultern Ihres Partners, schauen Sie ihm in die Augen. Wenn Sie an Ihrem Partner vorbeigehen, streicheln Sie über seinen Arm. Massieren Sie ihre Schultern, wenn sie verspannt ist. Schon einfache Berührungen veranlassen Limbi dazu, körpereigene Schmerzmittel und Glückshormone zu produzieren. Kraulen Sie seinen Rücken. Zeigen Sie Ihre Zusammengehörigkeit auch in der Öffentlichkeit. Dazu müssen Sie nicht vor aller Augen heiße Kussszenen bieten. Schon der Arm um die Schulter des anderen oder eine leichte Berührung der Fingerspitzen zeigt: Wir sind ein Paar. Ich bin stolz darauf, dass wir zusammengehören.

Wagen Sie auch einmal einen Blick in die ferne Zukunft. Vielleicht werden Sie Ihren Partner eines Tages pflegen oder von ihm gepflegt werden. Verdrängen Sie solche Gedanken nicht – auch das gehört zu Limbis lebenslangem wunderbaren Serviceangebot.

LIMBI
AKTIV

ich denk an dich!

VERSEHEN SIE IHRE ZEICHNUNG MIT EINER KURZEN ODER LANGEN BOTSCHAFT:

LIEBESBOTSCHAFT

Was wollten Sie ihm/ihr schon immer einmal mitteilen?

Limbi liebt Laura

Hallo liebste bin um 19:0 wieder da! Peter

IN LIEBE LUDWIG

TIPP

Verstecken Sie den Liebesbrief am besten an ungewöhnlichen Orten, z.B.: im Kühlschrank.

Benutzen Sie den Brief als Vorlage oder gestalten Sie Ihre ganz eigene Liebesbotschaft.

Leitfaden für Limbis Liebesbotschaften

Dem Menschen, für den Sie Liebe empfinden, sollten Sie das immer wieder einmal mitteilen. Oft fällt es schwer, die richtigen Worte zu finden. Lassen Sie dann Limbis Lächeln sprechen.

Gilt für jede Art von Liebe!

1, 2, 3, 4, 5, 6, 7 –
SO WIRD LIMBIS GESICHT GESCHRIEBEN:

Zuerst zwei Kreise, ziemlich rund,
mitten rein dann je ein' Punkt.
Darunter eine kleine Schüssel,
eine größ're direkt dran,
dann noch so eine nebenan,
und fertig ist der Limbirüssel!

DER TRICK:

Limbis lachendes Schnäuzchen erzeugt im limbischen System des Betrachters unweigerlich einen positiven emotionalen Marker.

Wenn Sie erst einmal Limbis Konterfei drauf haben, werden Sie es überall hinmalen wollen: Auf liebe kleine Botschaften an Ihre(n) liebsten Mitmenschen, in Gästebücher, auf die Tüte mit dem Pausenbrot, mitten rein in seine Tagungsunterlagen, auf ungeputzte Autoscheiben, auf Blatt 33 vom Toilettenpapier, in den Neuschnee vor seiner Tür, auf ihren beschlagenen Badezimmerspiegel …

Auch möglich.
MALEN SIE SICH LIMBI IN DIE HAND!

Limbigesicht auf die Hand
malen, fotografieren, posten …
(Instagram, Facebook, WhatsApp,
YouTube …) und der Aufschau-
kelungseffekt kann losgehen!

Psssst. Hier versteckt sich was!

http://tinyqr.com/4zm

Immer wieder neu

Diese Seite kopieren und immer wieder neu ausfüllen oder
unter **www.limbi-welt.de/downloads** herunterladen.

Zoff mit Happy End

»Man muss auch zusammen streiten können«, lautet ein oft gehörter kluger Rat aus der Psychologie. Aber was heißt das? Erinnern Sie sich noch an das Bild mit dem gewürgten Limbi? Da ging es um Ihr eigenes limbisches System, das Sie mithilfe Ihrer bewussten Willenskraft zu etwas zwingen wollten. Das funktioniert bekanntlich fast nie, und noch aussichtsloser ist es, den Limbi des Partners bezwingen zu wollen. Trotzdem wird es immer wieder versucht. Nein, »zusammen streiten können« ist ein Widerspruch in sich. Natürlich können Sie Ihre Limbis aufeinander loslassen und sich an dem Gezeter Ihrer inneren kleinen Meckermonster ergötzen. Aber schön ist das nicht.

Den Limbi des anderen können Sie nicht kontrollieren. Nicht einmal konstruktiv mit ihm zusammenarbeiten können Sie, denn die dafür erforderliche Großhirnrinde befindet sich ebenfalls zu 100 Prozent im Besitz Ihres Partners. Der einzige Limbi, mit dem Sie sich arrangieren können, ist Ihr eigener. Ziehen Sie daher in stressigen Situationen, die in einen handfesten Streit ausarten könnten, gedanklich eine Linie zwischen Ihrem Limbi und dem Ihres Partners. Am besten stellen Sie sich den Schauplatz wie das Freigelände in einem Zoo vor. Hinten hat jeder Limbi sein Ställchen für die Nacht und schlechtes Wetter, vorn ist reichlich Auslauf mit Kletterbaum und Kuschelwiese, und zwischen den Arealen steht ein Maschendrahtzaun. Jeder bleibt in seiner Hälfte. Es gibt allerdings ein Türchen. Das sollten Sie aber nur öffnen, wenn sich die beiden Limbis vertragen.

Auch in einer glücklichen Beziehung reagiert Limbi auf eine zornige Bemerkung des anderen zornig. Verlassen Sie sich nicht darauf, dass der andere aus lauter Liebe für Ihre ungebremsten Emotionsausbrüche Verständnis haben wird. Und wenn es noch so in Ihnen brodelt: Sie müssen Ihre Wünsche, Träume, Bitten und Beschwerden so formulieren, dass der Limbi im anderen Vorgarten freiwillig an den Zaun kommt und zuhört. Deshalb gibt es bei den schwierigsten Meinungsverschiedenheiten keine Alternative zu einem weichen Einstieg.

Reden Sie freundlich, aber nicht drumherum

Sagen Sie Ihrem Partner konkret, was Sie von ihm brauchen und wie er es Ihnen geben kann. Viele geben ihre Bedürfnisse ungern zu, weil sie es für eine Schwäche halten, welche zu haben. In Wahrheit ist es jedoch eine große Stärke, seine Bedürfnisse zu kennen und äußern zu können – am besten klug von Neocortex und Limbi gemeinsam formuliert. Mit der reinen Limbi-Äußerung »Ich habe es so satt, für dich zu kochen, du fauler Kerl!« ist es verständlich, wenn der andere Limbi keine Lust hat, zum Zaun zu kommen. Sagen Sie, mit Unterstützung Ihrer Großhirnrinde: »Du, mich langweilt mein eigenes Gekoche. Wir sollten essen gehen – oder du kümmerst dich eine Zeit lang um das Abendessen.« Merken Sie, wie der Limbi Ihres Partners mit neugierig fragendem Blick zum Maschendrahtzaun schleicht?

Als Sie Ihren Partner kennen gelernt und sich in ihn verliebt haben, war Ihr Limbi hingerissen vom Limbi des anderen. War dessen Limbi glücklich, war es Ihr Limbi auch. Ging es dem anderen Limbi schlecht, fühlte sich Ihrer auch nicht gut. Sich mit den Augen des anderen zu sehen, ist geradezu ein Kennzeichen der Liebe. In der Psychologie nennt man diese Vorgehensweise Projektion. Wie mit einem Beamer strahlen Sie Ihre eigenen Wünsche und Träume auf den anderen und versuchen, sich selbst in ihm zu entdecken. Beim Verliebtsein arbeitet dieser Mechanismus auf Hochtouren.

Nach dieser Phase aber ist es wichtig, wieder einen gesunden Zugang zum eigenen Limbi und den eigenen Bedürfnissen zu bekommen – ohne dabei egoistisch zu werden. Diese Balance ist nicht leicht. Aus Liebe fühlen sich viele Frauen wie Männer gezwungen, sich durch ihren Partner einschränken zu lassen. Ihr Limbi wagt es nicht, Wünsche in der Ich-Form zu formulieren, sondern sagt stattdessen »du«. Die Bedürfnisse der Partner werden mit den eigenen vermischt. Natürlich ist es schön, dass Sie weiterhin versuchen, sich in Ihren Partner hineinzuversetzen. Aber es bleiben Spekulationen. Das führt oft zu Verwirrung und Missverständnissen. Vor allem: Ihr Partner weiß selbst nicht immer genau, was er wirklich will. Das Leben in einer Partnerschaft setzt sich aus unzähligen, oft unausgesprochenen Wünschen zusammen.

Hören Sie auf damit, Ihre Wünsche als Vorwürfe gegenüber Ihrem Partner zu formulieren! Ziehen Sie ihnen dafür den »Du«-Mantel aus und finden Sie Ihren wahren Wunsch, der mit »Ich« beginnt. Wenn Sie Ihrem Partner etwas vorwerfen oder ihn um etwas bitten möchten, formulieren Sie Vorwurf oder Bitte probeweise still für sich so um, dass statt »du« nun »ich« dasteht. Das Ergebnis wird Sie verblüffen, doch es enthält immer einen wahren Kern. Wenn Sie den finden, sind Sie der Lösung bereits ganz nah. Hier ein paar Beispiele zur Illustration:

»Nie bist du da. Ich wünsche mir so sehr, dass du mehr zu Hause bist.«

Die Umformulierung: »Nie bin ich da.« Die Bedeutung: »Nie bin ich da, wo du bist – da draußen im richtigen Leben.« Der wahre

Wunsch: »Ich möchte auch solche Freiheiten haben wie du. Ich möchte raus aus diesem Kaff/dieser Wohnung/diesem öden Job.« Die Lösung: Finden Sie eine Aufgabe für sich, mit der Sie neue Menschen und andere Orte kennen lernen. Das kann Ihre Rückkehr ins Berufsleben sein oder ein neuer Job, eine Fortbildung, die Mitgliedschaft in einem Verein oder ein ehrenamtliches Engagement für andere. Die mögliche Folge: Wenn Ihr Partner keine Vorwürfe mehr zu hören bekommt, entflieht er oder sie weniger auf Dienstreisen oder noch spät am Abend ins Fitnessstudio.

»Du bist so abweisend. Ich wünschte, du wärst zärtlicher und erotischer.«

Die Umformulierung: »Ich bin so abweisend.« Die Bedeutung: »Ich tue mich schwer, die Initiative zu ergreifen.« Der wahre Wunsch: »Ich möchte zärtlicher und erotischer sein.« Die Lösung: Reden Sie über Ihre Sexualität mit einem Dritten, das kann auch ein Therapeut sein. Dann wird klar werden, dass sexuelle Unlust stets an beiden liegt. Die mögliche Folge: ein ungeahnter Erotikschub für Sie als Paar.

»Sorg endlich dafür, dass du mehr Geld verdienst. Ich will einfach besser leben.«

Die Umformulierung: »Sorg endlich dafür, dass ich mehr Geld verdiene.« Die Bedeutung: »Ich will mich weiterentwickeln und mehr zu unserem Familieneinkommen beitragen.« Der wahre Wunsch: »Ich will auch fachlich von dir gewürdigt werden.« Die Lösung: Organisieren Sie Ihr gemeinsames Leben so um, dass Sie beide ausreichend berufstätig sein und sich verwirklichen können. Die mögliche Folge: Wenn sich die Frau beruflich engagiert, ist auch der Mann motivierter, in seinem Job mehr zu leisten.

Erfüllen Sie sich Wünsche selbst

Ja, es wäre schön, wenn der andere Ihnen Ihre Wünsche von den Augen ablesen könnte! Wenn er sie aus reiner Liebe begeistert erfüllen würde! Aber kennen Sie denn seine tiefsten Sehn-

süchte? Und falls ja, würden Sie ihm die erfüllen? Das sind hohe Ansprüche, die Sie mit dem Ich-tue-alles-für-dich-Traum an den anderen Limbi stellen. Die meisten sind damit überfordert. Erfüllen Sie sich Ihre wichtigsten Bedürfnisse zunächst selbst: Wenn Sie geistig angeregt werden möchten, tun Sie etwas geistig Anregendes. Wenn Sie mit Ihrer beruflichen Situation unzufrieden sind, tun Sie etwas gegen Ihre aktuelle Unzufriedenheit. Erwarten Sie nicht von Ihrem Partner, dass er das für Sie erledigt. Wenn er dann doch einmal einen Ihrer Wünsche erfüllt, ist das umso schöner und macht Sie umso dankbarer.

Regt sich der Limbi im Nachbargehege gerade tierisch auf, ist die Versuchung groß, typische Tierdressursätze von sich zu geben: »Reg dich doch nicht so auf!« Oder: »Da musst du jetzt nicht gleich ausflippen!« Doch mit solchen Sprüchen erreichen Sie das Gegenteil, denn Sie überschreiten damit klar eine Linie und dringen in den Verantwortungsbereich des anderen ein. Kümmern Sie sich lieber darum, was in Ihrer Hälfte geschieht. Rastet der Partnerlimbi aus, achten Sie also darauf, dass Ihr eigener Limbi ruhig und gelassen bleibt. Machen Sie sich klar: Wenn Ihr Partner Sie anschreit, Ihnen Vorwürfe macht oder Sie provoziert – dann vollzieht er das in seiner Hälfte. In Ihrem Verantwortungsbereich dagegen liegt, wie Sie auf solche Angriffe reagieren: ob Sie aggressiv zurückschreien oder das Ganze sanft abfangen.

Sollten Sie von Ihrem Partner einen der obigen Sätze hören, handeln Sie am besten nach dem einfachen Grundsatz: Was du in deiner Hälfte fühlst und tust, ist für dich richtig. Akzeptieren Sie die Emotionen des anderen. Machen Sie seine Kritik an Ihnen nicht zu einem eigenen Thema, sondern vertrauen Sie darauf, dass der andere ein für ihn richtiges Gefühl korrekt wiedergegeben hat. Wenn er sagt »Reg dich nicht so auf«, dann hat er Sie eben als aufgeregt empfunden, basta. Zetteln Sie keine Diskussion darüber an, ob der andere damit Recht hat oder nicht. Wenn Sie meinen, Sie hätten sich überhaupt nicht aufgeregt, dann verhalten Sie sich auch unaufgeregt. Werden Sie am besten noch ruhiger. Würden Sie sich über den Vorwurf Ihres Partners echauffieren, wären Sie in die Falle getappt: Sie tun genau das, was Sie eigentlich vermeiden wollten.

Machen Sie nichts kaputt

Verhalten Sie sich bei Meinungsverschiedenheiten in der Partnerschaft so, dass Sie sich am Ende keine Vorwürfe machen müssen. Führen Sie Gespräche so, dass Sie jederzeit aufstehen und gehen können, ohne sich unfreundlich oder bösartig verhalten zu haben. Betrachten Sie Ihre Beziehung als einen kostbaren Schatz, den Sie nicht leichtfertig beschädigen sollten – nicht durch aggressive oder abfällige Bemerkungen und schon gar nicht durch Handgreiflichkeiten. Den Übergriff »Du könntest auch einmal etwas freundlicher sein« parieren Sie am besten, indem Sie selbst freundlich bleiben (oder noch freundlicher sind als vorher). Bleiben Sie vorsichtig bei Sätzen, die mit »du« beginnen. »Du fährst so schnell aus der Haut!« ist ein klassischer Übergriff ins Territorium des anderen Limbis. In Ihrer Hälfte bleiben Sie, wenn Sie sagen: »Es macht mir Angst, wenn du so laut sprichst!« Solange Sie Ihre Hälfte des gemeinsamen Kommunikationsfelds in Ordnung halten, geben Sie dem anderen keinen Anlass zu weiteren Vorwürfen.

Werden Sie nicht grundsätzlich

Aus einer kleinen Meinungsverschiedenheit kann ein ätzender Streit entstehen, sobald einer behauptet, hier gehe es »ums Prinzip«. Mit Verallgemeinerungen verlassen Sie ganz klar Ihr Territorium. Faustregel: Worte wie »immer« und »nie« führen in den unzulässigen Bereich der ferneren Vergangenheit, die bei einem Streit nicht thematisiert werden sollte. Bleiben Sie im Hier und Jetzt. Klären Sie Ihre aktuellen Bedürfnisse, und alles wird einfach und gut werden. Sehen Sie menschliches Miteinander wie eine Mahlzeit: Sie muss jeden Tag frisch zubereitet werden, denn morgen haben Sie vielleicht auf etwas ganz anderes Lust als heute.

Limbi und das Stresshormon

Bei Männern wie Frauen wird in Streitsitu-
ationen das Stresshormon Cortisol ausgeschüttet – allerdings aus unterschiedlichen
Gründen. Beim Mann passiert es, wenn er Kri-
tik einstecken oder sich Vorwürfe anhören muss. Bei der Frau steigt
der Cortisolspiegel, wenn der Mann laut wird oder sie seine Worte als
verletzend empfindet. Umgekehrt bleibt der Mann in der Regel ziemlich ungestresst, wenn die Frau schreit, und die vorwurfsvolle Kritik
des Mannes perlt an einer Frau erstaunlich cool ab.

- Die Folge: Beide fühlen sich in der Situation total unwohl. Ihre
  Limbis würden am liebsten flüchten oder sich verkriechen. Die
  US-amerikanische Psychotherapeutin mit dem schönen Namen
  Patricia Love und ihr Kollege Steven Stosny glauben, dass diese
  unterschiedlichen Stressauslöser auf geschlechtsspezifische früh-
  kindliche Verhaltensmuster zurückzuführen sind.

- Die Lösung ist praktischerweise für Männer wie Frauen beim
  Streiten gleich: körperlicher Kontakt, Limbis somatischer Lieb-
  lingsmarker! Kuscheln Sie, küssen Sie sich, seien Sie einander

nah, schaffen Sie eine starke körperliche Verbindung Ihrer Limbis. So überwindet jeder Limbi sein Unwohlsein, er fühlt sich sicher, geborgen und sieht keinen Grund mehr, in Alarmbereitschaft zu sein. Die Cortisolproduktion geht schlagartig zurück. Stosnys Merksatz: »Hören Sie auf, eine Verbindung mit Worten erreichen zu wollen. Lassen Sie stattdessen Ihre Worte aus der Verbindung entstehen.«

• *So verrückt es klingt: Wollen Sie Ihrem Partner etwas Kritisches oder Schwieriges sagen, setzen Sie sich neben ihn und berühren Sie sich. Wenn Sie spüren, dass der Limbi Ihres Partners gerade innerlich Anlauf nimmt zu einem Wutausbruch oder der allwöchentlichen »Was-mich-schon-die-ganze-Woche-an-dir-nervt«-Attacke – gehen Sie über zu einer innigen Umarmung. Verweilen Sie ruhig eine Weile so und sagen Sie etwas Freundliches. Erst dann wird über das Thema geredet, in Ruhe und Verbundenheit. Ihre Limbis werden automatisch ruhiger und Ihr Gespräch effektiver. Sie stehen nicht mehr kurz vor einem Tobsuchtsanfall oder hegen Fluchtgedanken, sondern hören einander zu, weil sie sich in der Situation wohlfühlen.*

Game over:
Wenn die Liebe endet

Auch wenn Sie sich die ewige Liebe wünschen und am liebsten glücklich bis ans Ende Ihrer Tage mit Ihrem Partner leben würden: Nicht jede Beziehung hält auf Dauer. Trösten Sie Limbi mit dem Lieblingsfutter der Großhirnrinde – mit sachlicher Statistik. 2013 wurden nach Angaben des Statistischen Bundesamts in Deutschland knapp 170 000 Ehen geschieden und rund 380 000 neu geschlossen. Nimmt man die derzeitigen Scheidungsverhältnisse als Grundlage, werden wohl 36 Prozent aller in einem Jahr geschlossenen Ehen innerhalb der nächsten 25 Jahre geschieden. Zum üblichen Seufzer »Alles wird immer schlimmer« besteht kein Grund: Die Zahl der Scheidungen ist gegenüber dem Vorjahr um fünf Prozent zurückgegangen. Auch die durchschnittliche Ehedauer bis zur Scheidung steigt. 1993 hatte sie gut elf Jahre betragen, 20 Jahre später sind es 14 Jahre und acht Monate. Ein Auslaufmodell ist die Ehe keinesfalls: Die Zahl der Ehen scheint sich zu stabilisieren und sogar leicht anzusteigen auf 4,8 pro 1 000 Einwohner. Der Tiefststand lag 2006 bei 4,5. In den 1970er- und 1980er-Jahren bewegte sich der Wert um die 6,3.

Das Online-Dating-Portal Elitepartner hat 2014 eine Umfrage durchgeführt, aus welchem Grund sich Paare trennen. Auf Platz eins: mehrmaliges Fremdgehen. Platz zwei: Unehrlichkeit und Heimlichtuerei des Partners. Platz drei: Routine und Emotionslosigkeit.

Egal, aus welchem Grund die Beziehung in die Brüche geht, eines bleibt immer gleich: Wenn es zum letzten Mal gekracht hat und die Trennung beantragt wird (in 52 Prozent der Fälle von der Frau, in 40 Prozent vom Mann und nur in acht Prozent von beiden), beginnt für seinen wie ihren Limbi eine wilde Stressphase. Nicht nur seelisch, sondern auch körperlich. Adrenalin und Cortisol strömen in großen Mengen, die Werte des Gute-Laune-Moderators Dopamin gehen in den Keller. Im Extremfall

kann es zu Symptomen kommen, die einem Herzinfarkt ähneln. Stress-Kardiomyopathie nennen es Mediziner, wenn übermäßige seelische Belastungen zu einer Einschränkung der Herzfunktion führen.

Von Limbi aus betrachtet kann Verliebtsein durchaus mit einer Sucht vergleichbar sein, und die Trennung führt zu entsprechenden Entzugssymptomen. Deswegen raten Mediziner: Tun Sie aktiv etwas für Ihren Serotoninspiegel, sonst versinken Sie am Ende in einem Stimmungstief, das im schlimmsten Fall in einer Depression enden kann. Achten Sie auf Limbis Signale, was ihm jetzt gut tun würde. Päppeln Sie ihn auf, gönnen Sie ihm etwas Angenehmes.

Verwöhnen Sie Limbis somatische Marker

Bringen Sie Bewegung in Ihr Leben. Gehen Sie übertrieben viel an die frische Luft. Treiben Sie Sport. Verkriechen Sie sich nicht zu Hause, auch wenn Ihnen gerade danach ist, nur die

Bettdecke über den Kopf zu ziehen. Gehen Sie aktiv auf Freunde zu, suchen Sie neue Betätigungsfelder, in denen Ihr Limbi sein WLAN neu ausrichten muss. Festival, Zoo, Museum, Reisen – Hauptsache, Sie kapseln sich nicht ab.

....

Wenn ein kleines Kind verloren geht und seine Mama oder seinen Papa nicht mehr sieht, läuft in seinem Limbi ein uraltes Notfallprogramm ab: Alle Sehnsucht und alle Begierde konzentrieren sich auf die Bezugsperson, die nicht mehr da ist. Das ist eine sinnvolle Maßnahme, damit sich das Kind auf die Suche nach dem für ihn lebenswichtigen Menschen begibt. Das gleiche Programm erleben Sie, wenn Sie Ihr Partner verlässt. Nur ist es da nicht mehr ganz so sinnvoll. Richten Sie sich also darauf ein, dass Ihr Limbi den oder die Ex direkt nach der Trennung nicht realistisch in Erinnerung hat, sondern radikal beschönigt. Die schönste Frau der Welt hat Sie verlassen, der wunderbarste Mann auf Erden ist nicht mehr da. Die Großhirnrinde nimmt diese Emotionen erstaunt zur Kenntnis und aktiviert oft ein Gegenprogramm: Der oder die Verflossene wird mit aller Gewalt des Verstandes zum Unmenschen und Vollidioten erklärt. So oder so, eine rationale Einschätzung ist eine Zeit lang praktisch unmöglich.

Widerstehen Sie der Verlockung, sich immer und immer wieder mit dem Ex-Partner treffen zu wollen oder ihn anzurufen – nur mal kurz, um zu hören, wie es geht oder um die gescheiterte Beziehung zu diskutieren, in der Hoffnung auf einen Neuanfang. Quälen Sie Limbi nicht mit unnötigen Botenstoffen, die Ihren Trennungsschmerz noch weiter in die Länge ziehen. Gehen Sie auf Abstand. Sortieren Sie Ihre Emotionen und Ihre Erinnerungen.

Organisieren Sie den Neuanfang

Der Partner ist zwar weg, aber er hat vieles zurückgelassen. Die Erinnerungen an schöne Zeiten mit ihm können Sie nicht aus Ihrem Gedächtnis löschen. Aber Sie können Gegen-

stände, Fotos und andere Erinnerungsstücke wegpacken – nicht gleich alles wegwerfen oder verbrennen, aber in einen Karton außer Reichweite tun. Sprechen Sie mit einer Vertrauensperson über Ihre Beziehung. Einem Außenstehenden fällt es leichter, die Partnerschaft objektiv zu beurteilen.

Sie werden sich Vorwürfe machen und Schuldgefühle haben. »Hätte ich doch nur ...« Analysieren Sie Ihre Beziehung und deren Scheitern, gestehen Sie sich Ihre Fehler ein, seien Sie aber vor allem dankbar für alles Gute, was Sie gemeinsam erlebt haben. Lassen Sie Ihre Trauer zu. Schauen Sie also nicht sofort und verkrampft nach vorn. Limbi ist beispielsweise nicht dafür geschaffen, nach einer beendeten Partnerschaft gleich die nächste Beziehung zu beginnen. Damit überfordern Sie ihn und vor allem den neuen Partner.

Limbis Abschied in fünf Schritten

Die österreichische Psychotherapeutin Gerti Senger beschreibt aus ihrer Erfahrung mit unzähligen Geschiedenen fünf typische Phasen, die Limbi nach einer Trennung durchläuft.

Schock und Protest: Der Partner verlässt Sie – und Sie sind wie vor den Kopf gestoßen. Das haben Sie überhaupt nicht kommen sehen! Sie sind überrascht und geschockt. Aber ist das wirklich wahr? Gab es in den letzten Monaten und Wochen nicht doch deutliche Anzeichen dafür, dass alles wieder gut werden könnte? Warum sollte nicht noch ein Wunder geschehen? Trennung? Gegen diesen Gedanken wehrt sich Limbi vehement.

Lähmung: Von der Beziehung ist nur ein Trümmerhaufen übrig. Limbi ist wie paralysiert. Was jetzt? Alles ist außer Kontrolle. Limbi würde sich am liebsten irgendwo eingraben.

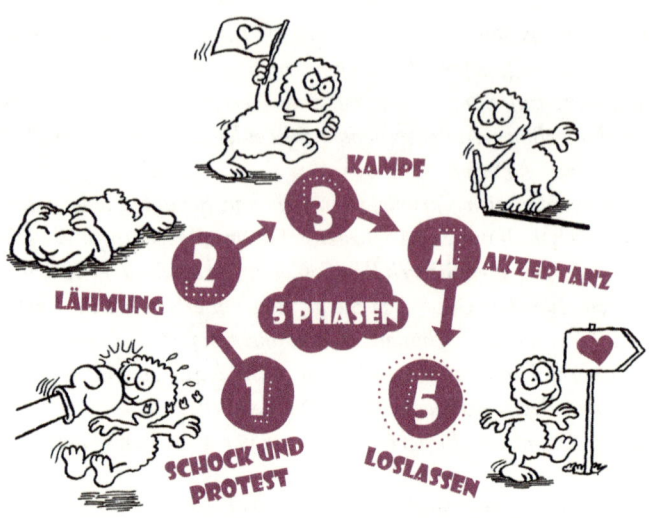

Kampf: *Es kann nicht vorbei sein! Limbi mobilisiert alle Kräfte. Der Partner muss zurückzugewinnen sein. Sie können sich ändern, Sie können an der Beziehung arbeiten, es muss noch eine Chance für die Liebe geben!*

Akzeptanz: *Es hat nicht geklappt. Der andere bleibt weg, will nicht mehr zurück. Der Kampf war umsonst, Sie sind der Verlierer. Ihr Limbi ist gleichzeitig traurig und wütend, alle Emotionen drehen sich im Kreis. Sie bekommen nichts mehr auf die Reihe. Am Ende hilft nur eins: einen Schlussstrich ziehen und sich eingestehen, dass diese Beziehung endgültig vorbei ist. So schwer es Ihnen auch fallen mag.*

Loslassen: *Erst nach diesen schrecklichen vier Phasen ist der Neuanfang möglich. Es gibt keine Abkürzung, keine emotionale Autobahn für Extraschlaue. Sie stellen fest: Das Leben geht weiter – auch ohne ihn oder sie. Natürlich ist noch längst nicht alles in Butter. Die Enttäuschung über die zerbrochene Liebe dauert an. Sie müssen Ihr praktisches Leben und Limbis durcheinandergewirbelte Emotionsschatzkammer neu ordnen. Aber es ist ein Anfang. Immerhin.*

LIMBI-
MOMENT

Oh je, jetzt endete das Liebeskapitel ausgerechnet mit dem Thema Trennung. Seien Sie dankbar, wenn Sie es nicht brauchen. Spüren Sie, wie in Ihrer Beziehung Ihre emotionsgeladenen Limbis oft viel stärker miteinander verbunden sind als Ihre gedankenorientierten Großhirnrinden. Vertrauen Sie darauf, dass Ihre beiden Limbis das Fundament Ihrer Partnerschaft bilden. In Bayern sagt man »Probiert's es, na spürt's es!«

LIMBI
und das Glück

Der Psychotherapeut Uwe Böschemeyer beginnt sein Buch *Warum nicht?* mit einer unscheinbaren Begebenheit. Er wartete am Hamburger Hauptbahnhof auf seinen Zug nach Berlin und hatte sich vorgenommen, die Gesichter der an ihm vorübereilenden Menschen anzusehen. Auf welchen würde er Anzeichen von Zufriedenheit, Wohlbefinden oder sogar Glück entdecken können? Seine kleine, subjektive und nicht repräsentative Untersuchung ergab, dass von hundert Menschen etwa drei oder vier das zeigten, was er gesucht hatte.

Gemeinsam glücklich

Seitdem denke ich mir, wenn ich über einen Bahnhof gehe, durch eine Fußgängerzone schlendere oder sonst irgendwo öffentlich unterwegs bin: »Oh, vielleicht sitzt da irgendwo der Herr Dr. Böschemeyer und macht wieder seine Untersuchung.« Bei diesem Gedanken reizt es mich, einer der drei oder vier Menschen von hundert zu sein, denen man ein positives inneres Grundgefühl ansehen kann.

Warum will ich das? Es könnte mir doch egal sein, wie ich auf andere wirke. Aber ich ahne, dass vielleicht etwas Wunderbares in Gang kommt, wenn die anderen Menschen meinen glücklichen Limbi sehen. Es macht mich glücklich, wenn ich andere Menschen glücklicher machen kann.

Damit nähern wir uns einem von Limbis tiefsten Geheimnissen: Glück hat etwas mit den anderen zu tun, und doch liegt es an mir. Ich kann es nicht einfach auf die anderen schieben, wenn ich unglücklich bin.

Bringen Sie andere Limbis zum Lächeln

Glücklich auszusehen verlangt durchaus eine gewisse Anstrengung. Es macht weniger Mühe, den gleichen ausdruckslosen Flunsch zu ziehen wie die Mehrheit der Mitmenschen. Immer wieder berichten mir Menschen, wie miesepetrig all die Leute aussehen, denen sie in Geschäften oder öffentlichen Verkehrsmitteln begegnen. Und? Haben sie etwas dagegen unternommen? Oder haben sie beim Beobachten unwillkürlich das gleiche blassgraue Gesicht aufgesetzt wie die betrachteten Forschungsobjekte? Trauen Sie sich! Tun Sie etwas für die allgemeine Limbi-Gesundheit und geben Sie sich und Ihrem Limbi den kleinen Schubs: »Ey, schau mal etwas netter!« Lächeln (wir hatten es schon weiter oben im Körper-Kapitel beim Thema Einschlafen) setzt einen doppelten Rückkopplungseffekt in Gang: Sie selbst sind dadurch besser drauf und stecken vielleicht den einen oder anderen damit an.

2010 inszenierte der Theaterregisseur Oriza Hirata in Tokio das Theaterstück *Sayonara,* in dem die Schauspielerin Bryerly Long mit einem menschenähnlichen Roboter interagierte. Der weibliche »Geminoid F« und die menschliche Schauspielerin spielten beide einstudierte Rollen. Das Publikum war beeindruckt und auch irritiert von den enormen Fähigkeiten der fast natürlich wirkenden Maschine. Als die Schauspielerin nach der Aufführung gefragt wurde, wie sie sich während des Stücks auf der Bühne gefühlt habe, antwortete sie: »Einsam.«

Vermutlich wäre es ihr anders ergangen, hätte sie mit einer lebendigen Katze, einem Seehund oder einem anderen Lebewesen auf der Bühne gestanden. Wir Menschen brauchen, um nicht in völliger Einsamkeit zu versinken, wenigstens einen zweiten Limbi. Das erklärt wohl auch die enorme Zahl von Haustieren in Deutschland – je nach Statistik sind es zwischen 22 und 28 Millionen. Jeder dritte Haushalt hat einen tierischen Mitbewohner, und in 25 Prozent aller Tierhaushalte lebt ein Mensch allein mit einem oder mehreren Tieren.

Um herauszufinden, was Menschen glücklich macht, befragte (der schon öfter erwähnte) Daniel Kahneman 1 000 berufstätige Frauen aus Texas. Er bat sie aufzuschreiben, was sie am Vortag gemacht hatten, wie lange es dauerte und wie es ihnen dabei ergangen war. Das Ergebnis: Die vier Tätigkeiten, die am angenehmsten empfunden wurden, waren Sex, Freunde treffen, essen und entspannen. Die Aktivitäten hingegen, die am unangenehmsten empfunden wurden, waren die Fahrt zur Arbeit, die Arbeit selbst und die Rückfahrt nach Hause. Je länger die Berufswege waren, desto unzufriedener waren die Befragten. Das lässt sich wohl weitgehend auf Europäer übertragen.

Ergebnisse des Glücksforschers Mihaly Csikszentmihalyi deuten in die gleiche Richtung: Er untersuchte, mit wem Menschen am liebsten zusammen sind. Spitzenreiter waren Freunde, Verwandte und Partner. Am unteren Ende der Skala fand sich wieder die personifizierte Arbeitswelt: der Chef.

Heißt das im Umkehrschluss: lieber arbeitslos zu Hause bleiben? Auf keinen Fall! Der Psychologe und Glücksspezialist Edward Diener stellte fest: Wer seinen Beruf verliert, wird dadurch sehr unglücklich und bleibt es eine lange Zeit. Selbst wenn er wieder eine neue Stelle gefunden hat, dämpft das Verlusterlebnis noch lange seine Lebenszufriedenheit.

Noch schlimmer ist das Alleinsein. Auch wenn viele nach einem langen Arbeitstag davon träumen, in Ruhe gelassen zu werden und möglichst tatenlos den Feierabend zu verbringen: Nichts senkt auf Dauer das Glücksempfinden so sehr wie ein Übermaß an einsamer Muße.

Umgeben Sie sich mit Leben

Ihr Limbi braucht die Gesellschaft von anderen. Wenn er gemeinsam mit anderen etwas macht, geht ihm – und damit Ihnen – das Herz auf. Pflegen Sie Freundschaften, genießen Sie gemeinsam mit Ihrer Familie und freundlichen Menschen den Feierabend, unternehmen Sie etwas am Wochenende.

Wechseln Sie nicht den Job, sondern finden Sie Ihre Berufung

Der US-amerikanische Psychologe Martin Seligman, einer der Begründer der Positiven Psychologie, erforscht seit langem, was Menschen glücklich macht. Er unterscheidet im Berufsleben zwischen Job, Karriere und Berufung. Einen Job macht man nur wegen des Geldes, bei Karriere dreht sich alles um den Aufstieg – und bei einer Berufung ist man mit Leidenschaft dabei, Geld und Aufstieg sind nebensächlich. Glück und Zufriedenheit bringt nur die Berufung.

Seligman rät: Wechseln Sie nicht gleich den Job, wenn Sie unzufrieden sind. Wandeln Sie Ihre Arbeit so um, dass sie zur Berufung wird. Das ist durch den Einsatz Ihrer Signaturstärken möglich – jenen guten Eigenschaften, die für Sie besonders typisch sind. Wenn Sie diese Stärken einsetzen, verspüren Sie Begeisterung, Kraft und Authentizität. Innerlich sehnt sich Ihr Limbi danach, diese Eigenschaften im Berufsleben zur Geltung zu bringen.

Insgesamt 24 Stärken hat Seligman erkannt – darunter Freundlichkeit, Tapferkeit, Wissensdurst, soziale Intelligenz, Kreativität und Dankbarkeit. Jeder Mensch hat zwischen drei und sieben solcher Signaturstärken. Wenn Sie diese jeden Tag einbringen, finden Sie Glück und Zufriedenheit. Seligman hält nichts davon, Schwächen zu verbessern. Seine Formel für ein gutes Leben lautet: Die eigenen Stärken stärken und sie so oft und in so vielen Lebensbereichen wie möglich einsetzen.

Welches Ihre Signaturstärken sind, können Sie unter www.charakterstaerken.org erfahren: Unter dieser Internetadresse hat die Universität Zürich mehrere (natürlich anonymisierte) Fragebögen bereitgestellt. Wenn Sie die ausfüllen, erfahren Sie nicht nur mehr über Ihre Stärken, sondern unterstützen auch die Forschung des Psychologischen Instituts der Universität.

Im Reich der Erinnerung

Limbis Gedächtnis merkt sich vor allem Gefühle. Sie funktionieren wie die grauen Pappkartons in der Asservatenkammer eines Gerichtsarchivs: Für die großen Fälle, die heftige Gefühle ausgelöst haben, gibt es geräumige Behälter. Die kleineren Kisten werden für weniger erschütternde Erinnerungen benutzt. In jedem Karton sind die Fakten, die damals das Gefühl ausgelöst haben. Das können winzige Details sein, scheinbar belanglose Beobachtungen und Sinneseindrücke, Gegenstände, Melodien, Berührungen oder größere Zusammenhänge. In manchen Archivcontainern werden einmalige Ereignisse bewahrt, in anderen Erlebnisse, die immer wiederkehren. Ohne die Behälter, diese unter Ihre Haut gehenden Gefühle, könnte Ihr Gedächtnis die Tatsachen nicht abspeichern. Diese Behälter werden gewissermaßen von Limbi gebaut.

Limbisieren Sie Gesprächsrunden

Wenn in einer Familien- oder Freundesrunde mal wieder über das Wetter, Zugverspätungen, Hüftoperationen oder andere öde Themen gefachsimpelt wird, mischen Sie die Runde mit einer simplen, aber wirkungsvollen Umfrage auf: Jeder soll die früheste Begebenheit erzählen, an die er sich wirklich selbst erinnert. Alles, was man sich auf Grund von Fotos erschließt oder was einem von anderen erzählt wurde, gilt nicht. Da kann Erstaunliches zu Tage kommen. Denn die erste Erinnerung ist immer eine Erinnerung von Limbi!

Mit der Frage »Was war die erste Erinnerung?« umgehen Sie elegant die gesammelten Denkumwege des Neocortex und landen mitten in Limbis kraftvoller Welt der Emotionen. Sie werden ehrfürchtig Limbis enorme Fähigkeiten erleben, sowohl beim Erinnern von Schrecklichkeiten als auch beim Abspeichern glücklicher Momente.

Mit der Frage nach frühesten Eindrücken können Sie auch Diskussionsrunden, Brainstorming-Treffen und Workshops auf die emotionale limbische Spur bringen – und damit besonders effizient machen. Beginnen Sie eine Gruppendiskussion zum Thema »Design der neuen Joghurtverpackung« mit dem Impuls »Was war der erste Joghurt, an den ihr euch erinnert?« oder »Was ist eure früheste Erinnerung an eine Verpackung, die euch überrascht hat?« – und schon wird nicht im Man-müsste-man-sollte-Stil herumgelabert, sondern mit Herz und Begeisterung kreativ gearbeitet. Dasselbe gilt für Bibelkreise (»Eure erste bildliche Vorstellung vom Apostel Paulus«) oder Vorbereitungsteams (»Das erste Sommerfest, an das ihr euch erinnern könnt«).

Uralte Gemütlichkeitsmomente

Ich hatte als kleiner Junge kein eigenes Zimmer, sondern schlief in einem Gitterbettchen im Schlafzimmer meiner Eltern. Dort befand sich auch die Tür zum Badezimmer. Es war ein wundervolles Glücksgefühl für mich, wenn ich im dunklen Zimmer in meinem Bett lag, den Lichtstreifen unter der Badezimmertür sah, das in die Wanne laufende Wasser hörte und die eigentümlichen Plantsch- und Quietschgeräusche von jemandem, der badete. Dazu der schwache Geruch von warmem Wasserdampf, das Liegen im Bett, die eigene Müdigkeit ... Alles zusammen war das eine herrliche Komposition von Gemütlichkeit und Geborgenheit. Vielleicht war das meine erste authentische Erinnerung. Ich habe diese Momente sehr intensiv vor Augen, aber kann mich nicht daran erinnern, wie jemand nach dem Baden aus dem Zimmer herausgekommen wäre. Offensichtlich war ich jedes Mal vorher selig eingeschlafen.

Ich habe auch selbst gern in der Wanne gebadet, aber das Wissen, dass gerade Papa, Mama oder eins meiner Geschwister dieses Wohlfühlerlebnis genoss, war noch schöner als das eigene Bad. Heute würde ich mir das mit Limbis WLAN erklären: Es war die Wonne, mit den Limbis der Familie in Harmonie zu sein. Meine somatischen Marker waren mit den somatischen Markern der anderen verbunden. Noch heute ist es für mich ein Gefühl wie aus dem Paradies, wenn ich weiß, dass es den Menschen in meiner Nähe gut geht.

···

Bestimmte Areale Ihrer Großhirnrinde sind zuständig für die Frage »Wer bin ich?«. Dieses sogenannte autobiografische Gedächtnis errechnet aus der Zusammenschau der Erinnerungsstücke in seiner Memoirensschatzkammer eine Antwort auf die große Frage: Bin ich ein glücklicher Mensch? Hatte ich eine glückliche Kindheit? Geht es mir momentan gut?

Der amerikanische Psychologe John Kotre hat eine schöne Metapher entwickelt, wie dieses autobiografische Gedächtnis funktionieren könnte. Man muss es sich vorstellen, sagt Kotre, wie ein Büro mit einem Archivar und einem Geschichtenerzähler. Weil die einzelnen Fakten viel zu umfangreich sind, um sich schnell daran zu erinnern, fasst der Mythendichter sie in Kurzaussagen zusammen. Solche autobiografischen Kompakturteile erkennen Sie an Schlüsselworten wie »immer« oder »nie«: »Immer musste ich diese kratzige Hose tragen.« »Nie durfte ich abends einen Spielfilm sehen.«

Der Geschichtenerzähler arbeitet eng mit Limbi zusammen, denn wichtige Erinnerungen enthalten vor allem sehr beherrschende Gefühle. Die werden dann mit Fakten unterfüttert, und bei jeder Wiederholung verfestigt sich die Grundaussage, immer und immer wieder. Das bedeutet aber keineswegs, dass diese Hauptgefühle korrekt sein müssen. Wenn Sie den Eindruck hatten, »immer« auf ihre kleine Schwester aufpassen zu müssen, dann fragen Sie andere Menschen, die damals dabei waren. Können die Ihren Eindruck bestätigen? Wenn Sie glauben, dass Sie als Kind »nie« Ihr Fernsehprogramm bestimmen durften: Vielleicht waren es nur einige wenige Situationen, die sich im Lauf der Jahre zu einer allgemeinen Emotion der Unfreiheit verklumpt haben.

Nehmen Sie Ihre Vergangenheit nicht einfach hin
Mithilfe der Großhirnrinde können Sie Ihre Kindheitserinnerungen nachträglich korrigieren. Es ist durchaus möglich, dass Ihre Kindheit gar nicht so schwer war, wie Ihr Geschichtenerzähler das im Lauf der Zeit immer weiter bestätigt hat. Auf diese Weise können Sie, so Kotre, sogar rückwirkend glücklicher werden! Auch das Gegenteil kann passieren: Ihre Kinderjahre waren für Sie viel belastender, als Sie es sich eingestehen wollten.

Es wird schwer sein, die objektive Qualität Ihrer frühen Jahre herauszufinden. Vielleicht ist es auch gar nicht mehr möglich. Aber bitte misstrauen Sie den allzu selbstverständlichen Pauschalurteilen Ihres von Limbi gesteuerten Geschichtenerzählers. Er beansprucht für sich, der alleinige Interpret Ihrer gesammelten Erlebnisse zu sein. Zweifeln Sie Limbis Deutungshoheit an! Nur in kluger Zusammenarbeit mit Neocortex und limbischem System entsteht ein realistisches Bild Ihrer Vergangenheit, das Ihnen helfen wird, Gegenwart und Zukunft zu meistern.

Geduld — die Tugend der Glücklichen

Es sollte eines der bekanntesten psychologischen Experimente werden. Walter Mischel, 1930 in Wien geboren und später Psychologieprofessor in den USA, führte es von 1968 bis 1974 mit etwa vier Jahre alten Kindern aus der Vorschule des Stanford-Campus durch. Jeweils ein einzelnes Kind wurde vom Versuchsleiter in einen Raum mit einem Tisch und einem Stuhl geführt. Vor dem Kind standen ein Teller mit einem Marshmallow (oder einer anderen verlockenden Leckerei) und eine Glocke. Der Versuchsleiter sagte dem Kind: »Ich gehe jetzt aus dem Zimmer. Wenn du klingelst, komme ich sofort zurück. Wartest du aber, bis ich von selbst zurückkomme, bekommst du von mir noch einen weiteren Marshmallow.« Belohnungsaufschub war der Fachbegriff für die dabei getestete Fähigkeit.

In der Regel kam der Versuchsleiter nach einer Viertelstunde zurück, aber meist musste er gar nicht so lange warten. Im Schnitt schlugen die Kinder nach sechs bis zehn Minuten auf die Glocke. Von den 600 Kindern der ersten Studie hielt nur knapp ein Drittel bis zum Ende durch.

Das berühmt gewordene Experiment (das Ferrero in der Werbung für seine Überraschungseier verwendet) gehört zu den schönsten Darstellungen eines klugen Umgangs mit Limbi. Wenn einer der Versuchszwerge versuchte, seinen Limbi mit Gewalt zurückzuhalten und – sichtlich innerlich kämpfend – stur vor dem Marshmallow sitzen blieb, gab er irgendwann auf.

Gewinner waren die Kids, die kreativ mit ihrem Limbi umgingen. Manche stellten sich schlafend oder versteckten die Süßigkeit. Ganz gerissene knabberten das Objekt der Begierde von unten an und stellten sie wieder auf den Teller. Die pfiffigsten aber standen vom Tisch auf, redeten mit sich selbst, trällerten ein Liedchen oder kullerten auf dem Fußboden herum. Sie vergaßen den blöden Marshmallow und waren freudig überrascht, als der Versuchsleiter mit der zweiten Belohnung hereinkam.

1980 und 1981 lud Mischel einige Kinder aus dem ursprünglichen Experiment wieder ein. Es stellte sich klar heraus: Die Kinder, die damals warten konnten, waren als Heranwachsende kompetenter in schulischen und sozialen Bereichen. Sie konnten besser mit Stress umgehen und hatten meist bessere Noten als die Versuchskinder, die damals schnell das Leckerli verschlungen hatten.

Walter Mischel konnte 2013 einige Teilnehmer der allerersten Marshmallow-Experimente in Stanford erneut einladen und im Hirnscanner ihre Art der Gehirnaktivität untersuchen. Das

Ergebnis: Die Probanden mit guter Selbstkontrolle nutzten ihre neuronalen Netzwerke effizienter. Die Zusammenarbeit von Neocortex und Limbi schien bei ihnen intensiver zu sein. Bei den Teilnehmern mit geringerer Fähigkeit zum Belohnungsaufschub fanden sich weit mehr Raucher, Übergewichtige und solche mit Suchtproblemen.

Trainieren Sie Ihre Geduld!

Der Volkswirt Matthias Sutter von der Universität Innsbruck hat Mischels Erkenntnisse in weiteren Experimenten bestätigt und auf die griffige Formel gebracht: Ausdauer schlägt Talent. Geduld, eine Mischung aus Beharrlichkeit, Selbstkontrolle und Frustrationstoleranz, macht erfolgreich – und glücklich. Geduld bedeutet, auf heutigen Konsum zu verzichten, um in der Zukunft mehr davon zu haben. Das ist ein Grundprinzip menschlicher Großhirnrindenkultur: Heute in Bildung zu investieren, um morgen bessere Berufschancen zu haben. Heute zu sparen, um im Alter davon leben zu können. Ungeduldige schaffen nur eine kürzere Ausbildungszeit, haben später ein geringeres Einkommen und tendieren dazu, nur sehr wenig Geld zu sparen und stattdessen Schulden anzuhäufen.

Menschen mit einem höheren Intelligenzquotienten scheinen mehr Möglichkeiten zu haben, sich Geduldsstrategien und unterhaltsame Ablenkungen auszudenken. Auch das elterliche Umfeld spielt eine Rolle – kann sich ein Kind zu Hause auf Zusagen nicht verlassen, nimmt es lieber jede Gelegenheit sofort wahr, es wird also ungeduldiger.

Sutter fand jedoch auch etwas Erfreuliches heraus: Den IQ und das elterliche Umfeld kann man zwar nicht ändern, Geduld aber lässt sich lernen. Kinder erkennen mit zunehmendem Alter, dass sich Warten lohnt. Die Anzahl der ungeduldigen Kinder nimmt im Lauf der Schulausbildung kontinuierlich ab. Auch als Erwachsener können Sie sich in Sachen Belohnungsaufschub weiterbilden – indem Sie lockerer und lustiger mit Limbis Bedürfnissen umgehen. Am besten nutzen Sie Limbis außergewöhnliche Begabung zum absichtslosen Tun: das Spiel.

Spielend glücklich

Auch der Spieltrieb sei im limbischen System zu finden, heißt es in den Lehrbüchern. Aber was Spiel genau ist, darüber streiten die Gelehrten. Ein Spiel muss Regeln haben, sagen die einen. Spiel ist ein Gemeinschaftserlebnis, sagen andere. Sind Spiele gegen einen Computer deswegen schlecht? Muss man bei einem Spiel gewinnen wollen? Was ist gutes Spielzeug? Warum machen auch schlechte Spielsachen Spaß? Es gibt Brettspiele, Computerspiele, Gedankenspiele, Wettkampfspiele, Brot und Spiele. Immer haben die Menschen gespielt.

Der französische Philosoph Roger Caillois hat eine sympathisch großzügige Definition von Spiel. Er meint, Spiel ist etwas, wenn Wettkampf, Zufall, Rausch oder Maske darin vorkommen, und zieht dabei eine Linie: Archaische Gesellschaften betonen Rausch und Maskierung, in der Zivilisation regieren beim Spiel Wettkampf und Zufall.

LIMBI AKTIV

Heute ist mein Glück eine Reise in den Himmel ... und zurück.

HIMMELSCHAUEN

HEILHAUSEN

MONDGUCKAU

Bad Liebenau

Sternheim

Freudenstadt

Spielberg

GLÜCKSBURG

DANKENDORF

HELFENHOFEN

Leckerschmeckingen

LAUF

Waldschönau

Siegen

RADLBERG

CHILLHAUS

Daheim

ÜBERRASCHERACH

PAUSA

Verschenkdorf

SPENDEN

Limbis Glückskompass

Glück ist kein Zustand, sondern eher eine Reise. Immer wieder heißt es, aufzubrechen zu neuen Zielen, sonst wird es bald unerträglich. Manche der hier gezeigten Orte gibt es wirklich, andere gibt es nur in Ihrer Seele, aber alle stehen für einen der vielen Aspekte des Glücks.

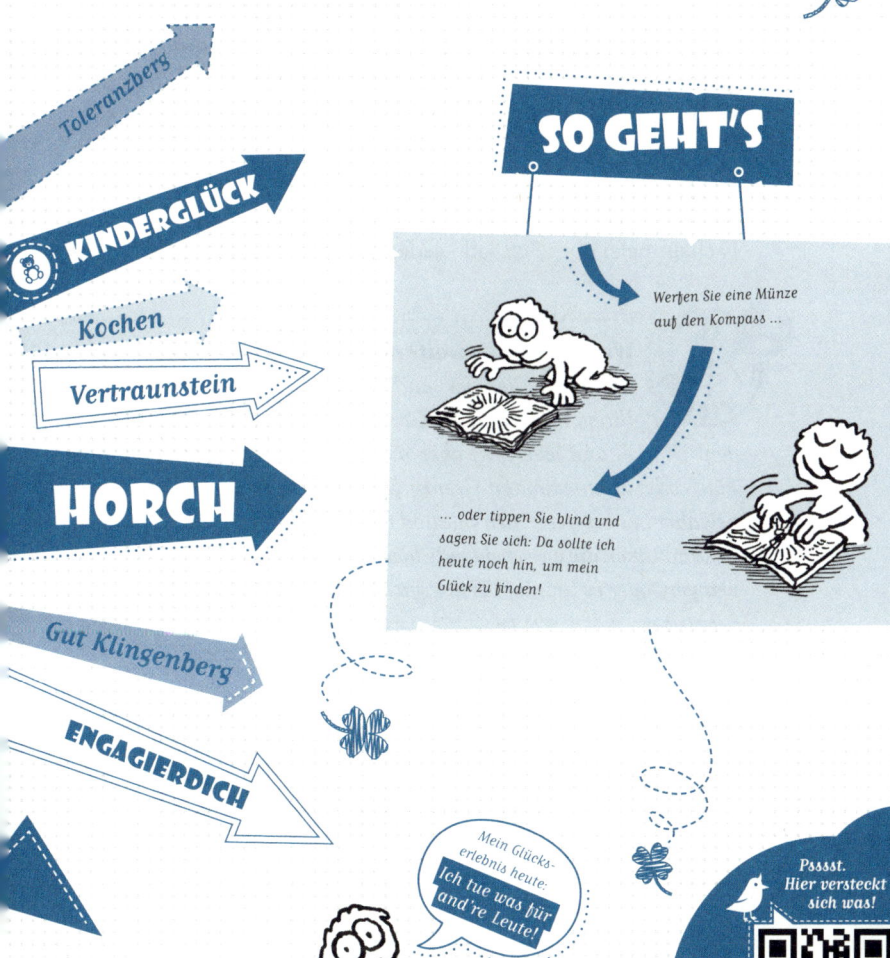

Toleranzberg

KINDERGLÜCK

Kochen

Vertraunstein

HORCH

Gut Klingenberg

ENGAGIERDICH

SO GEHT'S

Werfen Sie eine Münze auf den Kompass ...

... oder tippen Sie blind und sagen Sie sich: Da sollte ich heute noch hin, um mein Glück zu finden!

Mein Glücks-
erlebnis heute:
Ich tue was für
and're Leute!

Pssst.
Hier versteckt
sich was!

http://tinyqr.com/tca

Immer wieder neu

Hier können Sie einen leeren Kompass herunterladen und selbst ausfüllen: **www.limbi-welt.de/downloads**

»Der Mensch spielt nur, wo er in voller Bedeutung des Wortes Mensch ist, und er ist nur da ganz Mensch, wo er spielt«, schrieb Friedrich Schiller 1795 und präzisierte es wenig später mit dem bemerkenswerten Satz: »Der ernsteste Stoff muss so behandelt werden, dass wir die Fähigkeit behalten, ihn unmittelbar mit dem leichtesten Spiel zu vertauschen.«

Mein Vorschlag: Lassen wir das mit den Definitionsversuchen. Spielen ist ein herrlich weiter Begriff, und gerade diese Weite macht Spielen für Limbi so attraktiv. Beim freien Spiel probiert Limbi herum, ohne eine Absicht zu verfolgen. Dadurch entsteht Neues. Spielen erzeugt Möglichkeiten.

In vielen Situationen erlaubt die Großhirnrinde nicht, dass gespielt wird. Bei der Sache bleiben! Erst die Arbeit, dann das Vergnügen! Limbi wird wieder einmal mit aller Kraft gewürgt. Und doch büchst er immer wieder aus – auf eine Partie Tiny Wings oder Candy Crush auf dem Smartphone, eine Patience in Windows, Zielwerfen mit Papierkugeln auf den Papierkorb, eine Fachsimpelei über Fußball – jeder hat seine Lieblingsspiele.

Wenn Sie nicht weiterkommen, spielen Sie!

Schließen Sie hier und heute einen Vertrag zwischen Ihrem Limbi und der Großhirnrinde: Es darf gespielt werden! Überall und jederzeit, aber nicht endlos. Vereinbaren Sie eine Fünf- oder Zehn-Minuten-Grenze. Spielen lockert nämlich den Geist, bewahrt Sie vor dem Burn-out und einer Überlastung des Kreislaufs, es kann Ihnen die entscheidende Idee für Ihr berufliches Fortkommen bringen, oder es tut einfach nur gut.

Haben Sie einen Spleen?

Beethoven zählte jeden Morgen exakt 60 Kaffeebohnen ab, um sich daraus sein Lieblingsheißgetränk zuzubereiten. Der Pianist Glenn Gould konnte nur Klavier spielen, wenn er auf seinem extrem niedrigen und wackligen Stuhl saß, der notdürftig mit Drähten zusammengehalten wurde und der während des Spiels furchterregend knirschte. Der Schriftsteller Ephraim Kishon schrieb nur im Pyjama und bestand darauf, dass während seiner Anwesenheit im Haus in sämtlichen Zimmern ständig das Licht brannte.

Der Schauspieler Will Smith, der im Gegensatz zu vielen Filmstars als eher unkompliziert gilt, lässt nur Mineralwasser an seine Kopfhaut. Das kann bei Regenszenen und anderen Filmsituationen enorme Probleme bringen. Die Sängerin Lady Gaga isst auch im teuersten Restaurant nur von ihrem eigenen mitgebrachten Geschirr.

Der Sänger Rod Stewart schläft nur in Hotelzimmern, die absolut verdunkelt sind und nicht den kleinsten Schlitz nach draußen haben, durch den sich ein Sonnenstrahl hereinstehlen könnte. Die Schauspielerin Jennifer Love Hewitt kann nicht schlafen, wenn möglicherweise ein Schrank im Haus offen steht. Sie macht daher jeden Abend einen Kontrollgang.

Prinz Charles ist bekannt für seinen Spleen, ständig an seinen Manschettenknöpfen zu nesteln. Muss der spanische Tennisspieler Rafael Nadal zwischen den Ballwechseln eine Linie überschreiten, tut er das mit dem rechten Fuß voraus und berührt sie nicht.

Der Fußballstar David Beckham hat einen Symmetriezwang. Stehen beispielsweise irgendwo drei Dosen Cola Light, muss eine verschwinden. Kickerkollege Wayne Rooney kann nur schlafen, wenn der Staubsauger oder wenigstens ein Fön im Hintergrund rauscht.

Die Aufzählung ließe sich noch lange fortsetzen, und vielleicht haben Sie beim Lesen die eine oder andere Aggression in sich gespürt, dass die Promis ihre Macken dermaßen kultivieren. Auf der anderen Seite fällt es schon auf, dass viele Menschen mit besonderen Fähigkeiten auch besondere Macken zu haben scheinen. Vielleicht lassen sie ihrem Limbi mehr Freiheit als andere?

Eines können Sie immerhin von den Stars lernen: Trauen Sie sich, zu Ihrer Marotte zu stehen. Es mag immer auch etwas Koketterie oder gar Narzissmus dabei sein – aber prinzipiell bin ich davon überzeugt, dass eine nicht zu extreme Macke, ein nicht zu ungesunder Spleen zum Glücklichwerden beiträgt.

Der Berner Psychologe Hansruedi Ambühl, Spezialist für Zwangsstörungen, hält es grundsätzlich für normal, dass wir Dinge auf eine bestimmte Art und Weise tun wollen. Rituale und Gewohnheiten haben eine Funktion, sie entlasten das Gehirn und machen dadurch Platz für kreative Einfälle. Es ist sinnvoll, sich nicht jeden Morgen neu überlegen zu müssen, ob man zuerst die Zähne putzen oder die Tablette einnehmen soll. Rituale sind ökonomisch, beruhigen und geben Sicherheit.

Leisten Sie sich eine Marotte
Irgendeine heimliche Vorliebe hat jeder Limbi. Beobachten Sie sich, mit welchen Arbeitsgeräten, Materialien, Klängen, Düften, Kleidungsstücken, Behältnissen, Gewohnheiten, Tageszeiten und so weiter Sie sich glücklicher fühlen als mit anderen. Sie müssen das nicht an die große Glocke hängen oder einen Kult daraus machen wie die Promis. Nutzen und genießen Sie den kleinen Glücksgewinn, den Ihr Limbi bei einem bestimmten Duft, einer bestimmten Schriftart auf dem Bildschirm, einer bestimmten Art von Schuhen, Schals oder T-Shirts hat! Sie wissen ja, eigentlich ist er genügsam.

Ein neues Wort für »Glück«

Wenn Sie gern glücklich wären, aber irgendwie immer unzufrieden sind, kann das auch ganz schlicht an einem sprachlichen Missverständnis liegen.

Limbi kann zwar nicht sprechen, aber er versteht Sprache sehr wohl. Er scannt blitzschnell alle verwendeten Wörter und Begriffe, spürt sofort mögliche verborgene Bedeutungen und die enthaltene Emotion. Wenn Sie auf Limbis zarte Körpersignale achten, werden Sie bei manchem vermeintlich positiven Begriff erstaunliche Entdeckungen machen. Maja Storch weist darauf hin, dass Menschen bei dem Wort »Glück« keineswegs nur wonnige somatische Marker entwickeln. »Glück« ist für viele ein Synonym für »dauert nicht lange« oder »unverdient«. Andere haben mit einem Limbi zu kämpfen, der bei »Glück« sofort an die damit verbundenen Risiken und Nebenwirkungen denkt: den Neid der weniger glücklichen Mitmenschen und die Gefahr, besoffen vor Glück die Kontrolle zu verlieren.

Auch der Glücksforscher Martin Seligman spricht statt von »Glück« lieber von »Wohlbefinden«.

In der folgenden Sammlung lesen Sie verschiedene Sätze, die Menschen über sich sagen, wenn sie ihr vollkommenes Wohlbefinden und ihr tiefstes Lebensziel beschreiben. Bei welchen Sätzen beginnt Ihr Limbi, positive Signale an Ihren Körper auszusenden?

»Ich will, dass diese Welt besser wird.« »Ich will den Menschen zeigen, wie einzigartig jeder ist.« »Ich will, dass alle glücklich sind.« »Ich will die Welt erforschen.« »Ich will, dass es die Menschen auf dieser Erde gut haben.« »Ich will, dass diese Welt sicherer wird.« »Ich will tun, was auf lange Sicht richtig für alle ist.« »Ich will ganz für andere da sein.« »Ich will, dass Frieden herrscht.« »Ich will anderen den richtigen Weg zeigen.« »Ich will gegenüber anderen meine Pflicht tun.« »Ich will die Ungerechtigkeit bekämpfen.« »Ich will gebraucht werden.« »Ich will andere erfolgreich machen.« »Ich will Schwächere beschützen.« »Ich will das Besondere in anderen Menschen entdecken und wecken.« »Ich will, dass alle Menschen zufrieden sind.«

Finden Sie Ihr persönliches Glückswort

Das sind lauter gute Sätze. Bei kaum einem wird Ihr Limbi protestiert haben. Aber bei manchen haben Sie möglicherweise eine besonders intensive Resonanz gespürt: »Ja, das will ich auch!« Jeder der hier genannten Ich-will-Sätze ist mit einer speziellen Spielart von Glück verbunden. Im Anhang finden Sie eine kleine Auflösung zu diesen Sätzen. Das kann für Sie eine Hilfe sein, um Ihren persönlichen Ersatzbegriff für »Glück« zu finden, der bei Ihrem Limbi positive Körperempfindungen hervorruft.

Die Trotzmacht des Geistes

Was ist mit den Situationen, in denen es unmöglich ist, glücklich zu sein? In denen Leiden, Schmerzen, Krankheit oder Unfreiheit so übermächtig sind, dass all die klugen Ratschläge dieses Buches sinnlos sind? In denen weder Limbis kräftige Emotionen noch die guten Gedanken der Großhirnrinde helfen können?

Ich glaube nicht, dass es einen endgültigen Ort der Verzweiflung gibt. Ein eindrucksvolles Vorbild ist für mich der Psychologe und Neurologe Viktor Frankl (1905–1997). Während des Dritten Reichs war er mehrere Jahre lang in Konzentrationslagern interniert und erlebte die schlimmsten Abgründe menschlichen Leids und menschlicher Bosheit. Er hatte täglich den Tod vor Augen und hielt doch an seiner Überzeugung fest: Das Leben hat einen Sinn. Auch in Gefangenschaft und unter Folter, in aussichtslosen und verzweifelten Situationen behält der Mensch eine letzte, großartige Freiheit: Er allein entscheidet, wie er sich zu dem verhält, was ihm widerfährt. Ob er aufgibt oder ob er kämpft, ob er nur den Nebel sieht oder das Ziel dahinter spürt.

Frankl war ein passionierter Bergwanderer. Die Angst war es, so schrieb er einmal, die ihn zum – durchaus gefährlichen – Klettern gebracht habe: »Muss man sich denn alles von sich gefallen lassen? Kann man nicht stärker sein als die Angst?« Diese Einsicht kann ich heute so übersetzen: »Muss ich mir denn alles von meinem Limbi gefallen lassen?« Der Mensch wird Mensch durch den Widerstand, den er seinem eigenen inneren Säugetier entgegensetzen kann. Er ist ihm nicht hilflos ausgeliefert.

Frankl nannte das die »Trotzmacht des Geistes«, und das ist etwas anderes, als den Limbi zu würgen oder den inneren Schweinehund zu überwinden. Es ist ein freundschaftliches Verhältnis zur eigenen Angst und Wut, aber man lässt sich trotzdem nicht alles bieten. Neocortex und Limbi achten sich gegenseitig, sie stellen sich Herausforderungen und trauen sich Aufgaben zu, vor denen sie zunächst zurückschreckten.

Fordern Sie Limbi heraus

Der Bergsteiger geht nicht den Weg des geringsten Widerstands, sondern sucht auf seiner Klettertour oft die schwierigste Route, der er gerade noch gewachsen ist. Das höchste Glück finden Sie, indem Sie mit Limbi konkurrieren, ihn herausfordern, seine Kraft und seine Angst nutzen. Indem Sie nicht den bequemsten Weg suchen, sondern an die Grenzen gehen. Das wird Sie als Mensch weiterbringen, und sei die Lage noch so aussichtslos.

Limbis Ratschläge für ein glückliches Leben

Die folgenden guten Vorsätze und Bitten stammen natürlich nicht von Limbi, sondern von einer unbekannten Äbtissin. Manchmal werden sie auch Teresa von Avila (1515–1582) zugeschrieben. Von wem auch immer sie stammen – sie stellen einen guten Weg dar, mit dem Älterwerden umzugehen. Damit sollten Sie so früh wie möglich anfangen. Der Psychologe Carl Gustav Jung stellte einmal fest, dass das »psychische Verholzen« schon mit 35 Jahren beginnt. Spätestens ab diesem Alter ist es sinnvoll, aktiv für seelische Frische und ein gutes Verhältnis mit Limbi zu sorgen.

Ich will nicht geschwätzig sein.

Ich will nicht die schreckliche Angewohnheit haben, bei jeder Gelegenheit und über jedes Thema mitreden zu wollen. Mach mich frei davon, alle Details aufzählen zu wollen. Gib mir die Fähigkeit, rasch zur Sache zu kommen. Lehre mich schweigen.

Ich will bescheiden bleiben.

Befreie mich von der Einbildung, ich müsse die Angelegenheiten anderer Leute in Ordnung bringen. Wenn ich meinen Schatz an Erfahrung und Weisheit bedenke, ist es natürlich ein Jammer, nicht jedermann daran teilnehmen zu lassen. Aber ich weiß, dass ich am Ende nur ein paar wenige wirkliche Freunde brauche.

Ich will Geduld lernen.

Ich wage nicht, um die Fähigkeit zu bitten, die Klagen meiner Mitmenschen über ihre Leiden mit nie müde werdender Anteilnahme anzuhören. Gib mir nur die Gabe, sie mit Geduld zu ertragen. Versiegele meinen Mund, wenn es sich um meinen eigenen Kummer und meine eigenen Gebrechen handelt. Sie nehmen mit den Jahren zu – und meine Neigung, sie aufzuzählen, leider auch.

4. Ich will nicht starrsinnig werden.

Ich will auch nicht um ein besseres Gedächtnis bitten, nur um etwas weniger Selbstsicherheit, wenn meine Erinnerungen im Widerspruch mit denen anderer Menschen stehen. Lehre mich die gesunde Erkenntnis, dass ich mich irren kann. Hilf mir, milde zu bleiben.

5. Ich will keine Heilige werden.

Denn mit manchen von ihnen ist schwer auszukommen. Aber ein mürrischer alter Mensch ist eins der Meisterwerke des Teufels. So jemand will ich keinesfalls werden.

6. Ich will die Mitte finden.

Lehre mich, nachdenklich zu sein, aber nicht grüblerisch. Hilf mir, hilfreich zu sein, aber nicht diktatorisch. Mach mich teilnehmend, aber nicht sentimental.

7. Ich will mich überraschen lassen.

Gewähre mir, dass ich Gutes finde, wo ich es nicht vermutet habe. Gib mir den Blick, bei anderen Menschen Fähigkeiten zu entdecken, die ich ihnen nicht zugetraut hätte. Schenke mir dann die Gelegenheit und die Liebenswürdigkeit, es ihnen zu sagen.

8. Ich will mich beschützen lassen.

Ich bin fest davon überzeugt, dass mein Leben lang eine schützende Hand über mir war. Ich wünsche mir, dass sie mich auch weiterhin schützt. Damit ich nicht schneller gehe, als meine Beine es zulassen. Damit ich nicht stolpere auf einem Weg, auf dem keine Steine sind. Wenn mich andere überholen, dann bitte ich darum, dass alle Neidgefühle in mir verschwinden.

9. Ich will dankbar bleiben.

Danke für den langen Weg und jeden einzelnen Schritt, den ich bis hierher gehen durfte.

LIMBI-
MOMENT

Es gibt tausend Gründe, an sich selbst zu zweifeln und an der Welt zu verzweifeln. Mit ein wenig Hilfe Ihres klugen Verstandes aber kann Ihr Limbi die geschlossene Wolkendecke des Grübelns und Verübelns durchstoßen und zu seiner Kraftquelle vordringen, der reinen Lebensfreude. Trauen Sie sich, ab und zu diese Fähigkeit des kleinen Säugetiers im Inneren Ihres Kopfes zu nutzen.

LIMBIS

letzte Fragen

Kann Limbi eigentlich krank werden? Woran glaubt Limbi? Ist er religiös? Hat er Angst vor dem Tod? Hatten die Menschen schon immer einen Limbi? Zum Schluss bleiben eine Menge Fragen, doch es gibt durchaus auch Antworten. Nicht nur die Neurowissenschaftler sind äußerst interessiert daran, Limbi auch noch seine letzten Geheimnisse zu entlocken. Aber keine Sorge: Das lässt Limbi nicht mit sich machen. Auch im letzten Kapitel bleiben Fragen offen.

Depression: Gefangen in der Seelenwüste

Kommen wir gleich zur ersten Frage: Kann Limbi krank werden? Ja, kann er. Wenn das emotionale Entscheidungszentrum eines Menschen nicht mehr funktionsfähig ist, nennt man das Depression. Der Begriff wird in der Medizin sehr häufig verwendet, aber wie und wo genau diese Krankheit im Menschen verursacht wird, ist nach wie vor rätselhaft. An kaum einem anderen Punkt dieses Buches passt die Metapher von Großhirnrinde und Limbi so gut wie hier, denn mit ihr lässt sich das geheimnisvolle Phänomen Depression prägnant beschreiben: Limbi selbst ist krank.

Sie können einen depressiv erkrankten Menschen nicht aufheitern. Wenn Sie ihn ermuntern, sich etwas vorzunehmen oder die heitere Seite des Lebens zu sehen, ist das völlig sinnlos. Denn Limbi, das Entscheidungsorgan selbst, arbeitet nicht mehr.

Es ist umstritten, ob die Zahl der Depressionen wirklich zunimmt oder ob diese seelische Erkrankung nur besser diagnostiziert wird als früher. Etwas weniger umstritten ist die Tatsache, dass viele körperliche Erkrankungen wie Schlaganfall, Herzinfarkt und vielleicht auch einige Krebsarten Hilferufe der Seele sind, Limbis somatische Marker in stärkster Form. Ein Mensch ist hin- und hergerissen zwischen großen Versprechungen, die er in seinem Beruf und in seinem Privatleben gegeben hat. Er kann unmöglich beide gleichzeitig erfüllen, und so zieht sein Limbi die somatische Notbremse: Er initiiert eine Krankheit, die so radikal ins Leben eingreift, dass sich das Dilemma des Alltags dadurch auflöst. Wer mit Blaulicht in die Stroke Unit gefahren wird, muss nicht mehr zur Bilanzpressekonferenz, und der Lebenspartner hält keine vorwurfsvollen Ansprachen mehr.

In den letzten Jahrzehnten hat die Medizin bei den genannten lebensbedrohlichen Erkrankungen enorme Fortschritte gemacht. Die Folge ist aber, dass Limbis Alarmanlage nicht mehr funktioniert. Der Herzinfarkt ist mit Medikamenten, Stents oder einem Bypass behoben. Aber die bedrückende Situation, die dazu geführt hat, ist geblieben. Es braucht nicht viel Fantasie, um sich vorzustellen, was Limbi dann übrig bleibt: Er wird selbst krank. Burn-out, eine durch Überlastung hervorgerufene Depression.

Was kann man in so einer Situation tun? Oberste Priorität: Nehmen Sie Limbi wieder als Alarmanlage ernst. Er wurde nicht krank, weil er kaputt ist, sondern weil er auf eine kaputte Situation in der Außenwelt hinweisen wollte. Die muss in Ordnung gebracht werden. Dazu sind vor allem Zeit und Geduld notwendig. Alle müssen mithelfen. Die Heilung einer Depression ist eine Gemeinschaftsaufgabe. Limbis WLAN muss neu gestartet werden. Seine Aufopferung hat ihn viel Kraft gekostet. Ein kranker Limbi muss komplett heraus aus der Umgebung, die ihn krank gemacht hat. Bei leichten Depressionen bedeutet das, die Arbeitswelt vorübergehend zu verlassen, bei schlimmeren, ein paar Wochen in eine Klinik zu gehen. In einer völlig neuen Umgebung, mit anderen Menschen und anderen Themen kann Limbi genesen.

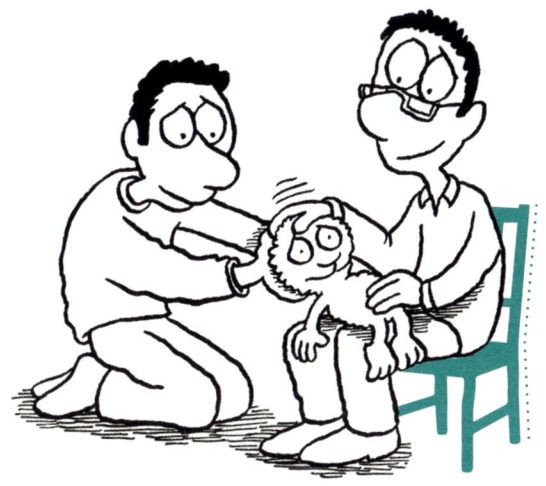

Je früher das möglich ist, umso besser. Seit die Neurowissenschaftler Limbis Biochemie immer besser kennen lernen, steigt auch die Zahl der Möglichkeiten, mit Medikamenten in das Gefüge von Limbis Botenstoffen einzugreifen. Es ist nach wie vor ein mühsames und risikoreiches Verfahren, das am besten nur für einen begrenzten Zeitraum Limbi über die ärgsten Phasen hinweghelfen soll.

Einfacher und natürlicher als von außen zugeführte Chemie ist Limbis eigene Apotheke. Ein kranker Limbi ist weit weg von der guten Umgebung, die ihn nährt. Er liegt gleichsam in seiner eigenen Wüste. Doch selbst bei schlimmen Depressionen gibt es irgendwo in dieser Seelenwüste eine Oase, ein winziges Stückchen Natur, wo es eine Quelle gibt und noch etwas wächst. Dort muss Limbi hin. Wenn er selbst nicht die Kraft hat, dorthin zu gehen, braucht er die Hilfe anderer. Sie tragen ihn, indem sie ihm die Gewissheit vermitteln: Die Heilung geschieht durch Geduld und durch solche inneren Bilder wie das mit der Quelle in der Wüste.

Glaube und Aberglaube

Woran glaubt Limbi? Es waren verhältnismäßig einfache Versuche mit Tieren, die erste Antworten auf diese spannende Frage gegeben haben. »Aberglaube bei Tauben« nannte der US-amerikanische Psychologe Burrhus Frederic Skinner die Ergebnisse seiner Tierexperimente, die er 1948 veröffentlichte.

Er setzte die Vögel in eine speziell konstruierte Kiste, die bald als »Skinner-Box« berühmt wurde. Alle 15 Sekunden rieselte automatisch etwas Leckeres in eine Futteröffnung. Die hungrigen Tauben warteten aber nicht etwa geduldig vor dem Loch, bis das nächste Leckerli kam, sondern überbrückten die Zwischenzeit mit seltsamen Ritualen. Sie drehten sich, nickten mit dem Kopf oder hielten ihren Kopf in eine bestimmte Ecke des Kastens. Die Bewegung, die sie gerade ausführten, als zufällig das Essen kam, verbanden sie mit der Belohnung und führten die angeblich erfolgreiche Tanz- oder Kopfbewegung immer und immer wieder aus. Konditionierung heißt dieser unbewusste Lernvorgang. Aber für die Tiere, so Skinner, muss es sich wie eine frühe Form von »Glaube« angefühlt haben.

Hier liegen wohl die Ursprünge von Religion, tief verborgen in Limbis feinem Gespür für Zusammenhänge – auch für die,

die auf reinem Zufall beruhen. Daraus werden dann Bräuche wie der von Pilzsammlern: Sie verstecken ihr Messer in der Tasche, damit es die Pilze nicht sehen – sonst, so ihre Erfahrung, finden sie keine. In der Generation meiner Großeltern galt die Regel: Man darf über Silvester keinesfalls Wäsche auf der Leine haben, weil das Unglück bringt. Bei Gewitter sollte man nicht essen, sonst schlägt der Blitz ein. Wenn mir die Hand juckte, sagte meine Mutter: »Du bekommst bald Geld.« Sieht man eine Sternschnuppe und wünscht sich etwas, geht dieser Wunsch in Erfüllung.

An schrägem Verhalten ist vor allem die schräge Umgebung schuld

Alles Spinner? Wahrscheinlich spinnen vor allem die Bedingungen, unter denen solche Verhaltensregeln entstehen. Die bizarren Tänze von Skinners Tauben sind von der unnormalen Versuchsanordnung beeinflusst: Kein Tier in der freien Wildbahn hat es mit regelmäßigen Fütterungswundern zu tun. Ob man Pilze findet oder wo der Blitz einschlägt, ist reiner Zufall. Situationen, die man nicht steuern kann, fördern irrationale Gedankenverbindungen.

Lernen durch Konditionierung ist im regulären Alltag ausgesprochen sinnvoll. Limbi behält Verhaltensweisen bei, die sich bewährt haben. Beim Menschen schaffen Rituale und Marotten Sicherheit, solange sie nicht übertrieben werden. Gewohnte Abläufe helfen, sich zu beruhigen, das Gefühl von Kontrolle zu haben und leistungsbereit zu sein.

Immer wieder aber haben Menschen mit Gegebenheiten zu tun, die sie nicht kontrollieren können: Eine Ernte bleibt aus, weil das Wetter ungünstig war. Ein Mensch erwidert die Liebe nicht, die ein anderer für ihn empfindet. Ein Mensch wird krank. Ein Volk beginnt, das benachbarte Volk zu hassen. Dann können aus Limbis eigentlich cleverer Beobachtungsgabe Spekulation und Aberglaube werden: Es hat zu wenig geregnet, weil wir zu

wenig getanzt haben. Der andere liebt mich nicht, weil ich die falsche Gabe auf den Opferaltar gelegt habe. Ich wurde krank, weil ich das Amulett nicht getragen habe. Die Nachbarn glauben an den falschen Gott.

Die Urform von Religion ist der Umgang der Großhirnrinde mit Limbis allertiefsten Ängsten. Ein weiterentwickelter Glaube ist nur mit der Reflexionskraft des Neocortex möglich. Aber Limbis urige Formen von archaischer Religiosität bleiben dennoch aktiv. Ein interessantes Überbleibsel ist das Fluchen. Weil Neurowissenschaftlern offensichtlich nichts heilig ist, legten sie Probanden in den fMRT und ließen sie hemmungslos fluchen. Und siehe da: Während der blasphemischen Äußerungen waren ganz andere Areale im Gehirn aktiv als beim normalen Sprechen. Fluchen konnte Limbi ganz allein, ohne Zuhilfenahme der Sprachzentren im Neocortex! Wenn Kinder oder Erwachsene »schlimme Wörter« benutzen, ist das Limbis Aufbäumen gegen die zahlreichen Tabus und Verbote, die ihm die Großhirnrinde im Lauf der Erziehung aufgebürdet hat. Daher fühlt es sich, wenn man ehrlich ist, ganz gut an, wenn das mal raus darf. Aber den Limbi-Tipp »Fluchen Sie öfter«, nein, den bekommen Sie hier nicht.

Religion und Humor

Der Wissenschaftsredakteur Ulrich Schnabel hat ein dickes Buch über die Erkenntnisse der Gehirnforschung zum Thema Religion geschrieben. Es heißt *Die Vermessung des Glaubens*. Die Quintessenz seiner jahrelangen Beschäftigung mit dem Thema lautet: »Wer einen einfachen Test sucht, um wahre Religiosität von fundamentalistischer Engstirnigkeit zu unterscheiden, kann sich getrost daran orientieren, wie offen und wie heiter die jeweilige Religion gelebt wird.«

Humor ist eine Spitzenleistung Ihres Gehirns, eine unverwechselbare Eigenschaft der Spezies Mensch, ein geniales Zusammenspiel von Limbis Emotionen und der analytischen Schärfe des Neocortex. Humor ist hochkompliziert, gleichzeitig aber leicht und selbstverständlich. Der große französische Philosoph Voltaire hat Gott einmal beschrieben als einen »Komödianten, der vor einem Publikum spielt, das zu ängstlich ist zum Lachen.«

Wenn einem Satiriker wegen eines gotteslästerlichen Gedichts der Prozess gemacht wird oder wenn Karikaturisten wegen einer

Darstellung des Propheten Mohammed um ihr Leben fürchten müssen – dann sind das deutliche Zeichen, dass eine bestimmte Gruppierung einer Religion noch nicht ausgereift ist. Ein Glaubensgebäude, das bei einem Scherz zusammenzubrechen droht, kann nicht viel taugen. Gilbert Keith Chesterton, britischer Dichter und Erfinder der unsterblichen Krimifigur Pater Brown, empfand es als »Test jeder guten Religion, ob man über sie Witze machen kann«. Natürlich gibt es ausgesprochen geschmacklose Witze und dummes Veräppeln religiöser Inhalte. Die Reaktionen auf solche Respektlosigkeiten aber sind ein wichtiger Test für die Freiheit, die Liebe und die innere Kraft einer Religion.

Umberto Eco erzählt in seinem großen Roman *Der Name der Rose*, dass die mächtigen Ordensleute eines alten Klosters das verloren geglaubte Buch des Aristoteles über den Humor verborgen halten. Die Machthaber der Kirche, so heißt es in dem Roman, fürchten nichts so sehr wie die Leichtigkeit des Humors. Eco lässt den blinden Abt des Klosters sagen: »Lachen tötet die Furcht, und wenn es keine Furcht gibt, wird es keinen Glauben mehr geben.«

Ich bin überzeugt, dass es genau anders herum ist. Die vollkommene Liebe vertreibt die Furcht, der vollkommene Glaube hat die Angst überwunden. In einer guten menschlichen Gemeinschaft, ob sie religiös geprägt ist oder nicht, wird es keine Angst mehr geben, etwas Falsches zu sagen.

Die letzte Reise

Hat Limbi Angst vor dem Tod? Das ist eine knifflige Frage, denn Angst kommt immer aus dem limbischen System. Die Angst vor dem Tod ist dabei sogar Limbis primäre Energiequelle. Limbi besteht aus purem Überlebenswillen. Dass jeder Mensch, jedes andere Lebewesen eines Tages sterben muss, ist dagegen eine große gedankliche Reflexionsleistung der Großhirnrinde.

Immer wieder hört man die Klage, dass wir den Tod verdrängen. Früher, heißt es, habe er mehr zum Leben dazugehört. Die Menschen damals seien näher an ihrem Limbi und den Basiserfahrungen des Lebens gewesen. Ich bin da skeptisch. Verdrängt haben die Menschen den Tod auch in vergangenen Zeiten. Selbst wenn damals mehr Kinder den Tod fanden und die Menschen zu Hause starben statt im Krankenhaus – ob damals wirklich offener über den Tod gesprochen wurde? Ich erinnere mich, wie meine Eltern über einen Verwandten sagten: »Der ist gefallen«, und dann schnell das Thema wechselten. Worte wie »Tod« oder »Krieg« wurden vermieden. Ich verstand dieses ominöse »gefallen« erst nach einiger Zeit. Es bedeutete jedenfalls nicht, dass Onkel Reinhard die Kellertreppe hinuntergefallen war. Auch sich windende Formulierungen wie »Er ist von uns gegangen« sind schon ziemlich alt.

Ich finde nicht, dass über den Tod zu wenig gesprochen oder geschrieben wird. Noch nie hat eine Gesellschaft so viel darüber gewusst wie heute. Viele Menschen engagieren sich liebevoll und sorgfältig auf diesem Gebiet, in Hospizen und bei der Begleitung von Sterbenden. Mit der Palliativmedizin bemühen wir uns um menschenwürdiges, möglichst schmerzfreies und bewusstes Sterben.

Wir wissen gut Bescheid über die Vorgänge im Gehirn und den anderen Organen in den letzten Stunden und Minuten des Lebens. Wir haben Zugriff auf Riten, Bräuche und Berichte der meisten Kulturen, jetzige und frühere, auch auf das Tibetische Totenbuch, welches das Wissen der als am weitesten entwickel-

ten Sterbekultur vermittelt. Außerdem haben wir zahlreiche Berichte von Menschen, die schon einmal klinisch tot waren, aber gerettet wurden und dadurch von den Vorgängen während ihres Sterbens berichten konnten, die sogenannten Nahtoderfahrungen. Dadurch wissen wir einiges über die Abschaltvorgänge im Gehirn, die letzten Regungen von Neocortex und Limbi. Sie können sich vorbereiten auf das, was Sie beim Sterben erwartet.

 ### Der Lebensfilm mit ganz viel Gefühl

Menschen mit Nahtoderfahrungen berichten verblüffend übereinstimmend von typischen Stadien während ihrer letzten Reise. Dazu gehört eine Art Tunnel, durch den der Sterbende geht. Häufig wird er währenddessen oder kurz danach von Bildern überflutet, dem sogenannten Lebensfilm. Alles läuft noch einmal im Schnelldurchgang ab, als ob sich die Erinnerungsspeicher von Neocortex und Limbi entleeren. Viele berichten, dass sie nicht nur Bilder gesehen, sondern auch intensiv ihre Gefühle dazu gespürt haben, vor allem die unangenehmen – Situationen, in denen sie jemanden verletzt, beleidigt, belogen oder ihm noch Schlimmeres angetan haben. Das ist einleuchtend, schließlich speichert Limbi in erster Linie Emotionen und verknüpft sie mit den jeweiligen Fakten.

Wer diese Flut negativer Emotionen an sich vorbeirauschen sah, fühlte sich oft wie vor Gericht. Einige identifizierten den Richter als eine ihnen bekannte religiöse Gestalt: Christus, Gott Vater, Mose. Alle aber berichteten, dass sie sich nicht verteidigen konnten oder wollten. Das Urteil des Richters erlebten sie nicht als etwas, das von außen kam, sondern sie selbst waren die urteilende Instanz. Ich bin sicher, dass die religiösen Vorstellungen vom Jüngsten Gericht ihren Ursprung in diesem typischen Ausschaltverhalten des emotionalen Gehirns haben.

Über das Sterben wissen wir etwas

Zwischen dem normalen Leben und dem endgültigen Tod liegt eine Art Zwischenreich, das wir während des Sterbens betreten. In der christlichen Tradition nennt man es Jenseits, die Buddhisten nennen es *Bardo,* Wartesaal. Menschen mit Nahtoderfahrungen können aus diesem Zwischenreich berichten. Aus dem endgültigen Reich des Todes aber gibt es keinerlei Nachrichten.

Daher haben Menschen schon immer die Phänomene aus dem Zwischenreich ins Unendliche verlängert: Aus dem Lebensfilm wurde ein endgültiges Gericht mit endgültigen Verurteilungen und Belohnungen, Fegefeuer und Höllenstrafen. Ich denke, dass das vom Diesseits ins Jenseits verlängerte Fantasien sind – voll menschlicher Bosheit und der verzweifelten Hoffnung, dass am Ende alle ihrer gerechten Strafe zugeführt werden.

Über den Tod wissen wir fast nichts

Doch wie wird es dort drüben im Reich des Todes sein, wenn alle Abschaltvorgänge im Gehirn beendet sind? Es gibt eine schöne Legende von zwei mittelalterlichen Mönchen, die miteinander vereinbarten: Wer auch immer von uns beiden als erster stirbt, soll aus dem Totenreich dem anderen im Traum eine Nachricht übermitteln, wie es da drüben wohl zugeht. Sie ahnten, dass die Informationsübermittlung schwierig werden würde, wenn Limbis WLAN kurz vorm endgültigen Ausschalten steht. Daher vereinbaren sie einen ganz kurzen Code, noch viel knapper als ein Tweet: Wenn es dort so ist, wie sie es sich hier vorgestellt hatten,

mit Gericht, Paradies und Hölle, soll derjenige die Botschaft senden: »Total!« Ist es aber dort anders, soll die Botschaft lauten: »Anders!« Eines Tages starb einer der beiden, der andere wartete gespannt auf seine Nachricht. Er empfing sie tatsächlich, klar und deutlich, und sie lautete: »Total anders!«

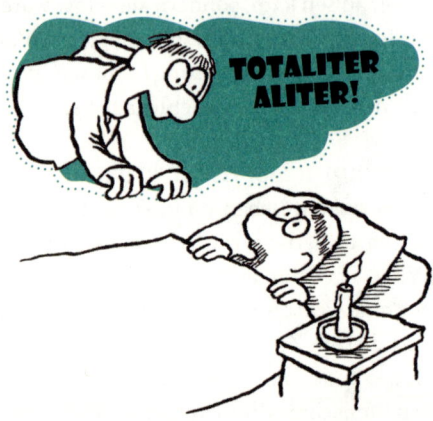

Das ist eine gute Mahnung, bei Vermutungen über das Jenseits vorsichtig zu bleiben. Nun ist es aber nicht so, dass wir gar nichts wüssten. Menschen, die schon einmal nahe an der Grenze dieser anderen Welt standen, berichten in überwältigender Übereinstimmung von einer nächsten Station: dem Licht.

Der Kernsatz im Tibetischen Totenbuch lautet: »Mein Bewusstsein, leuchtend und rein, untrennbarer Bestandteil des großen strahlenden Körpers, kennt weder Geburt noch Tod. Mein Bewusstsein ist das unveränderliche Licht.« Auch in der jüdischen Tradition gibt es solche Gedanken. Der Prophet Jesaja schreibt: »Mache dich auf, werde Licht! Denn dein Licht kommt, und die Herrlichkeit des Herrn geht auf über dir.« Jesus nahm solche Gedanken auf, als er sich als »Licht der Welt« bezeichnete und bei seinem Tod am Kreuz sagte: »Vater, in deine Hände befehle ich meinen Geist.« Am Ende ist Geist. Am Ende ist Einheit. Am Ende ist Licht.

Die Erfahrung einer umfassenden, enormen Helligkeit markiert den Höhepunkt in fast allen Nahtodberichten.

Sterbende begleiten

Einen Schwerstkranken oder Sterbenden zu besuchen, ist keine leichte Aufgabe. Ihr Limbi fühlt sich ohnmächtig, hilflos, unsicher. Am liebsten würde er gar nicht hingehen. Aber solange Sie ein paar einfache Regeln beherzigen, können Sie beide von solch einer Begegnung profitieren.

Melden Sie sich an

Ein Verwandter oder jemand anderer, der Ihnen nahe steht, liegt schwerstkrank im Krankenhaus? Gehen Sie nicht automatisch davon aus, dass Ihr Kommen erwünscht ist. Bieten Sie – am besten über die nächsten Verwandten des Erkrankten – Ihren Besuch an. Akzeptieren Sie ein »Nein«. Ist die Antwort »Ja«, kommen Sie möglichst schnell. Wenn Sie das Zimmer eines Schwerstkranken betreten, kommen Sie in eine andere Welt. Bringen Sie nicht die Hektik Ihres Alltags mit, warten Sie eine Zeitlang ruhig vor der Tür, und dann klopfen Sie an.

Kommen Sie nicht von sich aus aufs Thema Sterben

Überlassen Sie es dem Kranken, worüber er oder sie reden möchte. Aber bleiben Sie offen für das Thema Sterben. Denn wenn der Limbi des Schwerkranken spürt, dass Ihr Limbi vor dem Thema Angst hat, wird er das Thema vermeiden, um Sie zu schonen! Erleichtern Sie beiden Limbis den Einstieg mit einer offenen Frage: »Was bewegt dich, wenn du so die ganze Zeit im Bett liegst?«

Sprechen Sie vom Guten

Das beste Thema: die guten Zeiten, gemeinsame schöne Erlebnisse. Positive Erinnerungen sind eine wichtige

Kraftquelle. Fragen Sie den Kranken nach Wünschen, ruhig auch ganz verrückten. Manche Sterbende möchten noch einmal ihr Lieblingsgericht riechen (wenn sie es nicht mehr essen können) oder eine bestimmte Musik hören – Riechen und Hören sind Limbis Sinneserfahrungen, die als letzte schwinden.

Wenn der Kranke selbst nicht mehr reden kann, wirkt die Stille im Raum für beide Limbis möglicherweise bedrückend. Trauen Sie sich dann, selbst etwas zu erzählen. Wenn weitere Menschen im Raum sind, dürfen Sie sich auch untereinander unterhalten, sollten dabei jedoch immer wieder den Kranken ansprechen und miteinbeziehen (»Bei der Reise nach Irland warst du auch dabei ...«).

Trösten Sie nicht

Denn billiger Trost tut mehr weh als gar keiner. Sätze wie »Drüben wirst du Mama wiedersehen« oder »Gott wartet auf dich« können furchtbar danebengehen. Auch »Du hattest doch ein schönes Leben« ist ein Werturteil, das der Kranke machen darf, aber nicht Sie.

Beim Sterben hoffen viele Menschen, in der anderen Welt wieder mit geliebten verstorbenen Menschen zusammen sein zu können. Sie erhoffen sich Aussagen darüber von der Religion, vom Pfarrer, von der Heiligen Schrift. Doch niemand kann letzte Gewissheit geben. Es wird wohl »total anders« sein. Ich kann mir gut vorstellen, dass es zu einem Zusammenfallen der Gegensätze kommen wird, einem Sein ohne Raum und Zeit. Deswegen ist durchaus eine Vereinigung mit den Menschen vorstellbar, von denen wir uns verabschieden mussten. Doch es wird wohl eine Vereinigung von viel innigerer Art sein, als wir sie hier im irdischen Leben jemals erreichen. Eine Einheit jenseits von Limbi und Großhirnrinde, ein endgültiges Verschmelzen mit den Energien, die unser Gehirn auf geheimnisvolle Weise empfängt und sendet.

Niemals verkehrt: Limbis somatische Marker

Wenn Worte schwierig werden, bleiben immer noch Berührungen. Aber gehen Sie behutsam vor. Orientieren Sie sich daran, wie wichtig dem Kranken früher Berührungen und Zärtlichkeit waren. Sagen Sie, was Sie vorhaben, ganz gleich, ob der Kranke noch hören kann oder nicht. Wenn Sie Ihre Hand auf seine legen, kann das unangenehm drückend wirken. Ein guter Kniff: Schieben Sie Ihre Hand unter seine. Atmet der Kranke ruhig, ist das ein Zeichen, dass Ihre Anwesenheit gut tut. Sie können ruhiges Atmen erleichtern, indem Sie Ihren eigenen Atemrhythmus dem des Kranken anpassen und allmählich Ihre eigene Ausatmungsphase verlängern.

Lassen Sie dem Tod Raum

Haben Sie keine Angst, das Zimmer auch einmal zu verlassen. Wenn der Kranke genau in diesen einsamen Minuten stirbt, gehen Sie davon aus, dass er das Alleinsein zum Sterben brauchte. Halten Sie den Sterbenden nicht mit Worten fest (»Du darfst uns doch nicht alleine lassen!«), sondern geben Sie ihm die Freiheit zu gehen: »Du hast uns so viel gegeben im Leben, wir kommen klar.«

Der Titel des Tibetischen Totenbuchs lautet übersetzt »Befreiung durch Hören im Bardo«, also dem Zustand zwischen Leben und Tod. Die Menschen wussten also schon früher, dass

das Gehör der letzte Sinneseindruck ist, der erlischt. Damit bekommt das Wort »Aufhören« eine tiefe Bedeutung: Erst wenn wir nicht mehr hören, hören wir auf zu sein.

Im tibetischen Sterberitus werden daher dem Sterbenden ständig Anweisungen gegeben. Mehrere Tage lang, auch wenn er nach unseren medizinischen Maßstäben längst tot ist. Die Texte werden nicht einfach nur vorgelesen, sondern in tiefer Meditation gesprochen, damit sie den Verstorbenen erreichen, vielleicht direkt über Limbis WLAN, wenn das Gehör nicht mehr arbeitet. Die frei übersetzte Botschaft lautet, immer und immer wiederholt: »Hab keine Angst. Geh in das Licht. Was immer dir Angst macht, das sind nur Reste von früher. Automatismen von Limbi, an die du nicht mehr gebunden bist. Lass dich nicht ablenken. Werde eins mit dem Licht. Lass los. Sei frei.«

Bleiben Sie beim Toten

Woran immer Sie glauben – es ist bestimmt nicht verkehrt, möglichst lange und ruhig beim Verstorbenen zu bleiben, um ihm die letzte Reise zu erleichtern. Für Sie wird es keine deprimierende, sondern eine belebende und klugmachende Erfahrung sein – vielleicht das Beste, was Sie für Ihren Limbi tun können.

Ein endgültiger Abschied

»Trauerfeier« nennen wir unsere christlichen Abschiedsrituale. Aber es geht niemals nur um Trauer, sondern immer auch um Dank: dankbar für das vergangene Leben, dankbar für die Zukunft des eigenen Lebens zu sein, das weitergeht. Auch der wunderbarste Mensch, dem alle nachtrauern, macht Platz für andere. Das kann man in der Ansprache in der Friedhofskapelle so nicht sagen. Aber ich halte es für einen wichtigen Gedanken, den ich mir für mein eigenes Sterbebett zurechtgelegt habe: Durch meinen Tod werde nicht nur ich befreit, sondern auch viele Menschen, die ich zurücklasse, werden dadurch freier sein. Der Tod hat in seiner Endgültigkeit etwas Klares, Entlastendes. Der Tod ist eine Schule des Loslassens und des neuen Anfangens, und wie in jeder Schule braucht der Lernvorgang des Abschiednehmens von einem geliebten Menschen Geduld.

Lassen Sie Emotionen zu

Natürlich müssen Sie den Verstorbenen loslassen: Er ist körperlich nicht mehr anwesend, Sie können ihn nicht mehr berühren und nicht mehr direkt mit ihm reden. Erlauben Sie sich, über diesen Verlust in Ihrem Leben zu trauern, zu weinen, zu klagen oder auch wütend zu sein. Erlauben Sie sich auch, diesen Menschen weiterhin zu lieben. Mitten in Ihrer Trauer können sehr intensive Liebesgefühle auftauchen.

Der Psychotherapeut Roland Kachler hatte seinen 16-jährigen Sohn durch einen Unfall verloren. Er spürte, dass die Trauermodelle, die er seinen Patienten empfohlen hatte, ihm nicht helfen konnten. Seine Empfehlung nach seiner eigenen Trauererfahrung lässt sich mit der Limbi-Metapher so ausdrücken: Machen Sie Limbi keine Vorschriften, wie er zu trauern hat und wie nicht. Der Verstorbene darf in Ihrem Leben eine wichtige Person

bleiben, zu dem Ihr Limbi Verbindung sucht. Ihre Liebe wird sich allmählich wandeln. Schieben Sie Gedanken an den Verstorbenen nicht weg, sondern suchen Sie eine gute neue innere Beziehung zu ihm. Das wird Sie nicht niederdrücken, sondern trösten.

Suchen Sie einen Trauerort

Wer einen lieben Menschen verloren hat, will wissen, dass er gut aufgehoben ist: begraben auf dem Friedhof, in einem Urnengrab oder auch irgendwo im Meer oder der Atmosphäre. Wenn es kein Grab gibt, stellen Sie sich einen guten Ort für den Verstorbenen vor: einen starken Baum, einen alten Garten, einen Fluss. Vertrauen Sie Limbis Intuition, dass er Ihnen mit seinem hervorragenden 3D-Ortsgefühl einen Platz zeigen wird, an dem Sie besonders gut mit dem Verstorbenen Kontakt aufnehmen können.

Manchen Menschen kommt der Verstorbene ausgerechnet auf dem Friedhof besonders weit weg vor. Sie finden ihn eher in seinem Zimmer, in seinem Lieblingsrestaurant, einer Kirche oder an Plätzen, an denen Sie eine gute Zeit miteinander verbracht haben. Scheuen Sie sich nicht, an solche Orte zurückzukehren, die Sie gemeinsam besucht haben. Wenn es Sie dort aber nicht hinzieht, bleiben Sie weg. Limbi weiß, was gut für Sie ist. Vertrauen Sie ihm.

Bewahren Sie Spuren auf

Wenn ein geliebter Mensch gestorben ist, erinnert alles an ihn. Es ist nicht gesund, in einem Museum zu leben. Aber es tut Ihrem Limbi gut, wenn die vertrauten Sachen noch eine Zeit lang da sind. Lassen Sie sich nicht von anderen Menschen dazu drängen, alle materiellen Erinnerungsstücke des Verstorbenen aus Ihrem Umfeld zu verbannen. Stellen Sie Fotos von ihm auf. Benutzen Sie ein paar Gegenstände, die er in Gebrauch hatte, und denken Sie dabei an ihn. Dann trennen Sie sich allmählich von den Dingen. Wenn Sie das Zimmer des Verstorbenen ausräumen müssen oder wollen, dokumentieren Sie den alten Zustand mit einem Foto.

Verdrängen Sie Gedenktage nicht, sondern entscheiden Sie sich, wie Sie sie begehen möchten: mit einem Besuch am Grab, einer kleinen religiösen Andacht, mit einem Zusammensein im Kreis der Freunde oder allein. Fragen Sie sich, wie sich der Verstorbene den Tag gewünscht hätte.

Bleiben Sie in Kontakt
In allen alten Kulturen wurden die Ahnen geehrt. Die Toten hatten einen festen Platz in der Gemeinschaft, etwa am Hausaltar. Geben auch Sie dem Verstorbenen einen guten Platz in Ihrem Leben und dem Ihrer Familie. Wenn Ihnen danach ist, reden Sie in Gedanken mit dem Verstorbenen. Fragen Sie ihn um Rat. Vielleicht reicht Limbis WLAN sogar ein Stückchen über das diesseitige Leben hinaus. Oft werden Sie in Ihrem Inneren eine Antwort bekommen.

Wenn der Verstorbene Ihnen dadurch nahe bleibt, werden Sie sich nach einer Phase der Idealisierung auch an seine Schattenseiten erinnern. Das ist kein Verrat, sondern ein Zeichen für die Normalisierung Ihrer Beziehung. Zu dieser Normalität kann gehören, dass Sie mehr Freude am Leben gewinnen. Fühlen Sie sich dafür nicht schuldig. Stellen Sie sich vor, dass Sie sich gegenseitig Freiräume schenken. Sie werden Ihre eigenen Wege gehen und trotzdem miteinander verbunden bleiben.

Helfen lernen

Arbeiten Sie ehrenamtlich in einem Altenheim, Hospiz, Krankenhaus oder sonst einer Einrichtung, zu der Sie Zugang haben. Sich mit den Nöten anderer Menschen zu beschäftigen, bringt Ihren Limbi in Balance. Selbst wenn es nur wenige Stunden pro Monat sind.

FESTHALTEN FÜR DIE NACHWELT

Fotografieren Sie Ihren Alltag: Küche, Arbeitsplatz, Auto ... und schreiben Sie Notizen dazu. Für Ihre Kinder, Cousinen, Neffen etc. noch nicht interessant, aber für die Generationen danach!

HEILENDE REISEN

Wenn Sie jemanden verloren haben, ist ein Ortswechsel für Ihren Limbi hilfreich. Ein preisgekrönter Spezialanbieter ist reiseinsleben.de — lassen Sie sich dort anregen.

FRIEDHOF BESUCHEN · oder einen Friedwald — ein guter Ort, um dankbar zu werden. Genießen Sie den Moment des Abschiednehmens und kehren Sie mit gestärktem Limbi ins Leben zurück.

Limbis tröstliche Hausapotheke

Wenn es lieben Mitmenschen schlecht geht,
ist das hart für Ihren Limbi. Da ist es hilfreich,
ein paar Rituale für solche Notfälle zu kennen.

GLÜCKSKEKSE FÜR DIE AUGEN

Sind Sie schlecht drauf? Tanken Sie
Zuversicht bei YouTube. Die Videos zu
Pharrell Williams Song *Happy* lassen
keinen Limbi kalt. Suchen Sie nach
Babylachen oder *Flashmob dance*
und lassen Sie Limbi auf dieser Le-
bensfreudewelle weitersurfen.

Bewegte Bilder, die bewegen

Es gibt Filme, die sind für Limbi wie Medizin, und
die sollten Sie auch so bereithalten: *Ziemlich
beste Freunde* (2011), *Das Schicksal ist ein mieser
Verräter* (2014), *Philadelphia* (1993), *Hinter dem
Horizont* (1998), *Vergiss
mein nicht* (2013) …

Kerze anzünden

Wenn Sie an einer Kirche vorbeikommen,
sehen Sie nach, ob Sie dort eine Kerze für
jemanden anzünden können.
Limbi-Tipp: Zusätzlich eine von dort
für zu Hause mitnehmen. Das Ganze geht
sogar online bei David Steindl-Rasts wun-
dervoller Website gratefulness.org (dort
auch auf Deutsch).

Andere trösten

Die Entwicklung des menschlichen Bewusstseins

Hatten die Menschen schon immer einen Limbi? Ja, schon seit Urzeiten hatten Menschen Vorstellungen davon, dass in ihnen mindestens eine weitere, fremdartige Kraft wirksam ist. Doch diese Vorstellungen haben sich im Lauf der Geschichte ziemlich stark verändert. Während Ihres eigenen Lebens vom Säuglingsalter bis zum Erwachsenendasein erfahren Sie diese Veränderungen im Bewusstsein der Menschheit im Schnelldurchlauf.

Die Geschichte des menschlichen Bewusstseins begann, als sich vor mindestens 150 000 Jahren die Großhirnrinde weiterentwickelte und der Homo sapiens entstand. Bewusstsein beginnt, sobald sich Ihr Gehirn selbst bei der Arbeit beobachtet. Sie können denken, dass Sie denken. Sie können fühlen, dass Sie fühlen. Sie können mit Ihrem reflektierenden Neocortex Limbis Empfindungen empfinden. Sie können »Ich« denken und sagen. Die alte philosophische Frage, von Richard David Precht auf den Punkt gebracht, tut sich auf: »Wer bin ich, und wenn ja, wie viele?« Sie spüren, dass da eine zweite, schnellere, emotionalere und stärkere Kraft in Ihnen wirkt als nur Ihr Verstand, mit dem Sie diese andere Kraft wahrnehmen. Wie Menschen diese andere Kraft eingeschätzt haben, hat sich im Lauf der Jahrtausende dramatisch gewandelt.

Unsere frühesten Vorfahren dürften sich sehr stark mit ihrem inneren Tier identifiziert haben. Wenn sie ihren Limbi hätten malen sollen, hätte er wohl so ausgesehen wie sie selbst. So beginnt auch jedes kleine Kind sein Leben: Es ist eins mit sich. Die ganze Welt ist dafür da, um es zu ernähren und es zu halten. Es mag diese innere andere Kraft ahnen, aber es macht sich noch keine Gedanken darüber, dass zwei Wesen in ihm wohnen.

Wenn Kinder größer werden, erleben sie ihren Limbi erstmals als große, geheimnisvolle Macht: Da ist etwas in ihnen, das sie nicht unter Kontrolle haben. Immer wieder werden sie davon überwältigt: Plötzliches Weinen, enorme Angst, überschäumende Freude – es bricht aus ihnen heraus. Kinder beginnen zu experimentieren und merken, dass dieses andere Wesen in ihnen unter bestimmten Bedingungen freundlich ist. Unter veränderten Bedingungen aber erweist es sich als schreckliches Monster. Sie vermuten, dass es einer anderen Ebene der Wirklichkeit entstammt. Vielleicht lässt es sich durch magische Riten beeinflussen?

In der Entwicklungsgeschichte der Menschheit war das die Phase des Animismus und der Schamanen. Hier sind wir noch sehr nah bei Skinners abergläubischen Tauben. Die Limbis unserer Vorfahren entwickelten ein feines Gespür für die vielfältigen Gesetzmäßigkeiten ihrer Umgebung: den Kreislauf der Jahreszeiten, die Phasen des Mondes, das Wachsen von Tieren und Pflanzen, das Auf und Ab menschlicher Beziehungen, den ewigen Kreis des Lebens. Limbi entdeckte und konstruierte nach und nach Zusammenhänge: dass Menschen sterben; dass es gut ist, die Verstorbenen zu ehren und sorgfältig zu bestatten; dass hinter allen unerklärlichen Erscheinungen Geister und Götter stecken; dass diese Mächte zornig sein können, man sie aber auch besänftigen kann; dass wilde Tiere gezähmt werden können, auch das Tier im Menschen selbst.

Zweieinhalb Millionen Jahre, so schätzt man, hatten die Vorläufer der Menschen in der Alt- und Mittelsteinzeit in kleinen Gruppen von Jägern und Sammlern zusammengelebt. Als am Ende dieser Epoche der Homo sapiens mit enorm vergrößerter Großhirnrinde auftauchte, behielten sie diese Lebensform bei. Unsere Urvorfahren versammelten sich um Häuptlinge und Große Mütter, gaben sich gegenseitig Schutz und befolgten strenge Tabus und Rituale. Alles außerhalb des eigenen Bannkreises war gefährlich.

Auch Ihre eigene Kindheit vollzog sich am Anfang in streng geschützten Kreisen von Familie, Kinderkrippe, Kindergarten und Grundschule. Nur innerhalb klar gesetzter Grenzen und für kurze Zeit durften Sie diese Umgebungen verlassen.

Irgendwann begann eine Revolution, sowohl in der geschichtlichen Entwicklung der Menschheit als auch in der persönlichen Entwicklung eines Menschen: die Entdeckung von Limbis enormem Freiheitsdrang. Die Menschen fürchteten sich nicht mehr nur vor der Urgewalt ihres inneren Tiers, sondern nutzten gezielt den Schrecken, den es auf andere ausüben kann. Pubertät nennt man diese Phase in der eigenen Lebensgeschichte. In der Entwicklungsgeschichte der Menschheit war das die Ära der Krieger und Eroberer. Der australische Archäologe Vere Gordon Childe nannte diesen Umbruch nach Millionen Jahren des Jagens und Sammelns die neolithische Revolution. Ein Begriff, von dem man inzwischen abrückt, weil die Revolution doch eher eine

allmähliche Evolution war, die sich über rund 5 000 Jahre hinzog. Umwälzend aber war die Entwicklung auf jeden Fall.

Die Jäger und Sammler mussten sesshaft werden, Ackerbau und Viehzucht entwickeln und sich um Gebietsrechte streiten. Was genau die Menschen zu dieser Veränderung zwang, bleibt unklar. Vielleicht war das Wasser knapp geworden, oder es gab durch Klimaveränderungen weniger Früchte zum Sammeln und weniger Vieh zum Jagen.

In der jüdisch-biblischen Tradition und anderswo haben sich Berichte über Stämme erhalten, die in neue Gebiete aufbrachen, »in denen Milch und Honig fließt«. In diesen fruchtbaren Gegenden lebten allerdings schon andere. Es kam zum Kampf. Wir wissen nicht, wie friedlich es in den kleinen Steinzeitclans rund um die schamanischen Urmütter und Urväter zuging. In der Phase der großen Veränderung aber explodierten Aggression und Erfindungsgeist. Waffen, Kriege, Rache, andauernde Lebensgefahr. Dazu kamen Seuchen durch das enge Zusammenleben mit den Tieren. Die Ackerbaumenschen waren kleiner als ihre frei umherziehenden Vorfahren und starben früher. Aber in der Sesshaftigkeit vermehrte sich die Spezies Mensch enorm. Es war eine anstrengende Zeit, mit der jedoch eine Erfolgsgeschichte ohnegleichen begann.

Stets wurden die Veränderungen von einer veränderten Sicht auf das eigene innere Urviech begleitet. Es muss furchtbaren Dauerstress bedeutet haben, ständig Limbis Urgewalt ausgeliefert zu sein. Nie war ein Mensch vor dem anderen sicher. Alles war Kampf, es zählte das Recht des Stärkeren. Frauen mussten vor den Männern Angst haben, jeder Mann wiederum zitterte vor Stärkeren. Immer und überall drohten Überfälle, Diebstahl, Stammeskriege. Nicht einmal der Anführer konnte sicher sein, denn immer gab es einen, der selbst Anführer sein wollte.

Nach einer Phase der Vorherrschaft Limbis (eine sehr lockere Formulierung, die bestimmt keiner wissenschaftlichen Überprüfung standhalten würde) war die Zeit reif für eine neue Ära der Großhirnrinde. Die Spezies Mensch wäre an ihrer eigenen Aggressivität zugrunde gegangen, wenn der menschliche Geist nicht eine grandiose neue Konzeption ersonnen hätte: das Recht.

In die Metapher dieses Buches übersetzt heißt das: Limbi durfte nicht mehr machen, was er will. Das Recht des Stärkeren war kein Recht. Auch der oberste Anführer musste sich einer noch höheren Instanz unterordnen. Limbis innere Urgewalt, seine Triebe und sein grenzenloses Streben nach Dominanz wurden gebändigt. Über allem thronte nicht mehr ein selbsternannter Fürst, sondern ein Kaiser, Pharao oder Priesterkönig von Gottes Gnaden. Nicht dem Anführer musste man gehorchen, sondern der allerhöchsten Instanz, der auch der Anführer zu folgen hatte. Die heilige Ordnung war geboren, die Hierarchie.

Das war längst nicht nur ein politischer Akt, sondern – so würden wir es heute nennen – auch ein psychologischer: Das innere wilde Tier wurde zum Haustier. Limbi wurde domestiziert. Wie das gelingen konnte, ist ein Rätsel und ein Wunder. Aber es funktionierte. Die menschlichen Gemeinschaften, bei denen intern nicht mehr jeder gegen jeden kämpfte, sondern sich alle einer großen heiligen Idee unterordneten, erwiesen sich als überlegen. Sie gestalteten die Zukunft. Große Staatswesen entstanden, mit so hervorragend ausgerüsteten und disziplinierten Kriegern, dass die Freischärler mit ihren ungezügelten Superlimbis vor ihnen die Waffen strecken mussten.

Gegen den Siegeszug des Neocortex, der damit begann, war die neolithische Revolution ein Reförmchen. Mit der Idee vom allmächtigen Gott, dem obersten Gesetz und der Heiligen Schrift nahm die Entwicklung der menschlichen Kultur zügig Fahrt auf. Riesige gedankliche und steinerne Bauwerke entstanden: die großen Religionen, Pyramiden, Paläste und Kathedralen.

Limbis Wunderland der Triebe und Aggressionen in Schranken zu halten, war die Initialzündung für die alles verändernde Kraft der menschlichen Zivilisation. Als Jäger und Sammler hatten die Menschen nur minimal ins Gleichgewicht der Natur eingegriffen. Mit der Installation von Staat, Gesetz und Strafe aber startete das große Projekt Planetengestaltung: Straßen, Städte, Festungen, Mauern – von der Stadtmauer mit ein paar Wachtürmen bis zur Chinesischen Mauer. Nach neuesten archäologischen Funden war sie zu ihrer Blütezeit über 20 000 Kilometer lang und enthielt über 40 000 Türme! Solche Leistungen gab es nicht umsonst. Rückblickend lässt sich sagen: In den großen Staatssystemen der Ägypter, Babylonier, Perser, Römer, Chinesen und Europäer durfte kein Limbi tun, was er wollte. Bis hinein in die Seele jedes einzelnen Untertanen reichte der lange Arm der Kultur: Reiß dich zusammen! Gehorche!

In Ihrem persönlichen Leben stehen Kindergarten, Schule und elterliche Erziehung für diese Domestizierung Ihres Limbis. Er hat dabei gelernt, was für Vorteile es bringt, nicht mehr ständig den eigenen aufbrausenden Emotionen ausgeliefert zu sein. Doch irgendwann hat Limbi es satt, nur Befehle auszuführen und Vorgaben zu erfüllen. Er will wissen, warum er das machen soll. Eine Art zweite Pubertät beginnt. Im Unterschied zur ersten Pubertät liegt der Schwerpunkt nicht mehr auf körperlicher Stärke, sondern auf der Schärfe des Geistes. In engem Schulterschluss mit der Großhirnrinde beginnt Limbi, die bisher selbstverständlich erscheinenden Voraussetzungen zu hinterfragen.

Etwas Ähnliches ereignete sich auch in der Geschichte. Vor etwa 500 Jahren war die kritische Masse erreicht. Limbi hatte genug von der Unterdrückung. Renaissance, Reformation, Aufklärung und französische Revolution sind Highlights dieses Aufstands. 1784 formulierte Immanuel Kant den Weckruf der Aufklärung: »Habe Mut, dich deines eigenen Verstandes zu bedienen!« Großhirnrinde, nutze Limbis Power! Limbi, kooperiere mit dem cleveren Neocortex!

Das war der Startschuss für die moderne Wissenschaft, die Erforschung und Eroberung der Natur, das Zeitalter der Technik und der Erfindungen. Eine enorme Welle, in der wir uns noch heute befinden und in der wir ständig neue erstaunliche Entdeckungen machen – unter anderem im eigenen Gehirn. Ich bin fasziniert und mitgerissen von dieser Erkundung des eigenen Denk- und Fühlorgans. In den letzten zwei Jahren habe ich versucht, mich in dieses riesige Fachgebiet hineinzulesen und hineinzuhören (vor allem durch Arvid Leyhs Podcast *Braincast*, den großartigen »Hirnfunk aus Weimar«). Ich bin trotz allem ein blutiger Laie geblieben, habe mich aber bemüht, meine Gaben

als Theologe und Karikaturist in das sich ständig weiterentwickelnde Wissensfeld einzuschleusen.

Ich denke, dass die schlichte Metapher von Limbi als niedliches Wuscheltier das momentane Bild der am Gehirn forschenden Wissenschaftler recht gut wiedergibt: Unsere Triebe und Emotionen haben sich beim näheren Erkunden der Vorgänge im Gehirn nicht als Monster erwiesen, das durch magische Rituale, Dressur oder Käfighaltung gebändigt werden muss. Das limbische emotionale System ist kein Untier aus der Tiefe, sondern ein sympathisches Überbleibsel aus unserer archaischen Vergangenheit als kleine Nagetiere. Limbi ist ein unverzichtbarer, lebenswichtiger Teil von uns. Wir können froh sein, dass wir ihn haben.

Limbi kann aber auch froh sein, dass er uns hat – den rastlosen, analytischen, weit vorausdenkenden Verstand. Wenn wir es schaffen, auf intelligente Weise zusammenzuarbeiten, sollten wir eigentlich alles meistern können. Ich bin überzeugt: Wir werden sogar viele der Fehler wiedergutmachen können, die wir auf der bisherigen langen Reise des Bewusstseins gemacht haben.

Danke

Puh, geschafft! Hoffentlich hat es Ihnen Freude gemacht. Limbi bedankt sich herzlich, dass Sie bis hierhin durchgehalten haben.

Er bedankt sich außerdem bei den vielen Menschen, ohne die dieses Buch über ihn niemals zustande gekommen wäre. Dr. Kirsten Reimers und Desirée Šimeg waren Limbis schreiberische Hebammen. Die Lektorin Stephanie Walter vom Campus Verlag hat Limbi unermüdlich ermutigt, nicht im Geburtskanal steckenzubleiben. Dass Limbi in so einem schön gestalteten Buch das Licht der Welt erblickt, verdankt er der Designerin Änni Perner. Sogar zwei Ärzte waren dabei: Dr. Hans-Georg Häusel (durch dessen Buch *Think Limbic!* ich zum ersten Mal von Limbi erfahren habe) hat beim Einleitungskapitel geholfen, Limbi medizinisch korrekt zur Welt zu bringen. Dass Limbi so gesund ist, verdankt er den Ideen von Dr. Franz Jürgen Sperlich, Facharzt und Experte für angewandte Neurowissenschaft (besuchen Sie seine garantiert limbifreundliche *balanceakademie.de)*.

Ein begeistertes Dankeschön an Arvid Leyh und seine neurowissenschaftliche Podcast-Enzyklopädie *nurindeinemkopf.de*, die für mich eine echte Audiouniversität wurde. Limbilogie studiert habe ich außerdem via YouTube bei Dr. Robert Sapolsky von der Stanford University, Martin Hess *(Alles Neuro – oder was?)* und Maja Storch (Zürcher Ressourcen Modell).

Anhang: Finden Sie Ihr persönliches Glückswort

Im Kapitel »Limbi und das Glück« haben Sie im Unterkapitel »Ein neues Wort für ›Glück‹« eine Sammlung von Sätzen vorgefunden, mit denen verschiedene Menschen ihr vollkommenes Wohlbefinden und ihr tiefstes Lebensziel beschreiben. Lesen Sie sie noch einmal in Ruhe durch und achten Sie dabei auf Ihr körperliches Befinden. Welchen Sätzen können Sie aus Ihrem tiefsten Inneren heraus zustimmen?

»Ich will, dass diese Welt besser wird.« **1**

»Ich will den Menschen zeigen, wie einzigartig jeder ist.« **4**

»Ich will, dass alle glücklich sind.« **7**

»Ich will die Welt erforschen.« **5**

»Ich will, dass es die Menschen auf dieser Erde gut haben.« **2**

»Ich will, dass diese Welt sicherer wird.« **6**

»Ich will tun, was auf lange Sicht richtig für alle ist.« **1**

»Ich will ganz für andere da sein.« **2**

»Ich will, dass Frieden herrscht.« **9**

»Ich will anderen den richtigen Weg zeigen.« **1**

»Ich will gegenüber anderen meine Pflicht tun.« **6**

»Ich will die Ungerechtigkeit bekämpfen.« **8**

»Ich will gebraucht werden.« **2**

»Ich will andere erfolgreich machen.« **3**

»Ich will Schwächere beschützen.« **8**

»Ich will das Besondere in anderen Menschen entdecken und wecken.« **4**

»Ich will, dass alle Menschen zufrieden sind.« **9**

»Ich will, dass niemand Schmerzen leiden muss.« **7**

Die Ziffern hinter den Sätzen beziehen sich auf das Buch *Das Enneagramm* von Andreas Ebert und Richard Rohr. Jede Zahl verweist auf ein Persönlichkeitsmuster. Probieren Sie aus, ob die Begriffe hinter »Ihren« Zahlen für Sie besser passen als das Wort »Glück«.

1. Gelassenheit: nicht zornig sein, das Richtige tun
2. Liebe: gebraucht werden, Gutes tun
3. Erfolg: ehrlich sein, etwas voranbringen
4. Einzigartigkeit: nicht neidisch sein, Neues schaffen
5. Innerer Reichtum: teilen können, gastfreundlich sein
6. Sicherheit: keine Angst haben müssen, mutig sein
7. Glück: kein Schmerz, das richtige Maß finden
8. Gerechtigkeit: stark sein, Frieden schaffen
9. Zufriedenheit: Streit schlichten, nicht faul sein

Quellen

Was haben Sie eigentlich im Kopf?

- Damasio, Antonio R., *Ich fühle, also bin ich: Die Entschlüsselung des Bewusstseins,* Berlin 2002
- Damasio, Antonio R., *Descartes' Irrtum: Fühlen, Denken und das menschliche Gehirn,* Berlin 2004
- Damasio, Antonio R., *Der Spinoza-Effekt: Wie Gefühle unser Leben bestimmen,* Berlin 2004
- Ekman, Paul, *Gefühle lesen. Wie Sie Emotionen erkennen und richtig interpretieren,* Heidelberg 2010
- Ekman, Paul, *Ich weiß, dass du lügst: Was Gesichter verraten,* Hamburg 2011
- Frädrich, Stefan, *Das Günter-Prinzip. So motivieren Sie Ihren inneren Schweinehund,* Offenbach 2011
- Heath, Chip und Dan, *Decisive: How to Make Better Decisions,* New York 2014
- Heath, Chip und Dan, *Switch: Veränderungen wagen und dadurch gewinnen,* Frankfurt/M. 2011
- Kahnemann, Daniel, *Schnelles Denken, langsames Denken,* München 2014
- MacLean, Paul, *The Triune Conception of the Brain and Behaviour,* Toronto 1974
- MacLean, Paul, *The Triune Brain in Evolution: Role in Paleocerebral Functions,* New York 1990

- N. N., »Wissen ist eßbar«, in *Der Spiegel* 36/1962, S.76–79 (Interessantes zum Strudelwurm)
- Roth, Gerhard, *Das Gehirn und seine Wirklichkeit: Kognitive Neurobiologie und ihre philosophischen Konsequenzen*, Frankfurt/M. 1996
- Roth, Gerhard, *Aus Sicht des Gehirns*, Frankfurt/M. 2009
- Stockrahm, Sven, »Unser ältester Vorfahr war ein vierbeiniger Insektenfresser«, in *Zeit online* vom 7. Februar 2013, online abrufbar *unter www.zeit.de/wissen/2013-02/rekonstruktion-vorfahr-saeugetiere*
- Storch, Maja, *Machen Sie doch, was Sie wollen! Wie ein Strudelwurm den Weg zu Zufriedenheit und Freiheit zeigt*, Bern 2010
- Storch, Maja, *Das Geheimnis kluger Entscheidungen. Von Bauchgefühl und Körpersignalen*, München 2011.

Limbi und die Sachen

- Beck, Martha, *Enjoy your life: 10 kleine Schritte zum Glück*, München 2012
- Beck, Martha, *Das Polaris Prinzip: Entdecke wozu Du bestimmt bist – und tue es!*, München 2002
- Clark, Mindy, *Das Haus, das sich von selbst aufräumt: Endlich Ordnung in Ihren vier Wänden*, Witten 2008

Limbi und die Zeit

- Csikszentmihalyi, Mihaly, *FLOW und Kreativität: Wie Sie Ihre Grenzen überwinden und das Unmögliche schaffen*, Stuttgart 2014
- Gladwell, Malcolm, *Überflieger: Warum manche Menschen erfolgreich sind – und andere nicht*, Frankfurt/New York 2010
- Hüther, Gerald, *Was wir sind und was wir sein könnten: Ein neurobiologischer Mutmacher*, Frankfurt/M. 2013
- Perry, John, *Einfach liegen lassen: Das kleine Buch vom effektiven Arbeiten durch gezieltes Nichtstun*, München 2012
- Rosa, Hartmut, *Beschleunigung und Entfremdung: Entwurf einer kritischen Theorie spätmoderner Zeitlichkeit*, Frankfurt/M. 2013
- Rosa, Hartmut, *Beschleunigung. Die Veränderung der Zeitstrukturen in der Moderne*, Frankfurt/M. 2005

Limbi und das Geld

- Binswanger, Mathias, *Die Tretmühlen des Glücks: Wir haben immer mehr und werden nicht glücklicher. Was können wir tun?*, Freiburg 2006
- Faigle, Philip, »60 000 Euro reichen für ein schönes Leben«, in *Zeit online* vom 7. September 2010, online abrufbar unter *www.zeit.de/wirtschaft/2010-09/studie-reichtum-glueck*

- Holm, Friebe und Albers, Philipp, *Was Sie schon immer über 6 wissen wollten. Wie Zahlen wirken*, München 2011

Limbi und der Körper

- Apfel, Petra, »Die Sportart ist egal, Hauptsache Bewegung«, in *Focus online* vom 13. Juli 2012, online abrufbar unter *www.focus.de/gesund heit/gesundleben/fitness/training/tid-26187/fitness-fuer-herz-und-hirn-die-sportart-ist-egal-hauptsache-bewegung-_aid_768786.html*
- Baum, Thilo und Frädrich, Stefan, *Günter, der innere Schweinehund, wird Nichtraucher. Ein tierisches Gesundheitsbuch*, Offenbach 2006.
- Bundesministerium für Gesundheit – Epidemiologischer Suchtsurvey, online abrufbar unter *www.bmg.bund.de/ministerium/ressortforschung/krankheitsvermeidung-und-bekaempfung/drogen-und-sucht/epdemiolo gie-des-suchtmittelkonsums/epidemiologischer-suchtsurvey.html*
- Hatt, Hanns, *Das Maiglöckchen-Phänomen: Alles über das Riechen und wie es unser Leben bestimmt*, München 2008
- Leiner, Peter, »Riechstörung lässt sich wegtrainieren«, in *Ärzte-Zeitung online* vom 19. September 2013, online abrufbar unter *www.aerztezei tung.de/medizin/krankheiten/hno-krankheiten/article/845681/geruchs sinn-verbessern-riechstoerung-laesst-wegtrainieren.html*
- Mayer, Karl C., »Raucher«, in *Glossar Psychiatrie/Psychosomatik/Psychotherapie/Neurologie/Neuropsychologie*, online abrufbar unter *www. neuro24.de/show_glossar.php?id=1431*
- Müller, Tilmann und Paterok, Beate, *Schlaf erfolgreich trainieren. Ein Ratgeber zur Selbsthilfe*, Göttingen 2010
- N.N., »Training ist ein planmäßiger Prozess«, Interview mit Dominik Schamne, in *Pfälzischer Merkur online* vom 21. März 2013, online abrufbar unter *www.pfaelzischer-merkur.de/interview/aktuell/Aktuell-Trai ning-ist-ein-planmaessiger-Prozess;art202156,4706689*
- Pape, Detlef, *Schlank im Schlaf*, München 2007
- Rauch, Erich, *Die F.X. Mayr-Kur und danach gesünder leben: Richtig entschlacken, den Darm sanieren und die passende Ernährung*, Stuttgart 2011
- Rüegg, Johann Caspar, *Gehirn, Psyche und Körper: Neurobiologie von Psychosomatik und Psychotherapie*, Stuttgart 2007
- Schemann, Michael und Ehrlein, Hans Jörg, *Der bewegte Darm* (Film), Filmsequenzen online abrufbar unter *http://humanbiology.wzw.tum. de/index.php?id=22*
- Viele der Tipps zur Selbstverteidigung stammen aus den WO-DE (»Women-Defense«)-Kursen von Holger Schumacher. Informationen unter: *www.wo-de.info* oder Telefon (04154) 99 49 011

Limbi und die anderen

- Horx, Matthias, *Zukunft wagen: Über den klugen Umgang mit dem Unvorhersehbaren*, München 2013
- Hüther, Gerald, *Wie Kinder heute wachsen: Natur als Entwicklungsraum. Ein neuer Blick auf das kindliche Lernen, Fühlen und Denken*, Weinheim 2013
- Hüther, Gerald, »Begeisterung ...«, online abrufbar unter *www.geraldhuether.de/populaer/veroeffentlichungen-von-gerald-huether/texte/begeisterung-gerald-huether/index.php*
- Largo, Remo H. und Czernin, Monika, *Jugendjahre. Kinder durch die Pubertät begleiten*, München 2013
- N. N., »Die Welt wird besser. Und keiner glaubt es«, Interview mit Hans Rosling, in *FAZ online* vom 12. Januar 2014, online abrufbar unter *www.faz.net/aktuell/wirtschaft/wirtschaftswissen/medizinprofessorhans-rosling-die-welt-wird-besser-und-keiner-glaubt-es-12747539.html*
- Rock, David, *Brain at Work: Intelligenter arbeiten, mehr erreichen*, Frankfurt/New York 2011
- Sheldrake, Rupert, *Der Wissenschaftswahn: Warum der Materialismus ausgedient hat*, München 2012
- Singh, Maanvi, »To Get Help From A Little Kid, Ask The Right Way«, in *Shots. Health News from NPR* vom 30. April 2014, online abrufbar unter *www.npr.org/blogs/health/2014/04/30/308045913/to-get-help-from-a-little-kid-ask-the-right-way*

Limbi und die Liebe

- Kosfeld, M., Heinrichs, M., Zak, P. J., Fischbacher, U. & Fehr, E., »Oxytocin increases trust in humans«, in *Nature* 435, 2005
- Love, Patricia, *Schatz, wir müssen gar nicht reden! Wie Sie Ihre Beziehung in weniger als 5 Minuten täglich verbessern*, Frankfurt/New York 2008
- N. N., »Frisch Verliebte sind auch hormonell im Gleichklang«, in *science.orf.at*, online abrufbar unter *http://sciencev1.orf.at/science/news/113140*
- Schnabel, Ulrich, »Ein Fest für die Hormone«, Interview mit Beate Ditzen, in *Zeit online* vom 23. Dezember 2008, online abrufbar unter *www.zeit.de/2009/01/CH-Oxytocin*
- Senftleben, Philipp von, *Das Geheimnis des perfekten Flirts. So werden Sie unwiderstehlich*, Reinbek 2008
- Senger, Gerti, *Schattenliebe. Nie mehr Zweite(r) sein*, Wien 2007
- Wolf, Christian, »Liebe ist Biochemie – und was noch?«, in *das Gehirn. info* vom 2. April 2013, online abrufbar unter *http://dasgehirn.info/handeln/liebe-und-triebe/liebe-ist-biochemie-2013-und-was-noch-7431/*

Limbi und das Glück

- Böschemeyer, Uwe, *Warum nicht: Über die Möglichkeit des Unmöglichen*, Salzburg 2014
- Diener, Ed und Biswas-Diener, Robert, *Happiness: Unlocking the Mysteries of Psychological Wealth*, Hoboken 2008
- Jiménez, Fanny, »Alles kommt zu dem von selbst, der warten kann«, in *Die Welt online* vom 3. März 2014, online abrufbar unter *www.welt.de/gesundheit/psychologie/article125368166/Alles-kommt-zu-dem-von-selbst-der-warten-kann.html*
- Seligman, Martin E., *Der Glücks-Faktor. Warum Optimisten länger leben*, Köln 2005

Limbis letzte Fragen

- Kachler, Roland, *Meine Trauer wird dich finden: Ein neuer Ansatz in der Trauerarbeit*, Freiburg i.Br. 2005
- Lancker, Diana van, »Expletives: neurolinguistic and neurobehavioral perspectives on swearing«, in *Brain Research Reviews* 12.1999, S. 83–104
- Leyh, Arvid, *Braincast: Auf der Frequenz von Geist und Gehirn*, online abrufbar unter http://www.scilogs.de/braincast
- Lommel, Pim van, *Endloses Bewusstsein: Neue medizinische Fakten zur Nahtoderfahrung*, München 2013
- Schnabel, Ulrich, *Die Vermessung des Glaubens. Forscher ergründen, wie der Glaube entsteht und warum er Berge versetzt*, München 2008
- Wilson, Tracy V., »How Swearing Works«, in *How Stuff Works*, Abschnitt zu »Swearing and the Brain«, online abrufbar unter http://people.howstuffworks.com/swearing4.htm

Werner Tiki
Küstenmacher
**simplify your day
2015**
Einfacher und
glücklicher Leben

Tagesabreißkalender

Ein Jahr voller Leichtigkeit

Auch 2015 verhilft Ihnen Werner Tiki Küstenmacher wieder zu
einem unbeschwerten Leben: Die Fülle von praktischen und
sofort umsetzbaren Tipps sowie die liebevollen Zeichnungen
garantieren die tägliche Leichtigkeit des Seins. Tag für Tag –
ein Leben ohne Ballast!

*»»simplify your life‹ ist schlichtweg der Ratschlag
der Ratschläge ... ein Geniestreich.«* Die Zeit